兰州大学人文社会科学类高水平著作出版经费资助

西部女性流动人口社会支持网建构

王雪梅 著

中国社会科学出版社

图书在版编目（CIP）数据

西部女性流动人口社会支持网建构／王雪梅著.
北京：中国社会科学出版社，2025. 8. -- ISBN 978-7
-5227-5236-5

Ⅰ. C924. 24

中国国家版本馆 CIP 数据核字第 20256WX799 号

出 版 人　季为民
责任编辑　李　立
责任校对　谢　静
责任印制　张雪娇

出　　　版　中国社会科学出版社
社　　　址　北京鼓楼西大街甲 158 号
邮　　　编　100720
网　　　址　http://www.csspw.cn
发 行 部　010-84083685
门 市 部　010-84029450
经　　　销　新华书店及其他书店

印刷装订　北京市十月印刷有限公司
版　　　次　2025 年 8 月第 1 版
印　　　次　2025 年 8 月第 1 次印刷

开　　　本　710×1000　1/16
印　　　张　17.25
插　　　页　2
字　　　数　265 千字
定　　　价　98.00 元

前　言

在中国现代化的进程中，每一个劳动者都贡献了自己的力量。研究西部地区的女性流动人口始于多年前笔者对西部农村妇女的关注。2008年前后，笔者在西部地区的农村田野调查中发现农村妇女面临很多问题，随着西部大开发战略的实施，这种情况正在发生剧烈的变化。当代西部地区农村妇女面临婚姻家庭、生计方式、留守或者流动等诸多方面的挑战，同时与国家西部大开发战略相衔接的新型城镇化战略进一步推动了妇女参与社会流动和城镇化建设的过程。越来越多的女性走出家门，走出村庄，走向城镇、城市，成为西部新型城镇化发展中的重要一员。

当代西部地区流动女性面临的机遇与挑战，不仅仅是城镇化和西部区域中心城市加快发展的结果，也是过去几十年中国社会整体加速发展的结果。这一发展直接推动西部农村女性走出家门开始城镇和城市生活，同时促进了小城镇女性向经济更发达区域中心城市和大城市的流动过程。从第七次全国人口普查的数据中就会明显发现这种趋势，从第六次全国人口普查到第七次全国人口普查的这十年是西部地区经济社会大发展的十年，也是西部地区人口从农村到城市，从小城镇到中心城市不断流动的十年。而在这一流动人口的大军中，从来都不缺乏女性的身影，她们也是其中重要的构成部分。

今天西部社会的面貌改变，城市化、现代化、小康社会的建设都有她们的贡献。而她们从乡村、从小城镇流动到城市的过程并不是一帆风顺的，有人是为了儿女获得更好的学习和生活资源；有人是主动流动到城市拥抱现代化和各种挑战；更多的人则是为了生计，希望改变原来贫穷落后的家庭状况。

不管基于什么原因的流动，西部大多数女性的流动过程都不是一帆风顺的，尤其是对于年龄偏大、受教育程度偏低、缺乏社会生活技能的妇女来说，进入城市、融入城市，这种新场域的变化本身就是一项极大的挑战。

面对挑战的西部流动女性不仅经历了自身身份、能力和社会认识的巨变，而且见证了西部驶入发展快车道的时代变迁，也为西部地区新型城镇化战略和脱贫攻坚贡献了重要的力量。但是她们在面对城市生活工作的时候也遭遇过无助、迷茫、困惑，也经历了歧视、不公平和区别对待，她们大多数人从自己的"熟人社会"进入城市的"陌生人社会"时，原有的社会关系网发生了变化，她们又坚韧勤劳地在城市中通过不断努力织就了新的社会支持网，这个网可能来自家人、亲人、朋友，也可能来自同事、社区、组织等。要在新的环境中立足，就要有足够的资源，其中最重要的是情感和物质的支持，这是流动女性的立身之本。但并不是所有流动女性都会顺利完成自身社会支持网的重构，有的群体依然很脆弱，有的获得的支持依然非常稀少，尽管社会发展和变迁整体惠及了西部地区的每个老百姓，但总是因为个人的能力、年龄、地域、家庭甚至是地方的政策等存在发展的差异性，存在各种各样的问题。事实上还有些流动女性缺乏基本的社会支持，无论是正式的还是非正式的社会支持都不足，致使其社会支持网规模有限且无法提供相应的资源；而有些流动女性有很完备的非正式支持，在情感、物质上都有一个属于自己的资源网，但正式社会支持却非常有限，这种不完善网络也制约了其更好的发展。更多的流动女性社会支持网是变动的、相对不完善的，致使她们在融入城市社会、发挥个人才能、获得公平公正的发展机遇等方面存在困难。目前城乡社会仍然存在发展差距，尤其是西部有些地区户籍制度的限制，城乡间社会基础设施、教育水平、医疗设施的较大差异，使女性流动人口在城市并没有获得和城市女性完全同等的待遇和发展机会。相反，由于其流动性，在政策优惠方面享受不到流出地的支持政策，又因户籍限制无法享受到流入地相关政策优惠。

面对女性流动人口在社会支持上的各种问题和困境，由于流动妇女的话语权并不是很充分，并且自身往往没有意识到政策的不足，所以，在加速变迁的西部社会发展中她们默默无闻，很难为自身争取相应的资源和权益而发声。研究她们的社会支持网建构有助于其更好地融入环境，更好地发展，有助于社会公平的实现，有助于西部和谐社会建设，更有助于巩固脱贫攻坚的现实成果。

发展并不是目的，在发展中所有老百姓能共享发展成果，发展带来的公平正义、美好友善的社会环境和社会生活才是最终的目的。所以本书关注研究西部女性流动人口这一群体，她们是中国西部发展的缩影。通过本研究希望揭示她们的各类社会支持网，希望壮大其社会支持网，让她们的网变得更加完善而有韧性，让西部流动女性更快、更好地融入城市的生活和工作，最终共享西部社会发展的美好成果。

目　　录

第一章

研究问题与研究设计

随着中国新型城镇化建设进程的加速推进，西部地区作为城市化发展的重要战略板块之一，吸引了大量女性涌入城市，女性成为城市发展和建设中不可或缺的力量。然而，在这一过程中，西部地区女性流动人口所面临的困境与挑战也日益凸显，包括工作条件不佳、社会融合困难、法律保护不足等问题。受制于地域经济发展不均衡和文化传统等因素，西部地区的女性流动人口更容易陷入风险和困境，亟须得到关注和支持，为西部女性流动人口构建更加有效和完善的社会支持网是本书研究的主要任务和目的。

第一节　研究背景及研究问题

一　新型城镇化战略的提出及发展

城镇化是现代化的必由之路，实施新型城镇化战略是中国式现代化的必然选择。新型城镇化战略是指自 2013 年以来，中国政府提出的城镇化新模式，是推动现代化建设和社会经济可持续发展的重要战略和重要内容。党的十八大以来，"我国新型城镇化进程总体明显加快，取得显著成效"[1]。新型城镇化战略强调城乡融合式发展，注重以人为本，注重城市的功能和文化价

---

[1]　杨佩卿、姚慧琴：《西部城镇化的历史演变、特征及未来路径》，《西北大学学报》（哲学社会科学版）2016 第 2 期。

值，搭建新型城镇化发展格局，以推动国家经济社会发展。其核心目标是城乡一体化、推进城市化、实现人口城镇化率的提高。新型城镇化战略采取了以人为本、可持续发展、区域协调发展、适度规模和推进城乡统筹五大原则，并且根据国情实际，将城市和农村结合起来，促进经济、文化、社会等各领域的发展和提高城市生活质量。新型城镇化战略发展的具体措施包括推动城市规划建设、优化产业布局、提高城市基础设施等。此外，对于农村人口，也提供了规划并购土地、引导农民进城、提高农村基础设施等政策措施，促进农村地区的发展。

改革开放以来，我国城镇化进程不断加快，城镇化率显著提高，2021 年中国的城镇化率已经达到 64.72%。① 从发达国家城镇化的一般规律看，中国当前仍然处于城镇化率有潜力、以较快速度提升的发展机遇期，"十四五"时期可突破 65% 的城镇化率，城乡之间因此还将呈现大迁移大流动的基本格局。新型城镇化战略符合中国式现代化的新要求，体现了"以人为本"②，在以人为核心的新型城镇化战略推动下，历史上千百年的"乡土中国"正日益发展为"城镇中国"，这成为实现高质量发展的重要力量源泉，其特征是城乡统筹、产业一体、生态优先、人地和谐。③

新型城镇化战略的实施促进了城市化的快速发展，但同时也带来一些问题，如城市人口过度聚集、资源环境压力增大、农村人口流失等。因此，在推动新型城镇化战略发展的过程中需要更好地规划和管理，以及长期持续推进，以实现人和城市的和谐发展。"十四五"时期是我国全面建成小康社会、实现第一个百年奋斗目标之后，乘势而上开启全面建设社会主义现代化国家新征程，向第二个百年奋斗目标进军的第一个五年。目前我们要"推进以人为核心的新型城镇化，实施城市更新行动，推进城市生态修复、功能完善工程，统筹城市规划、建设、管理，合理确定城市规模、人口密度、空间结构，

① 参见马胜春、赵思悦、胡娟《西部地区新型城镇化发展质量评价及其空间溢出效应分析》，《统计与决策》2023 年第 5 期。

② 参见倪鹏飞《新型城镇化的基本模式、具体路径与推进对策》，《江海学刊》2013 年第 1 期。

③ 参见孙杰、于明辰、甄峰等《新型城镇化与乡村振兴协调发展评估——浙江省案例》，《经济地理》2023 年第 2 期。

促进大中小城市和小城镇协调发展。深化户籍制度改革，完善财政转移支付和城镇新增建设用地规模与农业转移人口市民化挂钩政策，强化基本公共服务保障，加快农业转移人口市民化。到二〇三五年基本实现社会主义现代化远景目标"①。

二　西部地区的城镇化发展与流动人口

因为全国各区域城镇化发展不均衡，不同区域面临着不同的问题和制约因素，"特别是西部作为我国城镇化发展水平最低、推进难度最大的地区，其城镇化进程是否顺畅对于实现西部地区全面迈入小康社会具有重要意义"②。西部地区作为我国经济发展相对滞后的区域，新型城镇化战略是西部地区当前发展的重要战略。而流动人口也成为西部新型城镇化战略发展中需要关注的重要问题。当前中国的城镇化进程不断加速，城镇化率已经超过60%。然而，西部地区的城镇化率、年平均工资收入、社会保障等指标均明显低于全国平均水平，尤其是与东部地区相比。第七次全国人口普查结果显示，西部地区城镇化率仅达到56.93%③，而东部地区城镇化率超过了75%。相较于全国，城镇化率低是西部地区发展中的瓶颈，也是推进西部新型城镇化战略的主要障碍之一。

西部流动人口的特点主要体现在三个方面。首先，西部地区流动人口的数量和规模较大。根据国家统计局2020年公布的数据，截至2020年年底，西部地区流动人口已达到1862.81万人。其次，劳动力自主性高。相较东部地区的流动人口，西部地区的流动人口劳动力自主性相对较高。这一点可以从流动人口的就业结构中得出，即西部地区大量的流动人口更倾向于自主创业或个体经营，而不是依靠企业就业。最后，生活水平相对较低。西部地区

---

① 《中华人民共和国国民经济和社会发展第十四个五年规划和2035年远景目标纲要》，《人民日报》2021年3月13日第1版。

② 杨佩卿、姚慧琴：《西部城镇化的历史演变、特征及未来路径》，《西北大学学报》（哲学社会科学版）2016年第2期。

③ 国务院第七次全国人口普查领导小组办公室：《第七次全国人口普查公报（第七号）——城乡人口和流动人口情况》，2021年5月11日，国家统计局，https://www.gov.cn/guoqing/2021-05/13/content_5606149.htm？eqid=ee37f5030031ff4a00000002647324c9，2023年12月17日。

的流动人口生活水平相对较低，住房、医疗、教育等方面的供给仍存在短缺和不足。

从西部新型城镇化战略发展与流动人口之间的关系来看，流动人口是城市经济和社会发展的重要推动力之一。西部地区的流动人口数量及规模较大，他们的出行、消费、就业等需求是西部地区城市经济快速发展的重要推力。在西部新型城镇化进程中，流动人口促进了城市经济增长，推动了城市的产业发展。流动人口的大量涌入对城市基础设施和社会管理提出了挑战。流动人口与本地居民之间的文化、消费习惯等方面的差异也会导致一些社会不稳定问题，如安全隐患等。对于西部地区，加强流动人口管理，则是促进城镇化进程的必要手段。首先，政府应加快建设基础设施，提升公共服务水平，为流动人口提供更可靠、更高质量的住房、医疗、教育等公共资源。其次，政府应加强流动人口的管理，并提高流动人口自我管理意识。

三　西部女性流动人口状况

西部地区作为经济欠发达地区，女性流动人口面临诸多问题，包括就业难、落户难、安全风险等。随着城市化进程的不断深入，女性流动人口的数量日益增多，成为中国城市化建设中的重要组成部分。西部女性流动人口的问题虽早已引起了各方的关注，相关研究也有不少。但她们的生存状态和生活环境却受到了很大的压力，就业问题、社会适应问题以及社会支持网的建立等都是突出问题。

首先，就业问题方面，以往的研究表明，女性在流动的过程中总体上往往较男性面临更大的就业压力。[1] 就业机会的不足、性别歧视等问题常常让她们难以进入城市的正常工作状态，并导致她们的收入较低。其次，社会适应问题方面，流动人口往往容易面临来自城市的陌生和不适应，尤其是西部地区，由于风俗、习惯和语言的不同，经常会给西部女性流动人口带来更多的困扰。同时，由于她们大多承受经济和社会的双重压力，往往对身份认同、

---

[1]　参见侯建明、关乔、杨小艺《我国女性流动人口职业选择的影响因素分析》，《人口学刊》2019年第1期。

家庭责任等问题产生许多困惑。最后，社会支持网的建立则是解决以上困境的一种有效途径。社会支持网可以提供给她们诸多帮助和资源，例如信息分享、就业推荐、租房合法化等。同时，社会支持网还可以让流动人口有更好的归属感，缓解她们的孤独和不安。特别是在西部地区，由于地理、人口等因素，女性流动人口的生存环境更为艰苦。针对这种情况，研究西部女性流动人口社会支持网的现状，构建更为完善的社会支持网，对于完善社会支持机制、提高女性流动人口的生活质量具有重要的现实意义。

四　研究问题

在研究新型城镇化背景下西部女性流动人口社会支持网构建时，其核心的研究问题包括：在新型城镇化进程中西部地区女性流动人口的社会关系网络的基本状况如何？影响西部女性流动人口社会支持和社会支持网的因素有哪些？西部女性流动人口的支持网络对她们的实际支持和其感受到的支持有哪些？西部女性流动人口的社会支持网如何影响她们在城市中的社会融入？这些支持网络为她们提供的资源和帮助有哪些？在城市化过程中，西部女性流动人口如何获取这些社会支持？如何构建更为完善的社会支持网系统？对于这些问题的研究有助于构建更加完善的西部女性流动人口社会支持网，并为西部地区政府部门制定女性流动人口的相关政策提供有益的参考。

第二节　研究意义

一　理论意义

研究西部女性流动人口社会支持网的建构具有重要的理论意义。首先，它有助于拓展和深化人口社会学领域的相关研究。社会支持是人口社会学研究中的一个重要主题，社会支持网是社会支持体系的重要构成部分。研究西部女性流动人口社会支持网的建构，不仅能够增加人口社会学研究的深度和广度，也能够为我们深入了解社会支持网的构成和运作机制提供更为丰富的实证证据和理论论证。其次，关注流动女性这个特殊群体的社会支持网研究，在实施西部新型城镇化战略的背景下，研究西部流动女性这个特殊群体社会支持网的现状、问题及对策，可以丰富国内关于社会支持网的研究，尤其是丰富了女性社会支持网研究的成果。再次，基于西部女性流动人口所处的特殊社会环境、经济因素、教育文化程度、女性流动性状况的特点，探讨西部流动女性微观的社会支持网如何更好嵌入宏观社会结构之中，实现个人社会支持网与宏观社会的紧密连接。最后，研究西部女性流动人口社会支持网的建构，也有助于深化群体关系研究。群体关系是一种复杂的人际关系网络，群体关系研究主要是对不同关系类型和群体识别特征的探索，以及对形成和演变机制的探究。研究西部女性流动人口社会支持网的建构，有助于加深群体关系研究，以此推动社会关系和对人类行为的深入了解。

二　实践意义

研究西部女性流动人口社会支持网的建构有着重要的实践意义。首先，有助于提升社会支持服务的质量和效率。了解西部女性流动人口的社会支持网，可以帮助我们确定她们所面临的困难和问题，为其提供更有针对性、更特殊化的服务和支持，帮助她们解决生活和工作中的各种挑战。其次，研究西部女性流动人口社会支持网的建构，还有利于促进政策的制定和落实。对于政策制定者而言，在考虑制定有助于西部女性流动人口发展和生计的政策时，需要准确了解这个人口群体的社会支持网和资源状况。因此，深入研究西部女性流动人口社会支持网的建构，有助于制定更科学、更具针对性的政策，最终实现更加合理、更加有效的政策执行。最后，研究西部女性流动人口社会支持网的建构，对于跨学科的合作和交流也大有裨益。对于此类人口的学科研究，需要专业领域内的多个实践背景、理论取向、方法论以及不同地域和文化背景等方面的专家和研究者的合作和交流，以取得更为丰富和全面的研究结果。

目前我国的新型城镇化战略处在深化发展阶段，西部流动女性群体是西部社会发展的主力因素之一，西部流动女性在新型城镇化这个重要国家战略发展实践中发挥着一定的社会作用，研究其社会支持网能为西部加速城乡一体化进程，为西部地区妇女巩固脱贫成果、促进地区经济发展、维持社会稳定和谐、均衡发展提供一些现实的参考。

第三节 文献综述

随着"十四五"期间城乡人口流动的进一步加剧，流动人口的社会支持网问题已经引起了学术界的广泛关注。而对于女性群体的研究不再聚焦于留守妇女，女性流动人口社会支持网相关研究数量也在逐渐增多。

一 社会支持网相关研究梳理

（一）社会支持网研究概述

社会支持网分析发端于 20 世纪 30 年代，20 世纪 70 年代开始作为独立的新兴研究领域出现。社会支持网作为社会网络研究的一大重要领域，主要是指由密切关系和信任程度较高的网络成员组成，并能够从中得到来自其他人的各种帮助和支持的社会关系网络。社会支持网的研究领域十分广泛，在心理学（特别是社区心理学）、社会病理学、社会学和人类学领域都有所成就。

随着社会的不断发展，国内外学者都在研究中不断地完善社会支持网的内容。个人社会支持是指个人能借以获得各种资源支持的社会网络，通过社会支持网的帮助，人们维持日常生活的正常运行，解决日常生活中的问题和危机。良好的社会支持网被认为有益于减缓生活压力，有益于身心健康和个人幸福。社会支持网的缺乏，则会导致个人的身心疾病，使个人日常生活的维持出现困难。同时，在社会层面上，社会支持网作为社会保障体系的有益补充有助于减轻人们对社会的不满，缓冲个人与社会的冲突，从而有利于社会的稳定（贺寨平，2001）。

关于社会支持网的定义，研究者们分别从不同的角度对社会支持的概念进行界定和描述。将社会支持的概念归纳起来，有以下几种定义。（1）从社会互动关系的角度界定社会支持：社会支持是个体与个体，个体与团体之间的依存关系，是人与人之间的密切联系，社会支持不仅仅是一种单向的关怀或帮助，它在多数情形下是一种社会交换，是人与人之间的一种社会互动关系。（2）从社会行为性质的角度界定社会支持：社会支持是一种能够促进扶持、帮助的行为或过程，是个体对他人社会需要的反应，是人们的整体参与水平。社会支持环境来源、社会支持是否能为个人提供帮助的复合结构，是一种在社会环境中促进人们发展的力量或因素，这种力量和因素可以提高个体的社会适应性，使个体免受不利环境的伤害。（3）从社会资源作用的角度界定社会支持：社会支持是一个人通过社会联系所获得的能减轻心理应激反应，缓解精神紧张状态，提高社会适应能力的影响，还常常被认为是个人处理紧张事件的一种潜在资源，是通过社会关系、个体与他人或群体间所互换的社会资源，社会支持包括施者与受者两个有意识的个体之间的资源交换。

一般来说，社会支持主要有三种分类标准。根据专业程度可将社会支持分为正式和非正式两类，正式的社会支持一般是政府、基金会、社工机构等社会正式组织提供的专业支持。非正式的支持在生活中比较常见，它主要通过血缘、亲缘、地缘等关系获取，直接表现为从亲属、邻居、朋友处获取的相应物质与精神支持（卢梦凡，2019）。根据具体内容，范德普尔将社会支持划分为工具支持、情感支持和交往支持。根据支持的主体，可分为个人支持和群体支持。

自21世纪以来社会支持网研究的领域也非常广泛，主要包括社会发展中的特殊群体，比如留守群体、残疾人、老年人等；不同群体的特殊阶段，比如产褥期妇女、在押服刑人员等；特定社区，比如老年社区、空巢家庭等。

（二）国外社会支持网的学术史梳理与研究动态

在社会学领域，国外对社会支持网的研究多集中在研究城市居民社会支持网的结构上。康姆贝尔等通过研究北加利福尼亚社区社会支持网的规模、网络密度等特性，发现社会支持网规模与社会地位成正比，网的密度与社会地位呈负相关（Cambell，1986）；费舍尔的调查集中在关系构成上，他发现性别变量并没有使社会支持网的规模有显著差别，但亲属关系更多体现在女性的支持网中，非亲属关系在男性支持网（主要是同事）、教育水平高的个体和收入较高群体中更易发现（Fischer，1982）；马斯丹认为随着年龄的增长支持网的规模将下降（Marsden，1987）。在社会支持网的测量维度方面，首先是关系强弱维度的研究，格兰诺维特提出了弱关系假设，并提出了测量关系强弱的维度，即互动频率、情感强度、亲密程度、互惠交换（Granovetter，1973）；伯特提出了截然不同的观点，他的结构洞理论认为关系的强弱与社会资源的多少没有必然联系，关键在于关系是重复的还是非剩余的，在于对资源控制的程度（Burt，1992）。其次是社会支持类型的维度，在社会学领域，社会支持网的研究通过测量来确定社会支持类型。韦尔曼通过因子分析将社会支持网分为感情支持、小宗服务支持、大宗服务支持、经济支持和陪伴5项（Wellmanand Wortley，1989b）；卡特纳和罗素将社会支持网分为情感支持、社会整合（或网络）支持、满足自尊的支持、物质性支持和信息支持（Cutrona & Russell，1990）；沃特等人将其归为情感支持、物质支持（物资、金钱、服务）、信息支持和陪伴4项（Walker，M. E.，S. Wasserman & B. Wellman，1994）；范德普尔将其分为情感支持、实际支持和社会交往3个维度（Vander Poel，1993），范氏这个分类在国际上影响非常广泛。

（三）国内社会支持网的学术史梳理与研究动态

社会支持网定义方面，林聚任将社会支持网定义为：社会支持网是社会网络的一种形式，它体现的是一个人可能获得的各种资源或帮助的网络。张文宏和阮丹青认为：个人的社会支持网是由具有相当密切关系和一定信任程度的人所组成的。

1. 社会支持网的实证研究方面。最早发轫于1990年阮丹青《天津城市居民社会网分析》一文，调查方法与美国综合社会调查的提名法完全相同，即采用"重要问题讨论网"。最早对农村居民社会支持网进行研究的是张文宏、阮丹青和潘允康，他们通过大规模的问卷调查（讨论网提名法）来分析农民社会支持网的特点（张文宏、阮丹青、潘允康，1999a、1999b）；刘军对法村的研究中，在分析关系数据的基础上探讨了网络模型研究，并将模型应用到实际的调查分析中（刘军，2006）；在社会支持网的测量维度方面，边燕杰根据中国的社会条件，提出了强关系假设，经过多年对强关系研究的积淀，边燕杰发展出了从关系强弱来测量社会支持网（边燕杰，2012）。

2. 社会支持网的分类研究方面。贺寨平将社会支持网分为情感支持网、实际支持网、社交支持网和赡养支持网四部分（贺寨平，2002）；刘军则从整体网络的角度将社会支持网分为情感支持、劳动力支持网、小宗物资支持网和资金支持网四个维度（刘军，2006）；张文宏和阮丹青在《城乡居民的社会支持网》一文中，将社会支持网分为精神支持和财务支持两种（张文宏、阮丹青，1999）。

3. 女性社会支持网研究方面。21世纪以来，国内关于妇女社会支持网的研究日渐兴起，其中社会学、人口学等领域的研究主要关注留守妇女、老年妇女、受家庭暴力妇女、残疾妇女、女性农民工等弱势群体。大量的文献资料显示，随着社会的不断发展，对于特殊群体的关注也开始逐渐增多。在关注流动人口社会支持网的同时，随着对农村"三留守"群体的关注热度增加和国家政策的重视和倾斜，对于留守群体社会支持网的研究也日益增多，其中对留守妇女的社会支持网研究相对比较集中，占到妇女社会支持网研究内容的近四分之一。有学者通过对农村留守妇女社会支持网关系构成的研究，认为亲属和邻居是农村留守妇女社会支持网的主要提供者，其中亲属主要为农村留守妇女提供情感支持和金钱支持，邻居主要为她们提供物品支持、生产支持和社交支持，并呼吁政府加强构建农村留守妇女的正式社会支持网，从而使社会主义新农村建设更加稳定和谐（左海霞，2010）。还有学者在研究中进一步得出结论：外出务工农民远离乡土，在职业变动和社会流动的迁移过程中，收入水平和经济地位得到提高，但是，丈夫仍然是留守妇女社会支持网的重心，对家庭实施"缺席"的管理；留守妇女在构建社会支持网的时候，出于理性考虑，对血缘亲缘地缘等社会关系有选择地、差异化地加以利用；近年来留守妇女在邻居、朋友等非亲属交往互动的过程中，更多地走出家门，走向社区公共领域，参与公共事务的积极性有所提高（吕芳，2012）。也有多数学者在研究中描述了农村留守妇女社会支持网的现状，分析社会支持网缺失的原因，从正式性社会支持和非正式性社会支持两方面提出了农村留守妇女社会支持网的构建途径。

值得注意的是，有部分研究者开始聚焦西北地区女性的研究。西北是中国经济社会发展水平相对较落后的地区，农村基础设施条件仍然较差，农民生活仍然相对艰辛，大多数农村男性劳动力离开家乡外出务工，西北农村留守妇女从其社会支持网中可获取的资源并不丰富，贫乏的社会支持网资源也是其生存状况艰苦的重要因素之一（刘巍，2012）。研究表明，西北农村留守妇女的社会支持网规模表现出偏小、强关系成员占多数、异质性较低、趋同性较高的特征；西北农村留守妇女群体的心理健康水平显著低于成年正常女性。西北农村留守妇女社会支持网规模对其心理健康具有显著的正向影响，网络异质性、趋同性与其心理健康也有一定的关系（牛芳，2011）。

二 国内关于流动人口社会支持网的研究

（一）流动人口的社会支持网研究概述

我国经济社会持续发展，为人口的迁移流动创造了条件，人口流动趋势更加明显，流动人口规模进一步扩大。第七次全国人口普查数据显示，人户分离人口为 49276 万人，其中，市辖区内人户分离人口为 11694 万人，流动人口为 37582 万人。流动人口中"跨省流动人口为 12484 万人，省内流动人口为 25098 万人"①。与 2010 年第六次全国人口普查相比，人户分离人口增加23138 万人，增长 88.52%；市辖区内人户分离人口增加 7699 万人，增长192.66%；流动人口增加 15439 万人，增长 69.73%。

从人口迁徙流动情况看，人口流动依然活跃，人口的集聚效应进一步显现。普查结果表明，居住地与户籍所在地不一致的现象已相当普遍，2020 年我国人户分离人口达到 4.93 亿人，约占总人口的 35%。其中，流动人口 3.76亿人，10 年间增长了将近 70%。从流向上看，"人口持续向沿江、沿海地区和内地城区集聚，长三角、珠三角、成渝城市群等主要城市群的人口增长迅

---

① 国务院第七次全国人口普查领导小组办公室：《第七次全国人口普查公报（第七号）——城乡人口和流动人口情况》，2021 年 5 月 11 日，国家统计局，https://www.gov.cn/guoqing/2021-05/13/content_5606149.htm? eqid=ee37f5030031ff4a00000002647324c9，2023 年 12 月 17 日。

速，集聚度加大"①。

目前我国关于流动人口社会支持网研究的文章数量少但研究在逐步深入。涉及流动人口及其子女、留守妇女、女性流动人口、少数民族流动人口以及流动人口患病者社会支持网的现状、特点、影响因素、构建、对社会融合的作用等多个深入的方面。代表性的有李树茁、杨绪松等研究团队进行的一系列研究，其借助复杂性科学，尤其是复杂网络的研究方法，系统分析了城乡流动人口社会支持网与讨论网络的复杂性特征（李树茁、杨绪松等，2006）；这些研究奠定了当代流动人口社会支持网研究的基础。最新的研究指出，流动就业者的乡土社会支持网发生了断裂和解构，在新的时空背景下通过制度变革促进流动就业者社会支持网的重建（丛晓峰、吴限红，2017）。也有学者关注特殊流动人口的社会支持网问题，比如关于武汉市穆斯林流动人口的社会融合研究等（常岚，2014）。

（二）农村流动人口社会支持网的研究

有关农村流动人口社会支持网的研究中，还涉及青年农民工和新生代农民工。有学者将与青年农民工有关的社会支持网分为非正式的社会支持网和正式的社会支持网两类。研究发现，青年农民工在工作的获得途径上，对非正式的初级关系的依赖度大大降低，而其自身的人力资本所发挥的作用则得到提升，并最终减弱了其非正式的社会支持网的作用。在经济支持中，青年农民工多依赖于血缘关系，同学、同事及战友这一属于扩展型的初级关系在其中也发挥较大作用，而在困难支持方面，血缘关系则失去效力。相反，正式的社会支持网的作用开始显现。总的来看，青年农民工进城之后，仍是以非正式的社会支持网为主，而正式的社会支持网作用的发挥微乎其微。从而得出青年农民工的正式社会支持网是急需建立的，因为这将对其最终能否实现城市融入产生重要影响（朱考金、刘瑞清，2007）。有学者通过对新生代流动人口社会支持状况进行社会人口学特征分析，利用问卷调查的方式收集数

① 国家统计局：《第七次全国人口普查主要数据结果新闻发布会答记者问》，2021年5月11日，https://www.stats.gov.cn/zt_18555/zdtjgz/zgrkpc/dqcrkpc/ggl/202302/t20230215_1904005.html，2023年12月17日。

据，采用社会支持量表评分。最终得出结论，新生代流动人口的社会支持水平低于同龄的当地人口；新生代流动人口在客观支持分数、社会支持利用程度、社会支持总分上都不及当地的同龄人口；在婚者获得的社会支持明显高于不在婚者。社会支持不仅是一个与健康有关的重要因素，而且对社会功能也具有重要影响。良好的社会支持可在压力环境中提供解决问题的策略，减小问题的影响，从而减轻压力，减少冲突。社会支持网健全的人，能够通过遵循健康常规、参加健身活动等提高生活质量（和红、智欣，2012）。还有学者在研究社会支持网与青年农民工生存困境的关系中指出，社会支持网的缺失是青年农民工发展的障碍，一是其正式的社会支持体系缺失，二是其非正式的社会支持体系尚未建立，三是其人际关系网支持体系缺失。从而导致青年农民工产生四种结果：经济贫困、发展贫困、政治贫困、心理贫困。张连德提出三条对策：第一，消除制度性障碍，确立政府在进城农民工社会支持中的主导地位；第二，积极引导非正式组织建设，发挥其"桥梁"作用；第三，建立城市居民与农民工之间和谐的社会互动机制（张连德，2012）。而学者在对农村流动人口再城镇化的社会支持研究中，同样从非正式性社会支持和正式性社会支持两方面进行了剖析。农村流动人口是指从农村流入城市，在城市中生活和就业的农业转移人口。他们不具备所居住城市户籍，相对封闭，没有真正融入城市生活中。在对农村流动人口再城镇化的非正式性社会支持分析中，分为先赋性社会支持、由业缘形成的社会支持；在对农村流动人口再城镇化的正式性社会支持分析中，分为政府、用人单位、社会组织以及社区四种组织形式来研究。最终提出三点对策：首先，加大正式社会支持力度，形成良好外部环境；其次，加大社会支持合力，提升农村流动人口素质；最后，重视发挥社会支持的舆论导向作用（刘玉侠、陈翠萍，2014）。有学者对农村流动人口社会支持状况进行了人口社会学因素分析，采用社会支持评定量表，随机抽取了 522 名农村流动人口进行测试，结果农村流动人口社会支持总分 15—61（35.69±6.87），3 个维度得分分别是客观支持分 3—20（7.08±2.76）、主观支持分 8—32（21.76±4.82）、支持利用度分 3—12（6.85±1.95）；性别、年龄、文化程度、婚姻状况和来源地等人口社会学因素在社会支持分及其维度上存在程度不同的差异。从而认为样本市农村流动人口的社会支持水平较低，对社会支持的影响上女性较男性、已婚人群较未婚人群、外省来源地较本省有一定的优势，但年龄和文化程度的影响趋势尚不确定（严征、彭安辉、张丽荣，2008）。对于西北地区的流动人口社会支持网研究，学者运用社会支持网理论对西北地区流动人口支持网的规模、紧密度、趋同性、异质性和关系网构成进行分析，得出了以下结论：一是流动农民的社会网络特点可概括为规模小、紧密度高、趋同性强、异质性低；二是流动农民的社会支持网中，其社会生活场发生了变化，也从根本上改变其以血缘、地缘关系这些以原有社会关系为纽带的社会网络的边界；三是与农村居民的关系构成相比，流动农民的地缘（邻居、老乡）作用下降，而与城市居民的关系构成相比，业缘力量不突出，朋友关系即中间性关系力量开始突出；四是流动农民在选择讨论网成员时的群内选择倾向明显（张彦珍，2005）。

（三）弱势流动人口群体的社会支持网研究

1. 老年流动人口社会支持研究。我国的流动人口以青年为主，流动老人在数量和规模上处于次要的群体，但是随着城镇化进程的加快，流动老人受到广大学者的关注和研究。关于流动老人的研究文献中，主要集中在流动老人的社会融合、参与、养老与适应等方面。在流动老人的社会融合上，基于扎根理论，运用访谈法抽取的流动老人样本数据，研究了影响流动老人社会融合的因素（胡雅萍、刘越等，2018）。在流动老人的社会参与方面，学者从比较分析的视角出发，以广东中山市的户籍老人为参照，研究流动老人在社会参与方面的状况（王世斌、申群喜等，2015）。在流动老人养老上，有学者关注到流动老人的养老问题，认为流动老人的养老面临着心理、家庭及社会保障缺失等诸多问题（刘晓雪，2012）。在流动老人身体健康影响方面，一些学者研究了社会支持的不同主体对流动老人自评健康状况的影响。研究结果显示，社会支持因素对流动老人自评健康状况具有显著的影响，对流动老人的身体健康影响最大的是家庭支持中的情感支持，其次是政府支持因素中的参加医疗保险的地点和社区支持中的医生随访。研究结果还发现户籍制度是阻碍流动老人健康的重要障碍（邢怡青，2019）。

2. 流动人口子女社会支持。事实上，流动人口子女的生活在一定程度上因流动性受到了较大的影响，也因此成为社会上广泛关注的问题。学者从社会学视角出发，分析了流动人口子女教育的社会支持因素，详细描述了流动人口子女教育的国家支持系统、群体支持系统以及个人支持系统的现状及存在的问题，认为流动人口子女教育问题的解决有赖于社会经济的发展，但是足够的社会支持能够起到一定的缓解作用（许传新、陈国华，2004）。还有部分学者针对流动儿童被拐的问题做了深入研究。比如通过对广州市流动人口中父母所得到的社会支持情况和防范意识的问卷调查发现：流动儿童被拐卖的风险较高，这与流动人口的社会生存环境和防范意识等因素有关。王江涛认为，预防儿童被拐是当前整个社会面临的重要挑战，拐卖儿童犯罪的低龄化、解救难等问题，将父母的看护责任和防范意识凸显出来。而对于生活在城市的流动人口而言，诸多社会支持的缺失，以及由此导致的社会融入困难等问题，影响着流动人口的工作及生活问题，也给预防儿童被拐增加了难度（王江涛，2017）。

（四）女性流动人口社会支持研究

女性流动人口的研究包括城市移民女性人口和农村到城市的流动女性人口两大类。学者对城市女性婚姻移民的社会支持的研究得出结论，女性婚姻移民社会支持网的规模较小、网络关系的构成主要以强关系为主；在社会支持的来源和内容方面，家人、朋友等非正式的社会支持为女性婚姻移民提供了物质支持和情感支持，社会交往的支持相对缺乏，来自政府和社区的正式社会支持明显不足。影响女性婚姻移民获得社会支持的因素主要有女性婚姻移民自身的社会地位、婚姻以及迁移等（赵丽丽，2008）。有学者做了性别对照研究，探讨流动人口心理健康与社会支持状况的性别差异。研究显示，流动女性在 SCL-90 总分及躯体化、人际关系敏感、抑郁、焦虑、恐怖因子上的得分均高于流动男性；流动男性在社会支持总分和客观支持上的得分高于流动女性（刘越、尹勤、黄惠娟等，2010）。另有一些学者在研究中提到，流动已婚育龄妇女的社会支持情况较好，但其社会支持主要来源于配偶，其他途径获取支持较少，提示相关部门和家庭外的其他社会组织应拓宽流动已婚育龄妇女获得支持的途径，并加大对她们的支持力度，特别是单独来工作、职业社会保障不完善和年龄较低的流动已婚育龄妇女（何海梅、简敏婷等，2015）。关于女性流动人口的社会支持网研究涉及的主要有流动的育龄妇女，有学者研究流动育龄妇女社会支持网规模并探讨流动特征、工作特征对其的影响（曾珈智、宋晓琴等，2015）；同时有些学者对城市流动孕产妇社会支持网的构建提出了积极的意见和建议（陈珉惺、金春林，2016）；随着城市化的迅速发展，女性群体独立自主的意识开始有所增强，一些农村女性选择脱离农业生产，从农村来到城市，成为城市产业工人队伍中的一员。城市中出现越来越多的女性农民工，她们属于城乡和性别的双重弱势群体，相对于城市居民她们是农村人，相对于男性她们是女性。她们也被隔离在城市户籍制度之外，经济收入也处于较低的水平（周唯一，2016）。

（五）流动人口社会支持网其他领域研究

除以上特定人群的社会支持网研究之外，在研究流动人口的工作、生活以及个别行为时，部分学者将目光转向了流动人口在一些非常规状态下的社会支持情况。比如运用社会支持的犯罪学理论，分析了社会支持对于城市流动人口犯罪预防方面的作用。有学者认为，城市流动人口经济地位较低、融入城市生活能力不强，加之因得不到社会支持而形成相对被剥夺感，极易演变为城市违法犯罪活动的实施主体，从而影响城市的社会稳定和经济发展（于洋，2014）。还有学者认为，流动人口自身人力资本的严重缺失，使其在原有社会支持网缺失状态下，难以建立一个具有良好资源的新的社会支持网（黄淑瑶，2007）。有学者在了解流动人口生殖健康知识知晓现况的基础上，分析社会支持与流动人口生殖健康知识知晓水平的关系，以探索开展生殖健康教育和促进的切入点和途径。他们认为，随着我国流动人口城市生活的深入，他们适应城市生活的方式也发生了变化，流动人口中形成的非正式组织有互帮互济、交流信息和情感的作用，但也可能固化流动人口的交往范围，阻碍流动人口与当地居民交流（严朝芳、田丽春等，2009）。

随着城镇化进程的加速，不断增长的流动人口以及随之产生的社会问题给肺结核防治工作提出了更高的要求和挑战。部分学者开始了对流动人口肺结核患者社会支持的研究。采用社会支持评定量表的方法，以深圳市 6 个区结核病防治机构收治的流动人口结核病病人为研究对象，从患者的性别、婚姻状况、居住时间、工作流动性等方面研究对流动人口结核病社会支持状况的影响（解瑞谦、程锦泉等，2006）。有些学者采用问卷调查的方式，对 443 例流动人口肺结核患者的一般人口学特征以及心理和社会支持需求等内容进行调查，并得出流动人口肺结核患者心理健康水平较差，社会支持程度低的结论（李峻、李卫彬等，2010）。还有学者通过对 106 例流动人口肺结核病人的问卷调查，比较不同抑郁病人社会支持和社会支持利用度的差异（顾惠娟、刘荷妹、丁秋华等，2010）。另外一些学者通过调查分析流动人口肺结核患者社会支持情况和可能的影响因素，探索流动人口社会支持改善机制，帮助患者早日康复，保护和促进流动人口健康（陈莉莉、李朋等，2018）。

三　流动人口社会支持网研究述评

通过上述对国内外社会支持网理论和相关成果的梳理，可以看出社会支持网的研究领域在不断拓展，研究的深度也在不断加强。自 21 世纪以来由于城乡流动的加剧，流动人口的社会支持网问题已经引起了学术界的广泛关注，相关研究数量也在逐渐增多，但在社会支持网分析的理论和测量等方面依然存在一些有待完善发展的地方。

第一，国内外对于特殊流动人口的研究不足，包括少数民族流动人口、流动儿童、流动的特殊老人，包括本书的流动女性的研究相对较少。而女性流动人口群体数量庞大，2021 年《中国城市流动人口发展报告》数据显示，目前中国流动人口中女性占比已达到 48.3%。而女性流动人口的就业、子女教育、个人发展等问题很突出，值得研究。

第二，目前关于流动人口社会支持网的研究中，特定区域化研究明显。在区域化的研究中流动人口流入地的研究相对较多，比如有关北京、广州等地的流动人口研究相对较多；大的区域来讲东南沿海、西南等地是主要的流动人口流入地，其流动人口研究相对集中，而对西部这样的流动人口较为集中的流出地的研究相对较少一些。

第三，从流动人口的群体化方向来看，由早期对农民工问题的研究过渡到流动人口社会支持网的研究。其中对新生代农民工就业支持网的研究相对较多；女性流动人口的社会支持网的研究中，对于育龄期和已婚妇女的生殖健康的支持研究相对较多。

第四，探讨流动人口的社会支持网时注重描述性和解释性研究，应用性和对策分析不足，因为人口学、心理学倾向的研究注重量化，大多是纯量化研究；而民族学、人类学倾向的研究更注重问题的描述，目前研究的理论和工具都比较有限。所以整体研究中采用量化与个案访问相结合的混合式研究比较少，针对女性流动人口的混合式研究也少。

第五，针对女性社会支持网的研究多聚焦于农村留守妇女，在对女性社会支持网的研究方面偏重对个人支持网和小群体互动的微观研究，而对社会支持网促进和支持社会融入的宏观分析不足。

本书拟从社会学、人口学角度出发，结合西北流动女性所处的独特的社会环境、特殊的社会资源与社会关系状况，对西北流动女性的社会支持网进行深入研究，确立合适的测量指标体系，以期对西北妇女这个特殊群体的社会支持网有更深的认识，力争在促进西北流动女性社会参与能力、资源利用能力增强和地区和谐发展上发挥一定作用。

第四节　研究对象与研究方法

一　研究对象及目的

（一）研究对象

本书的研究对象是新型城镇化发展背景下的西部女性流动人口社会支持网构建的现状、问题及对策。具体包括西部女性流动人口在西部新型城镇化大背景下的社会支持网状况研究，社会支持网功能发挥中的问题，并对促进西部女性流动人口社会融合的新型社会支持网构建提供对策。

（二）研究目的

本书的研究目的是通过精准测量和有效调查全面掌握和了解西部女性流

动人口的正式支持网和非正式支持网的基本状况，主要采用两个有力的工具：一是肖水源的社会支持评定量表（SSRS），二是领悟社会支持量表（PSSS）。重点从年龄、流动性、受教育水平、婚姻状况、社会环境、社会组织、政策法规等人口学、社会学角度揭示西部女性流动人口社会支持网的特殊性和复杂性，分析西部女性流动人口在西部新型城镇化发展中的社会融入状况及困境。力图结合微观个人，中观社区、组织，宏观社会相关制度、体制三个层面提出进一步完善西部女性流动人口社会支持网构建的对策建议。

二　研究方法

（一）问卷调查法

1. 问卷调查内容。本书收集资料的主要方式是抽样问卷调查法。问卷包括六个方面，包括西部流动女性的基本信息、就业与经济、社会支持评定量表、领悟社会支持量表、社会需求与支持、社会融入情况。主要采用抽样问卷法，在西部地区的 11 个省份的人口流动密集城市，对三个年龄阶段，18 岁至 30 岁、31 岁至 45 岁、46 岁至 60 岁来自本省跨县区或者来自外省的女性流动人口进行了访问式问卷调查，主要对西部女性流动人口社会支持的基本状况，社会支持网深层结构、社会支持网功能发挥、社会融入情况在西部除西藏、陕西以外的 10 个省区进行问卷调查，西藏没有招聘到具体访问调查人员，而陕西受 2021 年年初的疫情影响没有做成调查。

2. 问卷中的量表。其中需要特别说明的是在问卷中又使用了两个重要的量表调查。因为社会支持从性质上可分为两类。一类是客观的、可见的或实际的支持。包括物质上的直接援助、社会网络、团体关系的存在和参与，如家庭、婚姻、朋友、同事等；另一类是主观的、体验到的情感上的支持，指的是个体在社会中受尊重、被支持、被理解的情感体验和满意程度，与个体的主观感受密切相关。社会支持量表采用客观支持和主观支持二分类的社会支持理论，结合支持利用度来构建量表框架。本书主要选取了两种社会支持测量，首先是社会支持评定量表（SSRS）。常用的肖水源的社会支持量表源于 1986 年编制，该量表共有十个条目，包括客观支持（3 条）、主观支持（4

条）和对社会支持的利用度三个维度。用于测量个体的社会支持度记分。具体包括（1）总分：十个条目评分之和。（2）客观支持分：2、6、7条评分之和。（3）主观支持分：1、3、4、5条评分之和。（4）对支持的利用度：8、9、10条评分之和。其次是领悟社会支持量表（PSSS）。由 Blumenthal 等于1987年编制，后经姜乾金译制修改 Zimetm 领悟社会支持量表（PSSS）形成中文版本。领悟社会支持量表共有12个条目3个分量表，包括家庭支持、朋友支持和他人支持等维度，用于测定个体对来自家人、朋友和其他人员的支持的感受程度，并以总分反映个体感受到的总社会支持度。PSSS 具有良好的信效度，其内部一致性系数为0.93，分量表中家庭支持的内部一致性信度为0.83、朋友支持及其他支持的内部一致性信度分别为0.82、0.76，均已达到心理测量学的标准。计分方法：选（1）"极不同意"得1分，选（7）"极同意"得7分，其余类推。总分在12—36为低支持状态；总分在37—60为中间支持状态；总分在61—84为高支持状态。总分越高，说明个体的社会支持越高。通过这两个量表对西部女性流动人口社会支持的现状、类型、可利用度和领悟到的社会支持等基本状况进行测量。

3. 问卷的抽样及样本量的决定。问卷调查分别在西宁市、兰州市、乌鲁木齐市、银川市、成都市、南宁市、昆明市、重庆市、呼和浩特市、贵阳市10个省会和首府城市作为调查地点进行问卷调查。由于60岁以上老年女性流动极少，因此总体研究对象是10个省份中所有可以独立回答问题的18岁至60岁的西部女性流动人口，调研时间为2021年11月至2022年4月，主要采取多段分层抽样方法进行抽样，鉴于大多数西部流动女性文化程度不高，问卷调查采用的主要方式是访问式问卷调查。首先，抽样的省份是西部除西藏以外的所有11个省份，但具体问卷调查时间是2021年2月至4月，陕西省由于疫情封控无法进行调查，所以最终选取10个省份。原计划根据不同省份流动人口所占人数比例，在总体人口超过4000万的省份中各抽取200份，即四川、广西、云南、重庆四地抽取200份，在人口少于4000万的省份中抽取100份，原计划发放样本1400份。但由于问卷调查时各地疫情频发，考虑到时间和人力成本及调查可行性，实际调查中发放问卷1250份，如表1—1所

示。其中成都市发放 210 份，实际回收 203 份；重庆市发放 200 份，实际回收
186 份；乌鲁木齐市发放 110 份，实际回收 105 份；贵阳市发放 100 份，实际
回收 98 份；昆明市发放 100 份，实际回收 96 份；兰州市发放 100 份，实际回
收 95 份；银川市发放 100 份，实际回收 93 份；西宁市发放 100 份，实际回收
91 份；呼和浩特市发放 100 份，实际回收 78 份；南宁市发放 100 份，实际回
收 67 份；最终收集样本 1114 份，剔除无效问卷 2 份，最终获得 1112 份问卷。

表 1-1　　　　　　　　　　　抽样调查基本情况

省份	样本地点（个）	抽样地（个）	发放数量（份）	回收数量（份）	回访数量（份）	调查员数量（人）
四川	成都市	武侯区	210	203	75	5
重庆	重庆市	渝北区	200	186	70	5
新疆	乌鲁木齐市	新市区	110	105	35	3
贵州	贵阳市	云岩区	100	98	25	3
云南	昆明市	官渡区	100	96	30	3
甘肃	兰州市	城关区	100	95	45	3
宁夏	银川市	兴庆区	100	93	40	3
青海	西宁市	城西区	100	91	36	3
内蒙古	呼和浩特市	赛罕区	100	78	31	3
广西	南宁市	西乡塘区	100	67	25	3
共计	10	10	1220	1114	412	34

4. 抽样过程及质量控制。在问卷调查中为提高样本的代表性，实际调查
中严格控制调查地点，每个西部省份的问卷调查都是在各省的省会城市和自
治区首府城市进行。原因是省会城市和自治区首府城市是本省或者自治区流
动人口聚集的地方。确定每个抽样城市流动人口最为聚集的区作为二级抽样
单位，每个区按照地图抽样法，以本地区的调查员数量进行地图抽样法分配
区域，各自负责自己抽到的社区和街道进行数量分配，同时每位调查员调查
的数量中纳入年龄、文化程度、职业等人口因素进行样本的分配，力争样本

中的流动女性的年龄、职业和受教育程度均匀分布。如表 1-1 所示，本次问卷调查共招募问卷调查员 34 位，包括西部 10 个省份的本科生和研究生，专业以社会学、社会工作和管理学为主，要求受过系统的社会调查方法训练，能实施访问式问卷调查，其中成都 5 人、重庆 5 人，其他各省都是 3 人。问卷调查督导 2 人，均为社会学专业硕士研究生，进行问卷调查的进度管理和质量监控。本次问卷调查 10 个省区基本同时展开，通过要求在实施问卷调查时及时发送调查地点位置，当天上传或者回收问卷，调查督导电话及微信回访三个方面来控制调查质量。其中电话回访问卷 320 份，微信回访问卷 92 份，共计回访调查样本 412 份，调查回访率 37%，有效地控制了样本的质量。

5. 问卷数据统计分析方法。抽样问卷调查数据分析采用的统计分析软件是 Stata 统计软件。Stata 统计软件能进行多种统计分析，能够进行多元回归分析、面板数据分析、生存分析等各种复杂的统计方法。在本书第三部分社会支持的基本情况分析、第四部分社会支持的影响因素分析、第五部分社会支持对社会融入的影响分析中采用了频数分析、交互分析和 Mlogit（多项 Logit 模型）和 OLS（最小二乘法）负二项回归、泊松回归等计量模型分析，尤其是 Mlogit、OLS 计量模型都是统计学中非常常见且有用的工具，可以根据特定数据集来理解变量之间的关系，并进行有效的推断和预测。

（二）访谈法

在抽样问卷调查的基础上，为了进一步深度了解西部女性流动人口的社会支持网的现实情况，形成对问卷调查资料的补充和问题的深度挖掘，探讨分析西部女性流动人口社会支持网结构、社会支持网的功能、社会融入中的问题和新型社会支持网构建的策略进行一定数量深入的典型个案访谈，补充抽样调查的结果。在西部地区的宁夏、甘肃、内蒙古、陕西、四川、贵州、新疆 7 个省份，共计访谈了 93 位不同年龄的流动女性，其在选取访谈对象的时候，考虑到研究假设加入了年龄、受教育程度和职业三个重要的变量因素，这也与前面问卷调查抽样的分层变量是一致的。通过 19 个具体问题进行深度访问，访问的维度也是与问卷基本相同，包括西部流动女性的基本信息、就业与经济情况、物质支持和情感支持情况，非正式支持和正式支持情况、在流动中遇到的主要困难、社会融入情况等问题。

1. 访谈对象选择及分布。为了保持研究的一致性，所以本次访谈的对象是从问卷调查中筛选出来的典型对象，在问卷调查之后，再对其进行深入的访谈调查。本次访谈对象的年龄在 18 岁至 60 岁。一方面保证了访谈对象的代表性，另一方面深化问卷调查的相关问题。具体在银川市、兰州市、呼和浩特市、西安市、成都市、贵阳市、乌鲁木齐市四个省会城市和三个首府城市共计访谈了 93 位流动女性，而重庆市、西宁市和南宁市因疫情原因未能进行访问。特别说明的是西安市前期因疫情未能做成调查问卷，后期访谈时加大了数量，共访谈了 18 位调查对象。在访谈对象的分布方面，考虑到代表性和典型性等因素，在选取访谈对象时考虑到问卷调查中的年龄分层和比例以及平均年龄，适度加大了 30 岁以上流动女性的访问量。对不同年龄阶段的受访妇女进行了编码，具体访谈对象分布情况如表 1-2 所示。

表 1-2　　　　　　　　　　访谈对象分布及数量情况

省区	访谈地点	数量（人）	年龄分布
宁夏	银川市	3	46 岁至 60 岁
		6	31 岁至 45 岁
		6	30 岁及以下
甘肃	兰州市	3	46 岁至 60 岁
		4	31 岁至 45 岁
		3	30 岁及以下
内蒙古	呼和浩特市	3	46 岁至 60 岁
		4	31 岁至 45 岁
		3	30 岁及以下
陕西	西安市	3	46 岁至 60 岁
		7	31 岁至 45 岁
		8	30 岁及以下

续表

省区	访谈地点	数量（人）	年龄分布
四川	成都市	2	46 岁至 60 岁
		5	31 岁至 45 岁
		5	30 岁及以下
贵州	贵阳市	2	46 岁至 60 岁
		6	31 岁至 45 岁
		8	30 岁及以下
新疆	乌鲁木齐市	2	46 岁至 60 岁
		5	31 岁至 45 岁
		5	30 岁及以下
共计	7	93	

2. 访谈编码情况。在访谈时采用了编码处理，编码按照不同的年龄阶段进行，其中 18 岁至 30 岁的流动女性统一编码为 A，年龄在 31 岁至 45 岁的统一编码为 B，46 岁至 60 岁的女性统一编码为 C，在访谈资料分析中为了便于进行分层分析，具体将 18 岁至 30 岁访谈对象称为青年流动女性，将 31 岁至 45 岁访谈对象称为壮年流动女性，将 46 岁至 60 岁访谈对象称为中年流动女性。具体编码情况及人数分布如表 1-3 所示。

表 1-3 访谈对象编码情况

编码	年龄分布	年龄段划分	数量（人）	编码分布
A	18 岁至 30 岁	青年	18	A1 至 A18
B	31 岁至 45 岁	壮年	37	B1 至 B37
C	46 岁至 60 岁	中年	38	C1 至 C38

（三）资料分析法

主要分为文献资料分析、量化数据资料分析、访谈资料的词云生成和分析三类。首先，对本书基础的国内外相关社会网理论、社会关系理论、社会融合理论、社会支持网理论进行文献资料分析，作为本书的理论基础和研究的起点；其次，对西部女性流动人口社会支持网的测量和问卷调查数据资料进行量化资料分析，主要是通过 Stata 统计软件进行社会统计分析；对于个案的访谈资料主要是通过使用 Python 进行词云生成与分析。Python 编程语言和相关的库和工具，能够对大量文本数据进行词云统计和分析，并通过绘制词云图形象地展示出词语的重要性和分布情况。这种数据分析方法为研究者提供了一种直观且有效的方式，以揭示数据背后的信息和趋势。通过对不同年龄段西部流动女性访谈资料的数据分析，得出了一些关键词和主题，这些结果有助于我们深入了解不同年龄段西部流动女性的生活状况和问题。

三　研究假设

假设 1：西北女性流动人口社会支持网可以分为正式支持网和非正式支持网；目前西北女性流动人口正式的社会支持网缺失或者存在较大的问题。整体社会支持网较小，网络的支持水平低。

假设 2：西北女性流动人口社会支持网的正式支持网和非正式支持网分别存在情感支持、实际支持和社会交往方面的分类。

假设 3：性别因素、流动因素等人口学因素是影响西北女性流动人口社会支持网结构和特征的主要因素。

假设 4：社会支持网在西北女性流动人口的社会融入过程中发挥了重要功能。

假设 5：有效连接资源实现基层政府、社区与社会组织介入西北流动女性的生活工作可以重塑女性流动人口的社会支持网。

第二章
基本概念与理论基础

　　研究西部女性流动人口的社会支持及社会支持网时界定基本概念以及明确相关的理论基础至关重要。本书旨在探讨如何构建有利于西部女性流动人口的社会支持网，以提升她们在城市流动过程中的生活质量和社会融合能力。本章将从基本概念和理论基础两方面出发，系统地阐述西部女性流动人口支持研究中的基本概念、相关术语的内涵和外延，以及与该主题密切相关的社会学理论，旨在为后续的实证研究提供理论指导和研究框架，为解决西部女性流动人口社会支持及社会支持网的相关问题提供理论支撑和学术参考。

第一节　基本概念

一　流动人口及女性流动人口

　　尽管"流动人口"和"人口流动"这两个概念在中国耳熟能详，并在中文论著和政府文件中广为使用，但在国际人口迁移流动研究中，它们却不是通用的概念。① "流动人口"的英译"the floating population"在20世纪90年代以前的英文文献中很少见到，其较为频繁地出现还是近二三十年的事。② 在

---

① 参见朱宇、林李月、李亭亭等《中国流动人口概念和数据的有效性与国际可比性》，《地理学报》2022年第12期。

② 参见 Fan, C. C., "Migration in A Socialist Transitional Economy: Heterogeneity, Socioeconomic and Spatial Characteristics of Migrants in China and Guangdong Province", *The International Migration Review*, 1999, p. 986。

中国"流动人口"指的是一定行政区域范围（通常为乡、镇、街道或县）内非本地户籍、在现住地居住或离开户口登记地达一定时长（通常为半年或一年）以上的人口，而"人口流动"则指的是"导致现住地与户籍地不相一致的人口空间移动事件"①。根据第七次全国人口普查公报中对于流动人口的定义，流动人口是指人户分离人口中扣除市辖区内人户分离的人口。人户分离人口是指居住地与户口登记地所在的乡镇街道不一致且离开户口登记地半年以上的人口。市辖区内人户分离人口是指，"一个直辖市或地级市所辖的区内和区与区之间，居住地和户口登记地不在同一乡镇街道的人口"②。值得关注的是，"在规模庞大且人口持续增长的中国人口流动过程中，女性群体已占据半壁江山，其参与社会保障的状况需要我们持续关注"③。女性流动人口则是指流动人口中的女性群体。相比较于男性流动人口，女性流动人口更容易面临性别歧视、不平等和各种风险，因此需要特别关注。女性流动人口之所以成为一个被关注的群体，是因为她们通常承担着更多的家庭和社会角色，如家庭照顾、子女教育等，同时又要面对就业歧视、不公平待遇、性别暴力等诸多问题。本书中，将流动女性界定为通过务工、随迁等方式进入本城市及城镇居住的女性群体，目前不具有本市、区、县的户籍。具体来说，西部流动女性人口指的是流动到西部地区的城市或者城镇，不具有本地户籍的西部省区或者其他省区的女性群体，其流动是跨越了县级以上行政单位的就业、失业和家庭妇女。其中就业的流动女性本人不是当地国家机关、政府部门、事业单位、国家或者集体企业中有编制的工作人员，也不是在军队服役或者大中专院校上学的学生群体。

二　社会支持及社会支持网

社会支持和社会支持网是社会学领域的重要概念，它们都与人类社会中

---

① 朱宇、林李月、李亭亭等：《中国流动人口概念和数据的有效性与国际可比性》，《地理学报》2022 年第 12 期。

② 王睿思、王珠凡、李茂华：《国内流动人口研究回顾与进路探寻》，《社会科学动态》2023 年第 3 期。

③ 王猛：《基于安德森模型的女性流动人口参与职工医保因素分析》，《中共青岛市委党校·青岛行政学院学报》2023 年第 1 期。

的关系连接、互相依赖、互惠互利等方面有关。社会支持研究最初发端于社区心理学，分析与健康有关的社会关系。[1] 张文宏、阮丹青在研究中指出，社会支持是建立在人的关系网络之上并通过关系网络获得的各种形式的帮助，其主体是社会支持的提供者，既可以是国家、企业还可以是社会团体或个人提供的帮助，也可以是某些特定的社会联系。处于社会关系中的个体时时刻刻都有可能成为社会支持的主体和客体。[2] 也有学者将社会支持的概念用社会关系来界定，认为"社会支持即个体发展所依托的社会关系系统，也称为'社会关系网'，指的是处于社会关系网中的个体获得的来自他人在精神和物质上给予的帮助与资源，是供个体使用的外部资源形式。通过一定的精神层面和物质层面的社会支持，可以提高个体的社会适应性，帮助其摆脱生存和发展困境，使个体免受不利环境的伤害"[3]。也有学者用正式和非正式的社会支持分类来界定，"社会支持一般是指来自个人之外的各种支持的总称，是与弱势群体的存在相伴随的社会行为，通常分为正式支持与非正式支持两大类"[4]。在国内社会支持和社会支持网经常有混用的情况，而本书认为，社会支持既是一种行为也是行为产生的结果，社会支持网是支持连接的关系结构状态，两者既有联系又有区别，可以从以下几个方面来区分这两个不同的概念。

（一）社会支持和社会支持网的定义

本书所提到的社会支持是一个人或团体在物质、心理、情感等方面提供帮助、协助和支持另一个人或团体的行为或者由此产生的结果，而社会支持网是由多个个体之间建立的、以提供社会支持为目的的互动网络，是一种关系状态。这些个体可以是家庭成员、朋友、邻居、同事、组织成员等，社会支持网可以提供情感、信息、物质等多种形式的社会支持。

---

① 参见 Barrear M. and Ainley S. L. , "The Structure of Social Support: A Conceptual and Empirical A-nalysis", *Journal of Community Psychology*, 1983, pp. 133–143。

② 参见张文宏、阮丹青《城乡居民的社会支持网》，《社会学研究》1999 年第 3 期。

③ 刘玉新：《工作压力与生活：个体应对与组织管理》，中国社会科学出版社 2011 年版，第 89 页。

④ 张友琴：《社会支持与社会支持网——弱势群体社会支持的工作模式初探》，《厦门大学学报》（哲学社会科学版）2002 年第 3 期。

（二）社会支持和社会支持网的历史发展

社会支持作为一个社会学概念最早在 19 世纪中期被提出，在此前人们通常用"互助""援助"等词语来描述社会中的社会支持行为。20 世纪 70 年代，美国社会学家 Cobb 等提出了社会支持的概念，并将其定义为"由家庭、朋友、邻居和组织提供的情感、物质、信息或评价上的帮助"①。此后，许多学者对社会支持的含义、作用、类型等方面进行了深入研究。不少社会支持的研究者，以社会支持研究为立足点，将社会网络分析视为一种分析方法，认为将网络分析方法与社会支持实质理论相结合能够推动社会支持研究的新发展。② 研究者大多认为 Wellman 是首先将社会网络分析引入社会支持研究中的少数几人之一。③

（三）社会支持和社会支持网的主要研究内容

社会支持的研究涉及范围广泛，包括社会支持的类型、来源、作用、影响因素等问题，同时也对不同人群（如老年人、残疾人、青少年、妇女等）的社会支持需求和模式进行研究。此外，对社会支持的测量方法和评估指标也是研究内容之一。而社会支持网的研究重点是建立社会支持网的过程和影响因素，包括社会支持网的结构、成员、功能、发展和变化等问题。此外，对不同人群建立社会支持网的策略和方法也是研究内容之一。

（四）社会支持和社会支持网的特点

社会支持是一个有情感色彩的行为，通常是在双方之间建立起互信和互动的基础上实现的。社会支持的形式多样，可以是物质帮助、精神鼓励、信息分享等。同时，社会支持行为通常是自愿的，不具有强制性。社会支持网是由多个个体之间建立的互动网络，它具有可变性、复杂性、多重功能等特点。社会支持网的成员可以是家庭成员、朋友、邻居、同事、社区组织等，

---

① Cobb S., "Social Support as A Moderator of Life Stress", *Psychosomatic Medicine*, Vol. 38, No. 5, 1976, p. 312.

② 参见 Faber A. D. and Wasserman S., "Social Support and Social Networks: Synthesis and Review", *Social Networks and Health*, Vol. 55, 2002, pp. 29–72。

③ 参见 Beggs J. J., Haines V. A. and Hurlber J. S., "Situational Contingencies Surrounding the Receipt of Informal Support", *Social Forces*, Vol. 75, No. 1, 1996, p. 201。

同时社会支持网可以提供情感、物质、信息等多种形式的社会支持。社会支持网通常具有互惠互利的特点，即成员在提供社会支持的同时也得到了社会支持。

（五）社会支持和社会支持网的异同

首先是概念上的异同，社会支持和社会支持网的最大区别在于范围。社会支持是一个广义的概念，可以指个人之间、家庭之间、组织之间等任何形式的帮助和社会支持；而社会支持网则特指由多个个体之间建立的互动网络，以提供社会支持为目的。其次是研究内容上的异同，社会支持和社会支持网的研究内容存在一些重叠，但也有不同之处。社会支持的研究内容更加广泛，包括社会支持的类型、来源、作用、影响因素等问题；而社会支持网的研究重点是建立社会支持网的过程和影响因素，包括社会支持网的结构、成员、功能、发展和变化等问题。最后是特点上的异同，社会支持和社会支持网的特点也存在差异。社会支持是一个有情感色彩的行为，通常是在双方之间建立起互信和互动的基础上实现的；而社会支持网则强调成员之间的联系和互动，具有可变性、复杂性、多重功能等特点。

总体来说，社会支持和社会支持网是相互关联、相互影响的概念。社会支持网的建立需要个体之间建立良好的社会支持关系，而社会支持网的发展也可以进一步促进个体之间的社会支持行为。在实际工作中，加强社会支持网的建设，有助于提高社会成员的幸福感和归属感，促进社会稳定和发展。

三　社会融入与社区融入

"融入"在有形物质层面的解释是一种物质融入另一种物质，在无物质形态层面则指一个人或群组从思想和形式上融入另一个群组。社会学家安东尼·吉登斯将"融入"定义为"少数群体或个人放弃原来的习俗和生活方式，调整自己的行为以附和主导性的价值和标准，外来者改变他们的语言、衣着、生活方式和文化视角成为新的社会秩序中的一个组成部分"[①]。社区融入可以视

---

① ［英］安东尼·吉登斯：《社会学》，赵旭东等译，北京大学出版社 2003 年版，第 404 页。

为社会融入的一个子集，着重于个体与特定社区的联系和互动。个体的社区融入可以通过参与社区活动、建立社区关系、共享社区资源等来实现社会融入的目标。同时，个体在社区中的融入程度也可以反过来影响其在整个社会范围内的融入，因为社区是个体在社会中的重要参与和交往的平台。社会融入和社区融入有着紧密的联系。社区是社会的一个基本单位，是个体在社会中的具体存在和互动的场所。个体的社区融入程度与其社会融入密切相关。一个个体在特定社区的融入程度可能影响其在整个社会范围内的融入程度。同时，社会融入也可以通过在特定社区中的融入来实现。

在我国实施新型城镇化战略背景下，西部女性流动人口无论来自城镇还是乡村，尽管在西部地区的城市发展中起到了举足轻重的作用，但在强大的户籍制度和地方保护主义背景下仍需要"融入"。在西部地区城市化推进的大潮中，"市民化"成了一个热门的新名词，外来女性的社区融入可以看作女性"现代市民化"的推进过程。时立荣主要依据马斯洛需要层次理论来分析农民工城市融入："一是经济层面的融入，标志着城市能够满足农民工的基本生存安全需求；二是社会日常生活的融入，即城市能够满足农民工社会沟通和交往互动的需求；三是社会心理层面的融入，经过了前两个层面的融入，农民工在心理上对城市社区产生了认同感、依赖感、归属感及责任感，习得了城市的文化观念，至此基本上完成了城市社区融入的过程。"[1] 社会融入的本质就是外来人口的本土化，它不是单纯的人口迁移，而是空间与身份的双重改变，物质和意识的与时俱进。因此，在新型城镇化背景下本书所界定的西部女性流动人口的社会融入，指的是西部女性人口因工作或居住等原因从其他地区（跨越一个市、县、区级以上单位）到本社区，从外来身份嵌入社区的一个动态过程。它主要包括两个方面。一是个体主动融入。具体指流动女性人口通过自身努力，生活方式、行为习惯和主观意识上逐步与现居社区居民趋向一致，与城市环境相适应。二是社会环境包容接纳。本地居民认可女性流动人口的身份，不排斥其平等参与到社区生活中来，实现两者之间的和平共处、和谐共生。

---

[1]　时立荣：《透过社区看农民工的城市融入问题》，《新视野》2005年第4期。

结合西方融入理论及我国实情,本书所指的社会融入是西部女性流动人口进入流入地城市后在城市生活中逐渐适应当地生活方式,增强社会生活的参与感和心理归属感的过程。本书中,社区融入具体包括居民可以平等自如地享受社区服务,对社区的政策、活动等知晓并能够参与其中,有一定的归属感。而社区融入是社会融入的基础,也是社会融入的体现。

第二节　研究理论基础

前述的基本概念中,我们发现社会支持和社会支持网是两个既有联系又有区别的概念,从研究的理论角度来考察这两者的研究范式,有助于构建合理的西部女性流动人口有效社会支持网。学者林聚任认为,社会支持网作为社会网络的一种重要形式,是社会个体能够获得各种资源或帮助的社会关系体现。由此看来,社会支持网是提供支持者与获得支持者之间相对稳固的社会关系的建构。西部女性流动人口通过异地谋生,一方面在获取经济效益的同时,不断提高生活水平;另一方面,生活空间的转换,还会打破她们以往形成的地缘关系,扩大其自身的社会关系网。完整的社会关系网可以为女性流动人口提供必要的资源,进而形成强有力的社会资本,促进社会支持网的构建,对于女性流动人口改善生存状况具有积极影响。社会支持分为正式与非正式两种。前者主要指政府部门、社会组织等机构,后者主要指非政府组织或个人社会关系。

一　社会支持理论

社会支持理论是社会学中一个重要的概念和研究领域,旨在理解和解释个体在社会中获得支持和资源的过程。以下是社会支持理论的形成、发展和核心内涵的概述。

（一）形成和发展

社会支持理论起源于 20 世纪 70 年代,早期的研究主要关注社会支持对健康和福祉的影响。随着研究的深入,社会支持理论逐渐扩展到不同的领域,包括心理健康、适应能力、社会关系等。社会支持理论的发展受到许多学者的贡献，包括前述提到的 Cobb 和 Folkman 等。①②

（二）社会支持的核心内涵

社会支持的核心内涵包括情感支持（Emotional Support）：指他人通过提供安慰、理解和情感共鸣来满足个体的情感需求，减轻压力和焦虑感；信息支持（Informational Support）：指他人通过提供信息、建议和指导来帮助个体解决问题、做出决策和应对挑战；评价支持（Appraisal Support）：指他人通过给予肯定、鼓励和反馈来提升个体的自尊和自信，增强个体的价值感和认同感；仪式支持（Tangible Support）：指他人通过提供物质资源、经济援助和实际帮助来满足个体的实际需求，如住房、食物、交通等。

（三）社会支持理论的研究和应用

社会支持理论的研究和应用广泛涉及健康、心理学、社会工作、组织行为等领域。研究发现，良好的社会支持网与个体的健康、幸福感、适应能力等积极相关，而社会支持不足则与心理健康问题、社会排斥等负面结果相关。在应用方面，社会支持理论为制定社会政策、组织管理和社会工作提供了指导和依据，旨在提升个体和社会的福祉。

社会支持的来源可以分为正式支持和非正式支持。正式支持和非正式支持的概念是在对社会支持的广泛研究和理论构建的基础上发展而来的。早期社会支持理论关注的是个体在社交网络中获得的支持和资源，但没有明确区分正式和非正式支持的概念。随着研究的深入，学者们逐渐意识到个体获得支持的多样性和复杂性，进而提出了正式支持和非正式支持的区分。正式的社会支持一般由政府提供，包括各种法规制度、社会政策、保障措施等，这些支持方式构成的有序集合体被称为正式的社会支持网。正式支持能从宏观层面为西部女性流动人口提供物质和政策支持，保护其合法权益，免受歧视

---

① 参见 Cobb, S., "Social Support as A Moderator of Life Stress", *Psychosomatic Medicine*, 1976, pp. 300-314。

② 参见 Folkman, S., and Lazarus, R. S., "If It Changes It Must be a Process: Study of Emotion and Coping During Three Stages of a College Examination", *Journal of Personality and Social Psychology*, Vol. 48, No. 1, 1985, pp. 150-170。

和排斥。非正式的社会支持主要是流动女性所在家庭、社区、社会组织、居民提供的社会救助。它可以作为正式社会支持的一个有力补充，发挥出正式社会支持不具备的功能。作为外来人群，女性流动人口应该在正式社会支持与非正式社会支持之间进行转换。对于正式的社会支持网，应积极借助国家的相关法律法规和政策，在生存中维护自己的权益。对于非正式的社会支持网，既能借助家人、亲戚、朋友，获得情感支持，也可从同事、社区居民、合作伙伴等方面，获得住房、就业、子女教育等信息支持。只有将多种社会关系有机结合起来，女性流动人口获得的社会支持资源才会最大化，她们的相关权益才能得到有效保护。

二　社会支持网理论

社会支持网研究起源于 20 世纪 60 年代，主要研究社会支持对个体心理和生理健康的影响。20 世纪 70 年代，社会支持网研究逐渐扩展到了其他领域，比如社区、家庭、医疗等。社会支持网的概念被广泛接受，并被用来描述不同类型的社会支持。在国内，社会支持网的研究开始于 20 世纪 80 年代。当时，中国的改革开放政策导致了家庭和社会结构的变化，以及人们之间的互动方式和心理健康状况的改变。此时，社会支持网研究开始将目光聚焦于中国的特定社会环境。随着社会科学研究的发展，社会支持网研究已逐步深入教育、青少年、老年人、就业、健康、心理、社会政策等多个领域。

（一）社会支持网研究的内涵及概念

社会支持网指个人在面对压力、困难、挑战及重要事件时，可以从家庭、朋友、邻居、社会组织、社会机构等方面得到情感、物质和信息等方面的支持。社会支持网是人与人之间相互关注、相互支持、相互帮助、共同解决问题的社会网络，是人际关系的一种形态。

（二）社会支持网对人的影响

首先，社会支持网对身心健康的影响。社会支持网可以对个体的身心健康产生积极的影响。在心理上，社会支持能够提高个体的自尊心和抗压能力，减轻焦虑和压力等不良情绪。在身体上，社会支持网对降低血压、减少慢性疾病的发病率具有一定的作用。其次，社会支持网对生活质量的影响。社会支持网可以改善个体的生活质量，包括增加社交活动、增强生活满意度、提高生活水平等方面的影响。最后，社会支持网对幸福感的影响。社会支持网可以提高个体的幸福感水平。研究发现，社会支持可以增加个体对生活和未来的信心，从而提高幸福感和满意度。

（三）社会支持网研究的内容

在国内外，社会支持网研究的内容涵盖了多个领域。第一，社会支持网对不同特殊人群的影响。这些特殊人群包括老年人、儿童、青少年、大学生、妇女、失业者、慢性病患者、残疾人等。这些不同的群体都有不同的生活经历和需求，因此研究需要将个体差异因素纳入考虑。第二，社会支持网的结构。研究探讨社会支持网中的不同成分提供的支持及其相互关系，以及不同成分之间的互动关系。第三，社会支持网测量。目前，测量社会支持网的常用方法包括结构性方法、功能性方法和主观方法三种。第四，社会支持网与健康。研究探讨社会支持网在生理、心理和社会健康方面对个体的影响，以及不同成分提供的支持机制。第五，社会支持网与幸福感。研究探讨社会支持网对个体幸福感的影响和机制。社会支持网对幸福感的影响可以通过主观幸福感、满意度、生活质量等方面的评价表现出来。

综上所述，社会支持网研究是一个涉及多个学科领域并具有重要现实意义的研究方向，它的研究范围涵盖了心理学、医学、社会学、教育学等不同领域，同时，在国际和国内都有广泛的应用。本书的重要目的就是构建新型的西部流动女性的社会支持网，以促进西部流动女性的社会融入，进而实现西部社会的和谐发展。

三　社会融入理论

社会融入理论是社会学领域的一个重要理论框架，涉及个体与社会的互动、个体在社会中的地位和身份，以及个体在社会关系中的参与和融入。社会融入理论的发展可追溯到 20 世纪早期，最初由社会学家 Everett Hughes 和

Robert Park 等人提出。① 他们关注个体与社会的互动和相互依赖关系，强调个体在社会中的位置和角色对其融入的重要性。随后，社会学家 Talcott Parsons、Anthony Giddens 等对社会融入理论进行了进一步的发展和拓展。社会融入理论的核心内涵包括以下几个方面。

（一）社会参与和互动

社会融入理论强调个体通过参与社会关系和互动来实现融入。个体的参与可以包括社交活动、组织成员身份、社区参与等，通过这些参与和互动，个体逐渐形成自我认同和社会角色。

（二）社会地位和身份

社会融入理论关注个体在社会群体中的地位和身份。个体的融入程度与其在社会中的地位、角色和身份密切相关。社会地位和身份的形成受到社会结构、文化背景和社会认同等因素的影响。

（三）社会支持和社会网络

社会融入理论认为社会支持和社会网络对个体的融入至关重要。个体通过社会支持和社会网络获得资源、信息和支持，进而提升融入感和福祉。

（四）社会控制和社会规范

社会融入理论强调社会控制和社会规范对个体的融入起着重要作用。社会控制和社会规范可以通过社会机构、社会规则和社会期望来实现，对个体的行为和社会参与产生影响，促进个体融入社会。

在研究西部女性流动人口过程中社会融入实际是西部流动女性社会支持产生的重要结果之一，也是构建西部女性流动人口社会支持网的具体路径。社会融入的过程中包含了社会支持与支持网络发挥的重要作用。所以在一定程度上社会融入的状况可以衡量社会支持的程度和社会支持网的状况。

---

① 参见 Hughes, E. C., "Dilemmas and Contradictions of Status", *American Journal of Sociology*, Vol. 50, No. 5, 1945, p. 356。

第三章

社会支持网问卷调查分析

改革开放以来，随着我国社会经济的快速发展，人口迁移流动日趋活跃，第七次全国人口普查数据显示，"2020 年，中国城镇常住人口 9.02 亿，常住人口城镇化率为 63.89%，但是户籍人口城镇化率仍然只有 45.40%，流动人口有 3.76 亿人，流动人口规模日益增加"①。人口流动是人们因为学习、工作、婚姻或其他原因在空间上从一个地方转到另一个地方的现象。流动人口是中国城镇化的重要推力，也是城市活力与创新的重要动力来源。流动人口的一个显性特征是其性别结构开始向着均衡化方向趋近，女性人口逐渐参与到人口流动大潮中，女性流动人口在流动人口中所占比重不断提高，对社会经济发展起到了不可忽视的作用。为进一步了解当前西部地区女性流动人口的社会支持和融入状况，以西部 10 个省区流动女性为研究对象，通过抽样问卷调查的形式，开展了调查研究，并在调查的基础上对西部女性流动人口的社会支持情况进行量化统计分析。

第一节　问卷设计及信度效度检验

一　问卷设计

女性流动人口一般是指流入某一地区但不具有当地户籍的各类女性人口，

---

① 国务院第七次全国人口普查领导小组办公室：《第七次全国人口普查公报（第七号）——城乡人口和流动人口情况》，2021 年 5 月 11 日，https：//www.gov.cn/guoqing/2021-05/13/content_5606149.htm？eqid=ee37f5030031ff4a00000002647324c9，2023 年 12 月 17 日。

以及具有当地户籍但是因为种种原因远走外地的各类女性人口,一般指年龄在18岁及以上的女性人口。本书以西部女性流动人口为研究对象,以西部女性流动人口社会支持状况为研究主题,本次问卷调查内容一共分为六个部分。第一部分是关于调查对象的个性特征的调查,主要包括年龄、民族、受教育程度、婚姻状况、户口类型、经济收入、流动时间、工作经历等。第二部分是关于女性流动人口就业与经济情况的调查,主要包括工作情况、单位类型、福利保障、个人与家庭年收入情况、家庭经济状况自评、压力支出等方面。第三部分是关于女性流动人口社会支持评定的调查,主要包括流动女性的物质支持、情感支持和支持的利用度。第四部分是关于西部女性流动人口领悟社会支持量表的测量。第五部分是流动女性的现实需求与支持,主要测量流动女性目前存在的具体需求,包括女性特有的需求与困难,以及对于需求和困难的社会支持程度。第六部分是关于流动女性的社会融入情况的调查,主要包括社会公平性、社区参与度、社会联系度等方面。

二 问卷的信度效度检验

问卷的信度效度检验是对后续分析有效性的必要保障,信度反映了测量结果的一致性、稳定性和可靠性。表3-1呈现了领悟社会支持量表中家庭支持、朋友支持和其他支持3个维度的信度结果,克朗巴哈系数(Cronbach's α)[1]均大于0.80,具有较好的信度。

表3-1 领悟社会支持量表(PSSS)的信度检验结果

名称	样本量	题项个数	Cronbach's α
领悟社会支持			
家庭支持	1112	4	0.86
朋友支持	1112	4	0.90
其他支持	1112	4	0.84

---

[1] 通常标准如下:系数>0.80很好,系数>0.70较好,系数>0.60可以接受;一般<0.60需要修改问卷,<0.50完全不适用。

接下来，进一步采用因子分析法来考察问卷量表的结构效度，主要以 Kaiser-Meyer-Olkin 度量和 Bartlett 球形值来进行检验。表 3-2 可知，KMO 值①为 0.92，Bartlett 的球形度检验 sig. 值（p 值）小于 0.05，说明问卷具有较好的结构效度，可进行后续分析。

表 3-2　　　　　　　　　　KMO 值和 Bartlett 的球形值检验

KMO 值	0.92	
Bartlett 的球形度检验	近似卡方	7869.15
	Df	66
	sig.	0.00

第二节　调研对象基本情况

近年来，在国家实施新型城镇化战略的大背景下，流动人口由曾经大规模的扩张转变为较为均衡的发展态势，与此同时，女性流动人口在整个流动人口大潮中占比不断升高，越来越多的女性人口加入流动人口的行列，积极参与社会生产活动，为全国各地区经济社会发展作出了巨大贡献，成为流动人口的重要力量。

一　年龄及学历分布情况

从 1112 个有效样本的分布来看，年龄最大的受访女性出生在 1954 年，年龄最小的出生在 2004 年，平均年龄为 34.05 岁，从具体分布来看，出生在 1960 年以前的调查对象占比 0.08%，出生在 20 世纪 60 年代的流动女性占比 9.26%，出生在 1991—2000 年的受访女性人数最多，占比 46.41%，同时，分别出生在 20 世纪 80 年代和 70 年代的女性占比 23.48%、16.19%，另外，还有 4.58% 的受访流动女性是 21 世纪出生人口。本书中受访者年龄最小为 18

---

① 一般认为：KMO>0.80 很好，KMO>0.70 较好，KMO>0.60 可以接受，一般<0.60 不适用。

岁，最大为 68 岁，平均年龄为 34.05 岁。第七次人口普查的结果显示，我国16—59 岁劳动年龄人口为 8.8 亿人，平均年龄为 38.8 岁。此次西部女性流动人口的问卷调查对象平均年龄略低于全国劳动力平均年龄，基本符合流动人口的特征，也说明西部女性流动人口基本年富力强，呈年轻化趋势。

受教育程度是个体综合能力的直观反映，拥有良好教育的流动人口，不仅在就业市场上占有更大的优势，其就业性质等方面的特征也是影响流动人口具备更强的社会适应和社会参与能力的重要因素。受教育程度也是影响西部女性流动人口自身发展和社会支持系统的主要因素。在本书调查的 1112 位受访流动女性中，初中文化的调查对象人数最多，占比 24.64%，另外，学历水平在本科及以上的调查对象占比 22.75%，大专或高职文化的调查对象占比20.86%，高中或中专文化的调查对象占比 18.17%，有 13.58% 的调查对象学历水平在小学及以下，总的来说，调查对象学历分布较为均匀。

二 婚姻、民族及户籍情况

本书调查对象的婚姻状况中，已婚女性的人数接近六成（59.89%），有34.53% 的调查对象处于未婚状态，另外还有 3.24% 的调查对象处于离异状态，再婚和丧偶的受访女性分别占比 1.35%、0.99%，受访流动女性有配偶人数占比较多。

本书调查对象的民族种类繁多，有汉族、回族、维吾尔族、蒙古族、壮族、苗族、彝族、藏族、瑶族、土族等。其中，汉族调查对象人数最多，占比 78.95%，回族调查对象占比 8.18%，同时，藏族女性占比 2.43%，苗族女性占比 1.53%，彝族女性占比 1.08%，另外分别还有 0.90%、0.90%、0.90%、0.63%、0.63% 的调研对象是蒙古族、壮族、土族和维吾尔族、瑶族。除此之外，其他民族的受访女性占比 3.87%。由此可知，本书调查对象以汉族为主，少数民族调查对象占少数。但也占到了一定比例，占总体访问对象的 21.04%，这与本书涉及 4 个自治区，且西部地区少数民族人口数量较全国其他区域多有密切关系。

在调查对象户籍调查中，如图 3-1 所示，农村户籍的流动女性比城市户籍的流动女性多，本省的流动女性比外省的流动女性多。具体来看，本省农村户籍的受访流动女性占比 50.18%，本省城市户籍的受访流动女性占比 16.64%，外省农村户籍的受访流动女性占比 20.41%，外省城市户籍的受访流动女性占比 12.77%。可以看出，受访女性流动人口主要拥有城市户口（城—城流动）的流动人口和农村户口（乡—城流动）的流动人口两种不同的类型制度性身份，其中以农村户籍人口流动为主，在西部地区流动人口还以本省流动人口为主的特点，这也从另一个角度印证了西部地区经济的不断发展、城镇化脚步不断加快，省内省会城市和首府城市经济发展突出，对周边地区流动人口的吸引力强，人口虹吸效应明显。

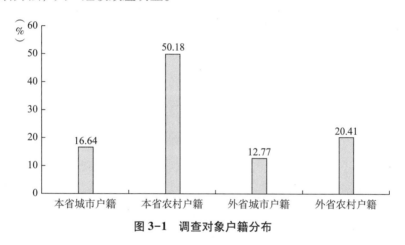

图 3-1　调查对象户籍分布

三　调查对象工作情况及流动时间

工资收入的高低和流动时间也是影响女性流动人口社会支持的重要因素之一，收入水平不仅在主观上会对个体的消费方式、行为习惯等方面产生影响，而且在客观上也会影响个体的心理健康、交往范围等。如图 3-2 所示，月收入在 2001—4000 元的受访流动女性人数接近一半，占比 48.47%，有 24.19% 的调研对象月收入在 4001—6000 元，同时，还有 6.38% 的受访女性月收入在 6001—8000 元，2.79% 的女性月收入在 8001—10000 元，另外收入超过 10000 元的调查对象仅有 1.89%，值得注意的是，接近两成（16.28%）的受访流动女性月收入在 2000 元以下。可以看出，虽然女性人口的地位在不断地提高，但是她们的收入水平和消费水平并没有和地位一样稳步上升，特别是女性流动人口收入，一直还处在比较低的状态。

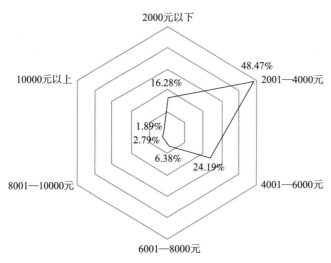

图3-2 调查对象月收入情况

在工作经历的调查中，离开家乡干过一种工作的调查对象占比20.86%，干过两种和三种工作的分别占比27.97%、26.08%，还有11.42%、5.04%的受访流动女性干过四种、五种工作，干过五种以上工作的调查对象占比6.65%，自从离开家乡，并没有干过工作的调查对象占比1.98%。说明，西部女性流动人口的流动性特点突出，近80%的调查对象从事过两种或者两种以上工作。

我国女性流动人口流动时长呈现多元化特点，本书根据原始问卷数据，将女性流动人口流动时长划分为1年以内、1到2年、3到5年、6到9年、10年及以上5个类别。当被问到从第一次离开家乡到现在的时间时，离开家乡3到5年的人数最多，占比接近四分之一（23.38%），分别有21.40%、21.76%的受访流动女性离开家乡10年及以上、1年以内，另外还有19.51%的调查对象离开家1到2年。

总结以上调查对象的基本情况，女性流动人口出生年份主要分布在1980—2000年，主要是"80后"到"00后"群体，平均年龄为34岁；文化程度分布均匀，婚姻状况以已婚为主；人口流动范围以省内流动为主，其中省内跨市比重最高；户籍类型以农村户口为主；女性流动人口中接近八成是汉族，少数民族占比两成多一些；女性流动人口收入偏低，月收入在4000元以下占三分之二以上。西部女性流动人口的流动性特点突出，近八成的调查对象从事过两种或者两种以上工作。西部女性流动人口中三年以上流动的占总体调查对象的六成以上，其中10年流动的占到了四成多，说明女性流动人口中近半数长期流动。

第三节　妇女就业与经济情况

就业为民生之本，是流动人口在城市立足的关键，对女性流动人口在流入地稳定生活，乃至整个社会的稳定发展具有重要意义。这一部分主要是对妇女就业和经济情况的调查，调查的内容包括流动女性当前的就业情况、工作单位类型、工作稳定性、工作福利待遇、家庭收入与支出等，通过调查西部流动女性的就业与经济情况，可以全面认识女性流动人口就业存在的现实问题，以了解妇女背井离乡后的生活情况，有利于改善女性流动人口就业状况，维护流动人口基本就业权益，从而不断提高整个家庭的社会融入度，更好地提升流动人口在流入地生活质量与幸福感，推动女性尤其是流动女性就业有利于促进劳动力就业市场的性别平衡，实现性别红利，激发潜在的社会生产力。

一　工作情况

西部女性流动的最重要的目的之一就是就业。在对1112位西部流动女性目前工作情况的调查中，有工作（有收入的活动，务农、兼职、家庭生意也算，不含家务劳动、志愿活动）的受访女性共933人，占比83.90%；无工作的受访女性179人，占比16.10%。在失业率上升的社会大环境下，流动人口失业出现增加趋势，失业时间持续越久，流动人口在城市面临的生存风险就越大，需要给予足够的重视。由表3-3可知，有工作（有收入的活动，务农、兼职、家庭生意也算，不含家务劳动、志愿活动）的受访流动女性有933人，其中以民营、私营企业的人数最多，共464人，占有工作受访流动女性的49.73%，在总受访流动女性中占比41.73%，其次是个体工商户，属于个体工商户的女性占受访总人数的 18.97%，在有工作女性群体中占比 22.62%，同时无单位、自由工作者（如零散工、摊贩、无派遣单位保姆、自营运司机、工匠等）和民办非企业组织/社会组织分别在有工作调查对象占比 16.08%、7.82%，另外还有 1.62% 的受访流动女性在港/澳/台投资、外资、合资企业工作，1.53% 的受访流动女性务农（农林牧副渔业生产）。女性流动人口的单位性质为民营、私营企业，个体工商户及无单位、自由工作者所占比例较大，这可能是由于这部分群体初次流动，找不到相对稳定的工作，只能就业于工资水平偏低的个体工商户或其他单位。其次是个体工商户，民营、私营企业，这两种性质的单位由于门槛低，要求不算太高，吸纳了大多数的女性流动人口就业，而国有企业、外资或合资企业对女性流动人口的吸纳程度则较弱。

表 3-3　　　　　　　　　　　　调查对象当前工作单位类型

		次数	百分比（%）
有工作	民营、私营企业	464	41.73
	港/澳/台投资、外资、合资企业	18	1.62
	个体工商户	211	18.97
	民办非企业组织/社会组织	73	6.56
	务农（农林牧副渔业生产）	17	1.53
	无单位、自由工作者（如零散工、摊贩、无派遣单位保姆、自营运司机、工匠等）	150	13.49
	总计	933	83.90
无工作		179	16.10

二　工作福利保障

实现正常就业、获得城镇职工应有的待遇，是多数流动人口正常生活的基础和前提，当被问到目前的工作是否签订了劳动合同时，工作已经签订劳动合同的调查对象在有工作的受访群体中占比 51.13%，在总调研对象中占比 42.89%，工作没有签订劳动合同的调查对象在有工作的受访群体中占比

48.87%，在总调研对象中占比 41.01%。

西部流动女性工作福利待遇的调查主要包括：带薪年假、住房公积金、福利房/经济适用房等住房福利、工作餐/餐补（含包吃）、班车/交通补贴、高温补贴、子女医药费报销/补贴、子女入托入园补贴或支持等方面。具体来看表 3-4 所示，24.01% 的受访流动女性目前的工作享受带薪年假，16.73% 的受访流动女性目前的工作拥有住房公积金，12.40% 的受访流动女性目前的工作享受福利房/经济适用房等住房福利，33.00% 的受访流动女性目前的工作有工作餐/餐补（含包吃），15.73% 的受访流动女性目前的工作单位有班车/交通补贴，10.25% 的受访流动女性目前的工作单位会发放高温补贴，7.56% 的受访流动女性目前的工作单位能够报销/补贴子女医药费，4.14% 的受访流动女性目前的工作单位能够提供子女入托入园补贴或支持。与此同时，大部分流动女性不享受以上工作福利，超过七成的受访流动女性目前的工作不享受子女入托入园补贴或支持，超过六成的受访流动女性工作没有子女医药费报销/补贴、高温补贴、福利房/经济适用房等住房福利、班车/交通补贴、住房公积金。在业流动人口城镇职工等各类保险的参保率很低、福利保障水平较低，住房公积金基本缺失。

表 3-4　　　　　　　　　　调查对象当前工作福利待遇　　　　　　　　（单位：%）

	是	否	不清楚
a. 带薪年假	24.01	56.83	3.06
b. 住房公积金	16.73	63.67	3.50
c. 福利房/经济适用房等住房福利	12.40	68.08	3.42
d. 工作餐/餐补（含包吃）	33.00	49.82	1.08
e. 班车/交通补贴	15.73	66.19	1.98
f. 高温补贴	10.25	69.24	4.41
g. 子女医药费报销/补贴	7.56	69.78	6.56
h. 子女入托入园补贴或支持	4.14	72.75	7.01

注：此表所显示的为所有受访流动女性中有工作的 83.90% 的流动女性的福利待遇，不包括 16.10% 的无工作流动女性。

三 收入情况

收入是反映流动人口经济、社会地位和社会融合程度的重要特征，不仅事关流动人口的市民化政策的实施效果，而且事关国家新型城镇化战略的成败。研究西部女性流动人口的收入及其影响因素问题有利于把握女性流动人口的经济与社会融合程度、社会地位，进而探究流动人口市民化的基本状况和对推动国家新型城镇化战略具有重要意义。

（一）调查对象的个人收入情况

本书中有工作的女性有 933 人，目前并未工作的女性 179 人，个人 2021 年全年的总收入 10001—30000 元的女性人数最多，占比 32.73%，个人年收入在 30001—50000 元的人数占比 24.46%，有 13.40% 的调查对象去年年收入在 50001—80000 元，另外分别还有 4.95%、2.25%、0.18%、0.72%、5.21% 的流动女性 2021 年年收入（包括工资、奖金、补贴、分红、股息、保险、退休金、经营性纯收入、银行利息、馈赠等所有收入在内）在 80001—100000 元、100001—150000 元、150001—200000 元、200000 元以上、10000 元及以下，由此可以看出，高收入受访流动女性较少，受访流动女性年收入主要集中在 80000 元以下，其中一半以上年收入集中在 50000 元以下。这也与前面基本信息中大多数西部流动女性的月收入在 4000 元以下是基本吻合的。

（二）调查对象的家庭收入情况

受访的西部女性 2021 年家庭全年总收入情况具体来看，家庭全年收入集中在 10001—150000 元之间，其中 36.87% 的调查对象家庭年收入在 10001—50000 元，31.03% 的调查对象家庭年收入在 50001—100000 元，14.75% 的调查对象家庭年收入在 100001—150000 元，另外分别还有 7.82%、4.23%、1.62%、0.72% 全年的总收入（包括工资、奖金、补贴、分红、股息、保险、退休金、经营性纯收入、银行利息、馈赠等所有收入在内）在 150001—200000 元、200001—300000 元、300001—500000 元、500000 元以上，呈逐渐递减的趋势，值得注意的是，有 2.96% 的流动人口家庭年收入在 10000 元及以下，不满足基本生活条件，相关部门需要进一步跟踪帮扶。可以看出，以

50000 元为分水岭，家庭收入越高，受访流动女性人数越少。这也与女性全年收入的分布情况基本相似。

从图 3-3 可以看出，近一半的调查对象认为个人家庭经济状况处于平均水平，认为个人家庭经济低于当地平均水平的调查对象占比 36.87%，认为个人家庭经济水平远低于平均水平的调查对象占比 7.01%，仅分别有 6.03% 和 0.27% 的调查对象认为个人家庭经济水平高于当地平均水平和远高于平均水平，可以看出，绝大多数受访者认为个人家庭经济水平处于当地平均及平均以下。

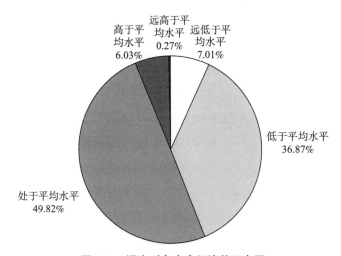

图 3-3　调查对象家庭经济状况自评

四　支出压力

受访女性在压力最大的前三项家庭支出项目调查中，在第一顺位的选择中，图 3-4 显示接近一半的调查对象选择基本日常开销，其次就是子女花费和住房费用为最大压力来源，分别占比 22.66%、17.45%，另外，赡养父母方面的费用占比 5.31%，医疗费用占比 4.32%，人情费用占比 3.05%，奢侈品费用占比 1.89%，旅游/健身/娱乐费用占比 1.44%。

在家庭支出压力最大项目的第二顺位选择中，图 3-5 显示选择子女花费的调查对象占比 22.66%，选择住房费用压力的调查对象占比 22.30%，其次

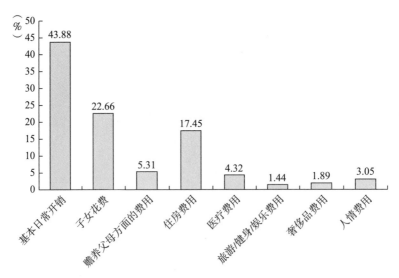

图 3-4 家庭支出项目第一顺位压力

是赡养父母方面的费用占比 14.84%，有 14.39% 的调查对象选择基本日常开销，另外，分别有 11.42%、6.29%、5.94%、2.16% 的受访调查对象选择医疗费用、人情费用、旅游/健身/娱乐费用、奢侈品费用。

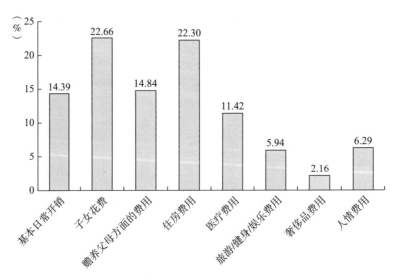

图 3-5 家庭支出项目第二顺位压力

在家庭支出压力最大项目的第三顺位的选择中，如图 3-6，选择人情费用的调查对象人数最多占比 21.66%，选择医疗费用的调查对象占比 16.46%，其次是住房费用占比 15.74%，有 13.94% 的调查对象选择基本日常开销，另外，分别有 11.24%、10.61%、6.12%、3.69%、0.54% 的受访调查对象选择赡养父母方面的费用、旅游/健身/娱乐费用、子女花费、奢侈品费用和其他。

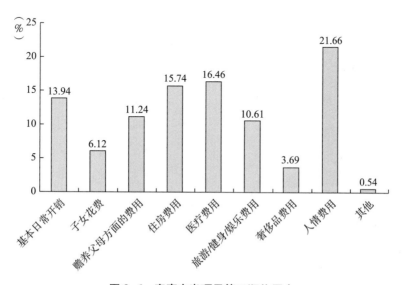

图 3-6 家庭支出项目第三顺位压力

从流动女性就业与经济状况来看，大部分受访流动女性处于工作状态，女性流动人口的单位性质为民营、私营企业、个体工商户，主要原因是这两种性质的单位由于门槛低，要求不算太高；调查对象工作劳动合同签订情况与工作福利待遇保障不甚理想，流动弱势表现在劳动就业、子女、就学、社会保障、居住安全等诸多方面。高收入受访流动女性较少，受访流动女性年收入主要集中在 50000 元以下，绝大多数受访者认为自己家庭经济水平处于当地平均及平均以下。流动女性家庭支出项目压力最大的前三项，第一顺位的压力主要来自基本日常开销、子女花费、住房费用，第二顺位的压力主要来自子女花费、住房费用、赡养父母方面的费用，第三顺位的压力主要来自人情费用、医疗费用、住房费用。

第四节　妇女社会支持情况

　　了解西部地区女性流动人口社会支持状况，能够为构建女性流动人口相应的社会支持系统提供基础信息。美国当代著名的社会学家林南将社会支持定义为：由社区、社会网络以及可信任的他人所实际或想象中可能提供的物质和精神上的帮助。社会支持网是由个人所能接触到的获得支持和帮助的关系网，通过这张关系网，个人能够获得情感、物质以及社会交往方面的支持。社会支持包括正式和非正式两大类。若以支持提供主体来划分，正式支持主要包括政府和用人单位主导的支持，以社区主导的"准正式支持"，以及由社会组织和社工专业人士提供的专业技术支持；非正式支持主要基于个体的社会关系、社会网络与社会结构，基于血缘、亲缘、地缘、业缘等形成。不同类别的社会支持常有交叉和互动——政府主导的支持，可借助社会组织或家庭成员提供的服务来实行；用人单位提供的支持，也可借由社会组织来实现。

一　生活情况

（一）调查对象的主要困难

　　了解调查对象的困难，有利于了解其社会支持的需要，可以发现，流动人口的社会需求主要集中在衣食住行等方面，包括买房、教育、两性、社会交往、就医、就业等方面，根据调查结果表示自己没有困难的占比11.33%，那就意味着有88.67%的受访者遇到了各种困难。图3-7所展示的是调查对象遇到的各种困难，其中手头紧张，有经济困难的人数最多，超过五成，有买房困难的调查对象占比近三成，有两成多一点的调查对象有就业找工作的困难。同时，表示有就医看病困难的占比近两成，表示有孩子上学困难、日常办理各种手续及证件困难、找对象困难、人际关系搞不好、返乡困难、在当地落户困难的调查对象一共占比四成多。其中有些人是叠加了多种困难的群体。而在这个过程中可以看出排在前三位的经济困难、买房困难和找工作难都需要一定的物质方面的实际支持。

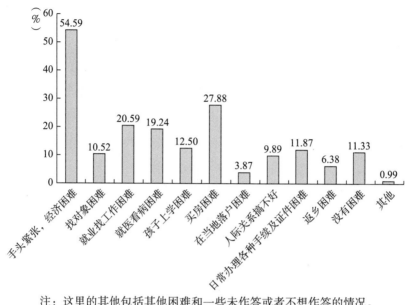

注：这里的其他包括其他困难和一些未作答或者不想作答的情况。

图3-7　调查对象当前遇到的困难

（二）调查对象因性别原因导致的特殊困难

人类生命的延续方式，使得女性天生就需要背负比男性更多的生产重任。随着女性意识的觉醒，女性们越来越能意识到自食其力对自己的重要意义，不过我们必须正视一个问题，女性在家庭和职场的平衡间依旧有很长的路要走。因为女性的自我意识虽然觉醒了，但男性和整个社会的接受度并没有跟上来。因此，女性相较于男性存在一些特殊困难。图3-8所显示的是调查对象作为女性目前存在的具体特殊困难，选择找工作比男性更难的最多，占比近三成。同时，在岗位上待遇比男性低的占到了两成多，生养孩子中遇到很多困难占到了两成多，遇到妇科疾病困扰也有近17.00%，经常被各种歧视的人次超过了一成，表示找对象很困难的调研对象占比近一成，遇到过性骚扰的调查对象占比4.95%，另外还有近三成的调查对象表示自己并没有任何困难。这些数据表明男女两性在就业、职业待遇上有差距，流动女性在生育、疾病治疗、择偶方面都需要支持。

针对调查对象目前生活中遇到以上各种困难的原因的调查中可知，超过一半的调查对象认为是文化程度不高才导致了自己的困境，有超过三分之一

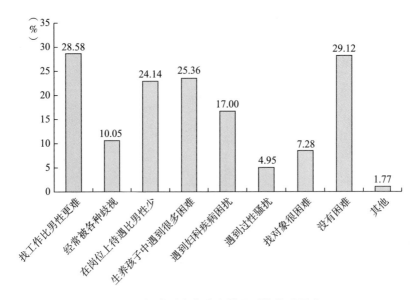

图 3-8 调查对象作为女性遇到的特殊困难
注：这里的其他包括其他困难和一些未作答或不愿作答的情况。

的调查对象认为是经济不景气，工作难找，认为因为个人性格和自己是女性的调查对象分别占比 26.98%、21.76%，另外还有 17.18% 的调查对象认为当地的政策不健全，社会保障不好，分别仅有 4.59% 和 3.87% 的调查对象认为是当地人排外、融入社区很困难和对象没找好、老公不行导致的。

（三）调查对象在本地发展的需求

流动人口的概念具有明显的中国特色，它是以中国特有的户籍制度为依据的，从其构成要素来看，流动人口的界定是以户籍所在地的住所为标志的，其空间上的流动是以一定的行政区域划分为范围的。同时，流动人口的概念具有离而复归、双向往返的流动特点，让流动人口中能定居的定居下来，对于城市治理、城镇化质量的提升都有所裨益。对调查对象在流入地落户意愿的调查中发现，有落户意愿的受访者并没有超过一半，人数占比 48.20%。在了解调查对象在当地买房的打算可以看出，有买房打算的调查者超过六成，占比 65.74%，没有买房打算的占比 34.26%。综上，说明女性流动人口适应能力较强，选择继续居留在本地，可能由于落户到城市意味着流动人口要放弃与农村户口相关的各类利益，因此出于规避风险的考虑，她们往往不会轻易做出这样的决策，稳定的居住条件对提升流动人口的安全感和归属感至关重要，因此流动人口在流入地买房的意愿比在当地落户的意愿高。

流动女性人口选择在本地发展的主要原因调查中，觉得当地离老家近，便于回老家的受访者最多，占比 41.55%；当地生活方便，语言熟悉也是重要原因之一，受访者占比 32.01%；因为对象或者老公在当地、亲戚朋友在当地有个照应的受访者占比 28.33%、25.09%。上述实际是能获得情感支持，所以在本地发展。另外经济也是重要的影响因素，认为当地工作好找些、当地经济发达工资高、当地环境好人好打交道、当地发展快未来有前景的受访者分别占比 18.53%、18.08%、18.53%、15.38%；同时还有其他的一些原因，比如：当地政策好，生活打工有一定保障占比 10.97%、当地学生就学方便，考学容易占比 8.90%、当地房价便宜占比 6.21%。总之，流动人口家庭成员同在流入地发展的比例较高，家庭团聚、人际关系网络集中等是城市流动人口定居意愿较强的原因之一。

如表 3-5，关于流动女性对居住的社区的期望，首先是精神需求，也是主要需求。超过一半的调查对象希望社区能关爱女性身体健康，社区关爱女性，能在特定节日（比如妇女节）开展慰问、期望社区能帮助她们解决一些生活上的困难，比如照顾孩子、联系工作，期望社区能关爱流动女性心理健康的人数接近受访人数的一半。其次是物质需求，如能帮助培训各种技能，经常举办各种妇女技能培训班，能帮助困难家庭解决子女就学、入学的问题。

表 3-5　　　　　　　　调查对象对目前居住的社区的期望（多选）

期望内容	百分比（%）
关爱女性，能在特定节日（比如妇女节）开展慰问	47.39
能帮助我们解决一些生活上的困难，比如照顾孩子、联系工作	46.40
能关爱女性身体健康	51.98
能关爱流动女性心理健康	42.99

续表

期望内容	百分比（%）
能帮助培训各种技能，经常举办各种妇女技能培训班	45.59
能帮助困难家庭解决子女就学、入学的问题	34.17
其他	5.49

（四）调查对象的社区服务情况

了解调查对象平时打交道较多的组织或者机构有利于掌握流动人口动向，以及更加精准地提供帮助。受访流动女性与现在居住的社区来往较多，人数占比超过五成，还有三成多的受访流动女性与老家村委会多有交流，同时，打交道频繁的组织和机构包括单位工会16.55%、本地中小学校12.95%、一些政府部门10.34%、老乡会8.36%、本地妇女联合会7.01%、社会上的爱心组织5.85%、宗教组织2.97%等其他组织机构。社区管理者如果能为流动人口提供优质公平的公共服务，不仅可以增加流动人口心理上的认同，还会培养流动人口的主人翁意识，使其更多地参与社区组织活动。在被问到近三年享受过来自户籍所在地的哪些福利政策待遇时，表示自己什么福利政策都没有的受访流动女性占比47.03%，享受过免费妇女健康检查、耕地补贴、妇女两癌筛查、大病医疗补贴福利的分别占比五成多；同时，享受过粮食补贴的受访流动女性占比和助学贷款的占比接近一成，退耕还林还草补贴的占比7.28%，另外，享受过妇女小额贷款的占比2.43%，低保的占比5.31%。但还有接近一半多的受访流动对象近三年都没有享受过户籍所在地的任何福利政策，免费妇女健康检查、耕地补贴、妇女两癌筛查、大病医疗补贴福利是主要享受的福利政策。可以看出，流动女性因为远离原先的生活环境，与原户籍地所建立起来的非正式社会支持网之间存在着不同程度的断裂。

（五）调查对象的人际交往情况

受访流动女性在本地关系中朋友占比最多，占比79.59%，其次是和同事、同学、邻居关系好的，分别占比39.03%、23.29%、21.58%；由于共同的生活背景和文化背景，因此"老乡"之间自然地存在着一种亲切感，这使得这个群体之间很容易建立起社交关系，和老乡关系好的调查对象占比20.95%；另外，和生意伙伴关系好的调查对象占比7.73%，有1.80%和1.44%的受访者与社区干部、网友联系好，同时有3.06%的调查对象在本地没有关系好的人。因此，西部流动女性在本地主要是和朋友、同学、同事、邻居和老乡关系较好，这也是其人际支持网除家人以外的主要构成成分。

二　评定量表（SSRS）测定的社会支持情况

社会支持情况是采用国内常用的、具有较好信度和效度的肖水源社会支持评定量表（Social Support Rating Scale，SSRS）。本书将社会支持分为客观支持、主观支持和社会支持利用度3个维度。肖水源把社会支持分为三个方面：一是客观的、实际的或可见的支持，二是主观的、体验到的或情绪上的支持，三是个体对社会支持的利用情况；它有助于流动人口建立城市归属感，增强身份认同感，缓冲个人与社会的冲突，有利于社会稳定。

（一）调查对象受到客观支持的情况

调查对象受到客观支持主要包括三个方面，即可以得到支持或者帮助的亲友数量，近一年来与亲友共同居住的情况，和邻居的关系。首先从调查对象社会支持网的规模来看，流动人口的社会网络根据其构成来源可以划分为依托血缘、亲缘和地缘关系构建的原生社会网络和以业缘关系为基础的次生社会网络。近一半的调查对象表示拥有1—2个关系密切可以提供帮助的朋友，拥有3—5个可以提供支持和帮助的关系密切朋友的受访流动女性占比37.23%，另外分别还有7.01%和6.12%的调查对象一个提供帮扶的朋友也没有和可以提供支持和帮助的关系密切的朋友6个或6个以上。由此可以看出，超过八成的调查对象拥有1—5个社会支持来源。将选项"一个也没有""1—2个""3—5个""6个或6个以上"分别赋值"1分""2分""3分""4分"，可知调查对象社会支持网规模得分2.42分。其次与亲友共同居住情况，接近六成的调查对象在过去一年和家人住在一起，有19.69%的调查对象和同学、同事或朋友住在一起，另外分别还有13.85%和6.92%的调查对象远离家人，且独居一室、住处经常变动，多数时间和陌生人住在一起。可以看出，原生社会网络对流动人口适应新环境发挥了积极的影响，调查对象过去一年与依托血缘、亲缘和地缘关系构建的原生社会网络和以业缘关系为基础的次生社会网络之间的社会交往频繁。将选项"远离家人，且独居一室""住处经常变动，多数时间和陌生人住在一起""和同学、同事或朋友住在一起""和家人住在一起"分别赋值"1 分""2 分""3 分""4 分"，可知调查对象居住情况得分 3.25 分。最后，邻里是地缘相邻并构成互动关系的初级群体，住地毗连的人们，认同特定的一组角色，据此形成密切的互动关系，有着天然的认同感和感情联系，由此构成相对独立的小群体。在了解调查对象与邻居的相处情况时可以知道，超过三分之一的调查对象与邻居之间相互从不关心，只是点头之交，32.01%的调查对象在遇到困难时邻居可能稍微关心，遇到有些邻居很关心的调查对象占比 17.72%，15.38%遇到的大多数邻居都很关心。可以看出，调查对象邻里互动较多，邻里关系较为和谐。将选项"相互之间从不关心，只是点头之交""遇到困难可能稍微关心""有些邻居很关心您""大多数邻居都很关心您"分别赋值"1 分""2 分""3 分""4 分"，可知调查对象与邻居相处得分 2.14 分。

（二）调查对象受到主观支持的情况

主要包括四个方面，同事关系、从家庭成员得到的支持和照顾、遇到急难情况时曾经得到的经济支持和解决实际问题帮助的来源、遇到急难情况时曾经得到的安慰和关心的来源。

首先，和谐的同事关系能够使工作和生活都变得更简单，更有效率。调查结果显示，调查对象与同事之间的关系，相互之间从不关心，只是点头之交的占比 5.85%，遇到困难同事可能稍微关心的占比 23.20%，有 22.66%的调查对象表示有些同事很关心人，24.55%的调查对象表示大多数同事都很关心人，还有 23.74%的调查对象没有同事。将选项"相互之间从不关心，只是点头之交""遇到困难可能稍微关心""有些邻居很关心您""大多数邻居都很关心您"分别赋值"1 分""2 分""3 分""4 分"，可知调查对象与同事相处得分 2.18 分。

其次，从受访流动女性从家庭成员得到的支持和照顾来看，从父母那里能够得到全力支持的调查对象占比 57.82%，父母给予一般支持的占比 28.24%，父母给予极少或者不能提供帮助与支持的占比 8.18%、5.76%；从夫妻那里得到全力支持和照顾的调查对象占比 47.21%，从夫妻另一方那里得到一般支持和帮助的占比 23.83%，从夫妻那里极少得到支持和帮助的占比 3.60%，根本得不到支持和帮助的占比 25.36%；子女方面，儿女不提供支持和帮助的占比 46.40%，儿女全力支持的占比 26.26%，儿女提供一般支持和帮助的占比 21.22%，儿女极少提供帮助的占比 6.12%；兄弟姐妹能够提供全力支持的占比 32.19%，兄弟姐妹提供一般支持的占比 40.65%，极少提供支持和帮助的占比 14.12%，兄弟姐妹不提供支持和帮助的占比 13.04%；其他成员（如嫂子、姐夫、远房亲戚等）方面，超过三分之一（37.86%）的调查对象的其他家庭成员没有提供支持和帮助，提供一般帮助和极少提供帮助的占比 31.56%、13.58%，另外有 17.00% 的调查对象的其他家庭成员能够提供全力支持。综上所述，父母和配偶是提供全力支持的重要来源，是流动女性情感支持网络的重要载体，无论在情感倾诉还是在意见咨询方面。将选项"无""极少""一般""全力"分别赋值"1 分""2 分""3 分""4 分"，将夫妻（恋人）、父母、儿女、兄弟姐妹、其他成员（如嫂子）得分相加，可知调查对象从家庭成员处得到的支持和照顾总分为 13.78。

再次，工具性支持的情况。社会支持是指由亲密伙伴、社会网络或社区提供的社会帮助，可以分为工具性支持和表达性支持。工具性支持是指运用人际关系作为手段以获得社会帮助，是一种有形的或物质性的支持；表达性支持本身是手段也是目的，包含分享感受、发泄情绪和肯定自我与他人价值。当被询问到"过去，在您遇到急难情况时，是否有得到经济支持和解决实际问题的帮助来源"时，实际询问的是工具性支持的状况。绝大多数的调查对象表示在自己需要帮助时，有提供支持的人力资本来源，人数占比 94.87%，同时仍有小部分调查对象表示自己并没有可以提供经济支持或者帮助解决实际问题的来源。图 3-9 所展示的是调查对象在遇到急难情况时，曾经得到的工具性支持的来源，调查显示，曾经获得过其他家人帮助的受访流动女性最多，占比 74.10%，其次是配偶和亲戚给予过经济支持和解决实际问题的帮助，分别占比 46.31%、45.77%。同时，同事给予过帮助的占比 15.65%，工作单位提供过帮助的占比 3.69%，在男朋友处得到过经济支持和解决实际问题的调研对象占比 9.80%，另外，分别还有 1.62%、0.72%、0.36% 的受访者从党团工会、妇联、社区等官方或半官方组织、未婚夫和宗教、社会团体等非官方组织那里得到过帮助。由此可以看出，其他家人、亲戚、配偶、同事是流动女性人口在遇到困难时提供经济支持和解决问题帮助的主要来源，党团工会、妇联、社区等官方或半官方组织和工作单位、宗教、社会团体等非官方组织提供的实质性帮助较少。社区、家庭综合服务中心和妇联是流动女性所能接触到的能够提供直接的正式社会支持的主体，妇联是属于维护妇女儿童权益、促进男女平等的专门组织，尤其是为弱势女性和儿童提供社会支持的社会组织，妇联作为一个专门维护流动女性权益的组织也未能完全发挥出其正式社会支持的作用。在遇到急难情况时曾经得到的经济支持和解决实际问题的帮助来源选项"a. 配偶""b. 其他家人""c. 亲戚""d. 同事""e. 工作单位""f. 党团工会、妇联、社区等官方或半官方组织""g. 宗教、社会团体等非官方组织""h. 未婚夫""i. 男朋友""j. 其他"，调查对象选择几

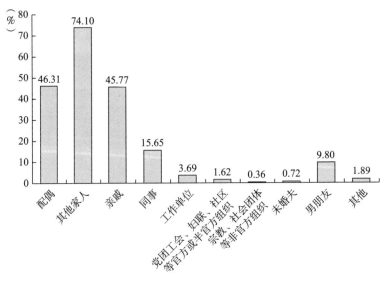

图 3-9　调查对象遇到急难情况时，曾经得到的工具性支持的来源

个就加几分，可知调查对象曾经得到的经济支持和解决实际问题的帮助的来源得分为 2.00 分。

最后，在表达性支持来源的调查中，在"过去，在您遇到急难情况时，是否有得到安慰和关心的来源"的问题调查中，实际体现的就是表达性支持的情况，96.67%的受访者表示拥有安慰和关心的来源，另外还有 3.33%的受访者没有任何可以提供安慰和关心等情感慰藉的来源。如图 3-10 所示，我们从图中可以看到在受访者遇到急难情况时，曾经从其他家人那里得到的安慰和关心的人最多，占比 76.17%，从配偶那里得到情感安慰的占比 47.93%，从亲戚那里得到安慰和关心的占比 47.84%，其次，有 10.70%的受访流动女性在危难时从男朋友那里得到情感支持，有 4.41%受访者的工作单位能够提供表达性支持，另外分别还有 0.99%、0.54%、0.63%的受访者曾经从党团工会、妇联、社区等官方或半官方组织，以及宗教、社会团体等非官方组织和未婚夫那里得到过情感上的帮助。

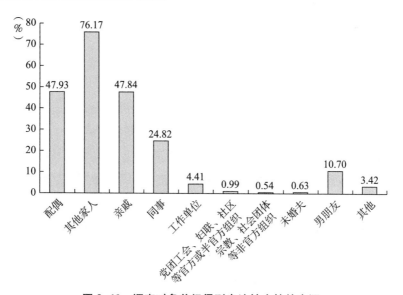

图 3-10　调查对象曾经得到表达性支持的来源

由此可以看出，其他家人、亲戚、配偶、同事是流动女性人口遇到急难情况时，曾经得到的安慰和关心的主要来源，他们是流动女性非正式社会支持网最重要的组成部分，在流动女性的日常生活中发挥着十分重要的作用。在遇到急难情况时曾经得到的安慰和关心帮助的来源选项有"a. 配偶""b. 其他家人""c. 亲戚""d. 同事""e. 工作单位""f. 党团工会、妇联、社区等官方或半官方组织""g. 宗教、社会团体等非官方组织""h. 未婚夫""i. 男朋友""j. 其他"，调查对象选择几个就加几分，可知调查对象曾经得到的安慰和关心的帮助的来源得分2.17分。

（三）受访者对社会支持的利用度

受访者对社会支持的利用度包括三个问题，即遇到烦恼时的倾诉方式、遇到烦恼时的求助方式、对于团体（如党组织、宗教组织、工会、学生会等）组织活动的参与度。

首先，倾诉是释放不良情绪的方法之一，是一种主动的心理调节策略，是一种直接的情感发泄方法，倾诉可以排瘀化结，从而扫清心灵上的阴霾，重获心理上的平衡和人生的支点。大部分调查对象在遇到困难和烦恼时会向他人进行倾诉，有12.50%的调查对象从不向任何人倾诉，有超过六成（60.43%）的调查对象只向关系极为密切的1—2个人倾诉，同时，13.04%的调查对象在遇到烦恼时如果朋友主动询问会说出来，另外，主动倾诉自己的烦恼以获得支持和理解的流动女性占比14.03%。将选项"从不向任何人倾诉""只向关系极为密切的1—2个人倾诉""如果朋友主动询问您会说出来""主动倾诉自己的烦恼以获得支持和理解"分别赋值"1分""2分""3分""4分"，可知调查对象遇到烦恼时的倾诉方式得分2.29分。

其次，在被询问"在遇到烦恼时的求助方式"时，大多数调查对象会产生求助行为，仅有13.13%的调查对象只靠自己，不接受别人帮助，另外有33.82%的调查对象很少请求别人帮助，遇到麻烦困难有时请求别人帮助的调查对象占比33.09%，同时有19.96%的调查对象有困难时经常向家人、亲友、组织求援。将选项"只靠自己，不接受别人帮助""很少请求别人帮助""有时请求别人帮助""有困难时经常向家人、亲友、组织求援"分别赋值"1分""2分""3分""4分"，可知调查对象遇到烦恼时的求助方式得分2.60分。

最后，在对团体（如党组织、宗教组织、工会、妇联、社区等）组织活动的参与情况调查中可以看出，流动女性人口对于团体活动参与的积极性不高，44.15%的调查对象从不参加团体活动，偶尔参加的调查对象占比43.62%，经常参加和主动参加并积极活动的调查对象分别仅占比6.21%、6.02%。将选项"从不参加""偶尔参加""经常参加""有主动参加并积极活动"分别赋值"1分""2分""3分""4分"，可知调查对象遇到烦恼时的求助方式得分1.74分。

综上所述，通过社会支持评定量表的测量总结调查对象的社会支持的得分情况。如表3-6所示，客观支持主要包括：调查对象居住情况、急难情况时有无经济支持和解决实际问题的帮助来源、曾经得到的经济支持和解决实际问题的来源，客观支持得分7.42分；主观支持主要包括：可以得到支持和帮助关系密切的朋友数量、与邻居的交往情况、和同事的相处情况、从家庭成员得到的支持和照顾情况，主观支持得分20.52分；社会支持利用度测量主要包括遇到烦恼时的倾诉方式、遇到烦恼时的求助方式、对于团体（如党组织、宗教组织、工会、妇联、社区等）组织活动的参与情况。社会支持利

表3-6　　　　　　　　　　　　调查对象社会支持得分

	具体测量指标	得分	得分	总得分
客观支持	调查对象居住情况	3.25	7.42	34.56
	急难情况时有无经济支持和解决实际问题的帮助来源	2.00		
	调查对象曾经得到的经济支持和解决实际问题的帮助来源	2.17		
主观支持	可以得到支持和帮助关系密切的朋友数量	2.42	20.52	
	调查对象与邻居的交往情况	2.14		
	与同事的相处情况	2.18		
	从家庭成员得到的支持和照顾	13.78		
社会支持的利用度	遇到烦恼时的倾诉方式	2.29	6.62	
	遇到烦恼时的求助方式	2.59		
	对于团体（如党组织、宗教组织、工会、妇联、社区等）组织活动的参与情况	1.74		

用度得分 6.62 分；3 个维度之和为社会支持的总分。得分范围介于 12 分至 64 分之间，得分越高表示社会支持水平越高。西部女性流动人口的社会支持评定量表总得分 34.56 分，可以说受访流动女性社会支持处于中低水平。

三　领悟社会支持量表（PSSS）测定的社会支持感知情况

对西部女性流动人口的社会支持感知情况是通过领悟社会支持量表（Perceived Social Support Scale，PSSS）来测定的。领悟社会支持是指个人对社会环境中各种支持的感知和理解，包括来自家庭、朋友、同事、社区组织、政府等多个方面的支持和帮助。这是一种强调个体自我理解和自我感受的社会支持量表，分别测定个体领悟到的来自各种社会支持源家庭、朋友和其他人的支持程度，同时以总分反映个体感受到的社会支持总程度。量表含有 12 个自评项目，采用七级计分法，领悟社会支持总分由所有条目分累加，以总分反映个体感受到的社会支持总程度。

（一）调查对象领悟到的家庭支持方面

PSSS 中第 3、4、8、11 道问题是家庭支持问题，具体包括"家庭能够切实具体地给我帮助、在需要时我能够从家庭中获得感情上的帮助和支持、能与自己的家庭谈论我的难题、家庭能心甘情愿协助我做出各种决定"四个方面。对于"您的家庭能够切实具体地给您帮助"这一说法"很同意"的受访者人数最多，占比 32.28%，"稍同意"的占比 23.56%，对这一问题持中立态度的调查对象占比 20.05%，"稍不同意""很不同意""极不同意"的分别占比 2.88%、1.80%、0.72%，"极同意"这个观点的调查对象占比 18.71%；对于"在需要时，您能够从家庭获得感情上的帮助和支持"这一说法"很同意"的调查对象人数最多，有 366 人，占比 32.91%，"稍同意"占比 22.21%，"极同意"的占比 20.86%，对这一问题持有中立态度的占比 18.08%，同时，"稍不同意""很不同意""极不同意"的分别占比 2.79%、2.07%、1.08%；调查对象对于"您能与自己的家庭谈论您的难题"这一说法"很同意"的人数最多，占比 31.56%，"稍同意"的调查对象占比 26.44%，持中立态度的占比 21.49%，"极同意"的占比 11.42%，同时，"稍不同意""很不同意""极不同意"的分别占比 4.95%、2.52%、1.62%;"您的家庭能心甘情愿协助您做出各种决定"说法时,"很同意"的调查对象人数最多,有 325 人,占比 29.23%,对这一问题持有中立态度的占比 25.00%,"稍同意"的调查对象占比 24.37%,同时,"稍不同意""很不同意""极不同意"的分别占比 5.22%、2.61%、1.17%,表示"极同意"的占比 12.40%。调查显示调查对象领悟到的家庭支持方面总体得分是 20.91 分。

（二）调查对象领悟到的朋友支持方面

其中第 6、7、9、12 道问题为朋友支持问题,具体包括"朋友们能真正地帮助我、发生困难时我可以依靠我的朋友们、朋友们能与我分享快乐与忧伤、能与朋友们讨论自己的难题"四个问题。对于"您的朋友能真正地帮助您"说法,持中立态度的人数最多,占比 30.13%,"稍同意"自己的朋友能真正地帮助自己的受访者占比 29.05%,"很同意"这一问题的受访者占比 21.04%,同时,"稍不同意""很不同意""极不同意"的分别占比 7.28%、3.33%、2.07%,"极同意"的占比 7.10%;对于"在发生困难时,您可以依靠您的朋友们"这一说法,"稍同意"这一问题的受访者人数最多,有 335 人,占比 30.13%,持有中立态度的占比 29.23%,"很同意"的受访者占比 19.87%,同时,"稍不同意""很不同意""极不同意"的分别占比 8.53%、4.05%、1.98%,"极同意"的占比 6.21%;对于"您的朋友们能与您分享快乐和忧伤"这一说法,"稍同意"这一问题的受访者人数最多,有 333 人,占比 29.95%,持中立态度的占比 23.74%,"很同意"的占比 24.64%,同时,"稍不同意""很不同意""极不同意"的分别占比 4.95%、3.15%、1.43%,"极同意"受访者占比 12.14%。对于"您能与朋友们讨论自己的难题"这一说法,持有中立态度的受访者的人数占比 27.97%,"稍同意"这个观点的受访者占比 27.61%,"很同意"这个看法的占比 24.37%,"稍不同意""很不同意""极不同意"的受访者分别占比 5.67%、3.60%、1.88%,"极同意"这个观点的受访者占比 8.90%。调查显示调查对象领悟到的朋友支持方面总体得分是 19.23 分。

（三）调查对象领悟到的其他人支持方面

其中第 1、2、5、10 道问题是其他人支持问题，具体包括"遇到问题时有些人（领导、亲戚、同事）会出现在我的身旁、能够与有些人（领导、亲戚、同事）共享快乐与忧伤、当我有困难时有些人（领导、亲戚、同事）是安慰我的真正源泉、在我的生活中有些人（领导、亲戚、同事）关心着我的感情"四个问题。得分为 18.54 分。对于"在遇到问题时，有些人（领导、亲戚、同学）会出现在您身旁"这一说法，持有中立态度的调查对象最多，人数占比 41.10%，"稍同意"这个观点的调查对象占比 28.23%，"很同意"这个观点的占比 15.38%，"稍不同意""很不同意""极不同意"的分别占比 6.38%、3.60%、1.53%，另外，根据以往经验，"极同意"这种看法的调查对象占比 3.78%；对于"您能够与有些人（领导、亲戚、同学）共享快乐与忧伤"这一说法，"稍同意"这一问题的调查对象人数最多，占比 31.29%，持有中立态度的占比 31.12%，"很同意"的调查对象占比 18.44%，同时，"稍不同意""很不同意""极不同意"的分别占比 7.46%、3.42%、1.35%，"极同意"的调查对象占比 6.92%；对于"当您有困难时，有些人（领导、亲戚、同学）是安慰您的真正源泉"这一说法，持有中立态度的调查对象最多，有 374 人，人数占比 33.63%，"稍同意"这个观点的调查对象占比 26.71%，"很同意"这个观点的占比 18.88%，"稍不同意""很不同意""极不同意"的调查对象分别占比 8.63%、3.78%、1.81%，"极同意"这个说法的调查对象占比 6.56%；对于"在您的生活中，有些人（领导、亲戚、同学）关心着您的感情"这一说法，持有中立态度的调查对象最多，人数占比 30.85%，"稍同意"这个观点的调查对象占比 28.06%，"很同意"这个观点的占比 20.32%，"稍不同意""很不同意""极不同意"的调查对象分别占比 8.18%、3.87%、1.71%，"极同意"的调查对象占比 7.01%。调查显示，调查对象领悟到的其他人支持方面总体得分是 18.55 分。

如表 3-7 所示，领悟社会支持量表由 12 个项目组成，包括家庭支持、朋友支持和其他支持 3 个维度；计分方法：选（1）得 1 分，选（7）得 7 分，以此类推。总分在 12—36 为低支持状态；总分在 37—60 为中间支持状态；

总分在 61—84 为高支持状态。总分越高，说明个体的社会支持越高。本书西部女性流动人口领悟社会支持量表的总得分为 58.69 分，说明受访的西部流动女性社会支持处于中间支持状态。

表 3-7　　　　　　　　　　社会支持感知得分

支持类型	具体测量指标			得分
家庭支持	您的家庭能够切实具体地给您帮助	5.36	20.91	58.69
	在需要时，您能够从家庭获得感情上的帮助和支持	5.40		
	您能与自己的家庭谈论您的难题	5.09		
	您的家庭能心甘情愿协助您做出各种决定	5.06		
朋友支持	您的朋友能真正地帮助您	4.72	19.23	
	在发生困难时，您可以依靠您的朋友们	4.66		
	您的朋友们能与您分享快乐和忧伤	5.00		
	您能与朋友们讨论自己的难题	4.85		
其他支持	在遇到问题时，有些人（领导、亲戚、同学）会出现在身旁	4.52	18.55	
	您能够与有些人（领导、亲戚、同学）共享快乐与忧伤	4.71		
	当您有困难时，有些人（领导、亲戚、同学）是安慰您的真正源泉	4.63		
	在您的生活中，有些人（领导、亲戚、同学）关心着您的感情	4.69		

总结西部女性流动人口的社会支持的基本情况。首先，流动女性通过社会交往与他人建立联系，从而在这段或长或短的交往中，获得来自朋友的帮助和支持，其中既包括实际支持、情感支持又包括社交支持。在生活方面，流动女性遇到的主要是经济方面的困难，同时也或多或少地遇到过女性独有的困难，比如生育、生理、职场、性骚扰等多方面的困难，超过一半的调查对象认为是文化程度不高才导致了自己的困境，同时有三分之一的调查对象认为是经济不景气，工作难找。稳定的居住条件对提升流动人口的安全感和

归属感至关重要，流动人口在流入地买房的意愿比在当地落户的意愿高。家庭团聚、人际关系网络集中等是城市流动人口定居意愿较强的原因之一。社区是流动人口在城市生活的起点和落脚点，流动人口现在居住的社区是管理和帮扶流动人口的重要媒介。接近一半的调查对象近三年都没有享受过户籍所在地的任何福利政策，免费妇女健康检查、耕地补贴、妇女两癌筛查、大病医疗补贴福利是主要享受的福利政策，可以看出，流动女性因为远离原来的生活环境，与原户籍地所建立起来的非正式社会支持网之间存在着不同程度的断裂。

在社会支持方面，超过八成的调查对象拥有 1—5 个非正式社会支持来源，受访流动女性过去一年与依托血缘、亲缘和地缘关系构建的原生社会网络和以业缘关系为基础的次生社会网络之间的社会交往。在与邻居和同事的相处中，调查对象邻里互动较多，邻里关系较为和谐，同事关系也相对较好。同时，家庭成员在流动女性的情感支持网络中处于绝对的主体地位，家庭成员关系亲密也就意味着流动女性能够获得更多的情感支持，父母和配偶是提供全力支持和照顾的主要来源，其他亲戚和亲属也是提供经济支持和解决实际问题的帮助、安慰和关心的重要来源，在流动女性的情感支持网络中，除去家人给予的支持之外，同伴群体的支持也非常重要。大部分调查对象在遇到困难和烦恼时会向他人进行倾诉和求助。团体（如党组织、宗教组织、工会、妇联、社区等）支持作用发挥不足，因此流动女性对其组织的活动参与不足，社会支持总得分 34.56 分，可以说受访流动女性社会支持处于中低水平。

在社会支持感知方面，大多数调查对象遇到困难时，领导、亲戚、同学会出现在身旁，能够提供安慰，平时能够与她们共享快乐与忧伤，家庭是重要的社会支持来源，能够提供感情上的帮助和支持、能够倾诉、能够讨论难题、能够协助做决定，朋友也是社会支持系统的重要一环，大部分调查对象的朋友会真正地提供帮助、让人可以依靠、能够分享快乐和忧伤。受访流动女性社会支持感知总得分为 58.69 分，说明受访流动女性领悟到的来自各种社会支持源（如家庭、朋友和其他人）的支持程度处于中间支持状态。

第五节　社会融入情况

在人口流动持续发展的同时，流动人口的社会融入也成为一个不可回避的社会问题，流动人口能否顺利融入城市，是新型城镇化能否顺利推进的关键因素之一。流动人口的社会融入是流动人口与流入地社会互动的过程，是流动人口在经济、文化、社会、心理等方面与城市社会相适应、与流入地城市市民相协调的过程，流动人口自身的特质和能力与周边社会环境的支持是决定其社会融入水平的两个主要因素，而流入地城市的经济社会特质则为流动人口的社会融入提供了宏观环境。

社会参与是城市融入的核心，是促进社会融入的内在动力，社会参与是流动人口实现自身价值、享受公民权利、分享社会发展成果的重要渠道，融入和排斥取决于参与的程度，流动人口通过参与过程，与本地居民进行社会交往，并通过合法途径表达利益诉求，感觉到被政府和社会所尊重和接纳，流动人口社会参与对于促进流动人口个人成长和社会融入、维护社会和谐稳定、推进政府民主决策和科学决策不可或缺。分析西部城市社区流动人员的参与需求，明确其参与社区的意愿、想要达成的诉求等以此来改善该社区中流动人口的参与意愿，扩大交往范围，提升社区意识，同时，研究西部流动女性社会参与行为及其影响因素，有推动女性流动人口市民化和社会治理创新的现实意义。

一　社会公平性

社会公平性体现在每个人都拥有与他人同样的均等的基本自由权利，这一原则确定和保障公平平等的基本自由与政治权利，核心在于平等自由原则、机会平等原则，平等涉及分配的公平，社会所能提供的一切职位和机会应对所有人开放。本次问卷调查中对西部女性流动人口在社区是否享受到公平性待遇是通过三个问题来体现的。具体包括户籍对融入社区的限制、表达对社区实务看法的机会与途径以及女性在调查地找工作的难易程度来测量。

户籍人口和流动人口在社会福利、公共服务上的差异是产生社会歧视感的重要原因，也是阻碍流动人口产生心理归属和身份认同的重要因素。在被问到"您是否认为户籍制度对您融入社区生活有影响？"时，超过一半的调查对象认为没有影响，认为有影响的受访者占比近两成，同时，表示"不清楚"的人数占比三成。这说明我国破除城乡二元户籍制度体制改革在一定程度上对于流动人口融入水平的提高有积极作用，户籍对流动人口的社会融入限制降低了；社区是流动人口在城市生活的起点和落脚点，社区环境是影响流动人口社会融入的重要因素，在被问到"您是否有机会和途径表达您对社区事务的看法？"时，表示自己有机会和途径参与社区事务的调查对象占比两成多，认为自己没有机会和途径的调查对象占比四成多，表示"不清楚"的调查对象占比三成多。可以看出流动人口与社区的关系还是比较淡漠，女性流动人口在社区中的存在感不强，她们的社区居民的身份可能经常被忽视，绝大部分人在社区中被边缘化，大多数调查对象认为自己没有机会和途径表达个人对社区事务的看法，其社区参与程度非常低。社区应为流动女性人口提供统一化管理的平台，满足其生活的需求，同时能够引领其快速融入社区，提升她们对社区工作和社区管理的认同感，推进流动人口社区参与行为，改善其参与意愿，从而缓解流动人口进入城市后面临的社会融入与适应问题，这是解决流动人口问题的必由之路；就业是女性流动人口在流入地生存的保障，是促进流动人口发展及社会融入的关键，实现女性流动人口充分就业是社会和谐发展中的重要环节，在被问到"您是否觉得女性不好在本市找工作？"时，近半数的调查对象并不觉得女性不好在本市找工作，有四分之一的调查对象认为女性在本市不好找工作，另外还有四分之一多的调查对象表示不清楚。这说明在就业的公平方面还有一定数量的西部流动女性感受不好。前文关于西部女性流动人口社会支持"就业找工作困难"占比20%以上，而在西部女性流动人口面临的因性别产生的特殊困难中认为女性比男性找工作困难的比例也占到28%左右，这三组数据可以相互印证，证明在就业方面，有超过两成多的女性面临困难，进而导致社会融入的困境。

二 社区社会交往

本书调查女性流动人口的社会联系度主要通过与社区内的邻居交往、与本市居民语言障碍、本地特色活动或文化了解程度、本地亲戚或者朋友规模、子女未来规划等方面进行测量。

邻里往来是一种人际交往，也是一种情感交换，邻里之间的交流与沟通是存在真实需求的，社区生活离不开社交，而社区的生活场景当然也更需要交流，邻里是存在天然的亲近感的，调查显示，大部分调查对象跟社区内邻居沟通交往过，超过六成的调查对象与社区内邻居互帮互助过，三成多的调查对象没有和社区内的邻居交往并互相帮助的经历。事实上，构建并拓展以本地居民为基础的社会网络对流动人口全方位的社会融入有显著的积极影响，对打破流动人口与本地居民的居住隔离和社会融入有促进作用；语言沟通是影响流动人口与当地居民日常交流的重要因素，有的方言与普通话千差万别，会在流动人口与本地居民之间形成天然阻隔，在调查中可以发现，超过八成多调查对象认为自己与本市的居民交往不存在语言上的障碍，而觉得自己和本地人有语言障碍的调查对象占比仅有一成多。可以看出，目前大多数调查对象在语言上可以无障碍地和本市居民进行沟通；城市特色文化是城市存在的根基和发展的动力，对城市的经济、文明、环境、人文乃至人的习惯、习俗有着重要的影响，有凝聚力的城市特色文化在激发人的本质力量、发挥人的主体精神和创造精神上具有独特作用。在对受访流动女性对流入地特色活动和文化了解程度的调查中可知，超过一半的调查对象了解本地的特色活动和文化，有近三成的调查对象对相关特色活动和传统文化、风俗习惯并不了解，还有两成的调查对象对相关文化并不清楚；在被问到在本地是否有亲友的问题时，超过八成的调查对象在流入地有亲戚或者朋友，仅有17.09%的调查对象在当地并没有"熟人"，可以看出家庭式的社会流动是当前流动的趋势，现在越来越多的家庭成员一同在流入地生活，家庭化流动趋势越来越明显。在本地有亲戚或者朋友的情况下，流动女性能够更快地适应新城市新生活，建立更加广泛的社会支持网；考虑未来子女在本地嫁娶是在一个地区定居的重要考量，子女在本地嫁娶意味着世代将要在当地定居，也是检测流动女性对于流入城市的归属感与认同感的一项重要考量，调查显示，34.89%的受访流动女性考虑过未来子女在本地嫁娶，24.37%的受访流动女性并不考虑未来子女在本地嫁娶，随缘态度的受访流动女性占比40.74%。

三　心理归属感

社区归属感是指社区居民把自己归入某一地域人群集合体的心理状态，这种心理既有对自己社区身份的确认，也带有个体的感情色彩，包括对社区的投入、喜爱和依恋。居民在社区内的社会关系越好，对社区环境的满意程度越高，在社区内居住的时间越长，参与社区的活动越多，对社区的归属感也就越强。归属感是一个心理文化概念，是指个体与所属群体的一种内在联系，是个体与该群体及其从属关系的划定、认同和维系，是指对一件事物或现象的认同程度，也是个人感觉被认可与接纳时的一种心理感受。在对调查对象对现在自己居住的社区的归属感调查时显示，有四成的调查对象对现在自己居住的社区已经产生归属感，没有社区归属感的调查对象占比17.63%，另外还有41.73%的调查对象对此并不清楚自己的感觉。

四　社会融入

社会融入主要是通过社区参与、社会交往、行为融合方面的测量。社区参与度测量主要包括"是否参加过社区选举（包括作为选举人和被选举人）""您是否有途径获取该社区组织活动的相关信息（文化、体育、公益等）""您是否有意愿参与社区、街道、妇联组织的活动（文化体育公益等）""您对社区居委会是否信任""您是否愿意花费较多的时间和精力参与社区、街道、妇联等组织的活动"，选择"是"得1分，选择"否"得0分，如表3-8所示，西部女性流动人口的社区参与均值为1.50分。社会联系度测量主要包括"您是否和社区内的邻居交往并互相帮助过？""您与本市的居民交往是否存在语言上的障碍""您是否了解本地的特色活动或文化""您是否在本地有亲戚或者朋友？（包括父母等）""您是否考虑未来子女在本地嫁娶"，选择"是"得 1 分，选择"否"得 0 分，西部女性流动人口的社会交往均值为 2.45 分。行为融合测量主要是针对调查对象在周末或节假日通常进行的休闲活动测量，每选择一个选项得 1 分，结果显示，西部女性流动人口的行为融合得分 1.86 分，社会融入总得分 14.43 分。由此可以看出，流动女性整体社会融入度并不高，社区参与、社会交往及行为融合均处于较低水平。

表 3-8   调查对象社会融入测量

	组成	测量指标	均值	最小值	最大值
社会融入	社区参与	社区参与度测量	1.50	0	5
	社会交往	社会联系度测量	2.45	0	5
	行为融合	在周末或节假日，您通常进行下列哪些休闲活动	1.86	0	10

综上所述，我国破除城乡二元户籍制度体制改革在一定程度上对于流动人口融入水平的提高有积极作用，超过一半的调查对象认为户籍制度对融入社区生活没有影响；流动女性在社区中的存在感不强，认为自己没有机会和途径参与社区活动的受访流动女性占比四成，超过七成的调查对象没有参加过社区选举，没有途径或者渠道获得相关信息的受访女性占半数，不愿意参加社区相关活动的调查对象占四成，不愿意花费较多时间和精力参与社区、街道、妇联等组织的活动的调查对象占五成，整体受访西部流动女性社区参与意愿不强。西部流动女性日常娱乐以外出观看电影、戏剧、表演，听音乐会，上网为主社区文体活动参加的比例极低，极少参加城市社区居委会选举、很少给城市发展提供建议，较少参加城市社区的公共事务。调查对象和社区内的邻居交往并互相帮助情况较好，大多数调查对象在语言上可以无障碍地和本市居民进行沟通，超过一半的调查对象了解本地的特色活动和文化，超过八成的调查对象在流入地有亲戚或者朋友。总体而言，流动女性整体社会融入度并不高，社区参与、社会交往及行为融合均处于较低水平。

第四章

社会支持影响因素分析

第一节　数据、变量与模型

本章中使用前述西部女性流动人口社会支持状况调研组自主设计的"西部女性流动人口社会支持状况调查问卷"数据,问卷中不仅调查了西部流动女性社会支持的基本现状,同时也对其社会支持的影响因素有较为深入的调查,本部分就西部女性流动人口社会支持的影响因素进行探讨分析。

一　变量设置与基本特征

(一) 被解释变量

在探讨西部女性流动人口的社会支持状况时,被解释变量主要有三个:"社会支持网""社会支持水平"和"领悟社会支持水平"。

社会支持网是一个序次类别变量,主要测量女性流动人口的社会支持网规模。根据问卷"C1. 您有多少关系密切,可以得到支持和帮助的朋友"的回答,将选项"一个也没有""1—2个""3—5个""6个或6个以上"依次赋值为"0""1""2""3"。数值越高,意味着获得的社会支持网规模越大。

社会支持水平是一个连续型变量,主要衡量女性流动人口的整体社会支持水平。该因变量根据国内常用的、具有较好信度和效度的肖水源社会支持评定量表（Social Support Rating Scale，SSRS）生成，第三部分社会支持基本状况分析中的社会支持评定量表对应问卷中的第三部分。3 个维度得分加总获得社会支持水平总分（11—68 分），并进行标准化处理，生成 0—100 分的连续型变量，得分越高则意味着其社会支持状况越好。同时，为了细致考察女性流动人口社会支持的主客观分项情况，本书也对客观支持总分、主观支持总分，以及社会支持利用度总分进行标准化处理。

领悟社会支持水平也是一个连续型变量，即考察女性流动人口主观体验到的社会支持，可以反映女性感到在社会中被尊重、支持和理解的"情感体验和满足程度"。第三部分社会支持基本状况分析使用了领悟社会支持量表（Perceived Social Support Scale，PSSS），变量由问卷第四部分"领悟社会支持量表"生成，分为家庭支持、朋友支持和其他支持 3 个维度，共 12 个自评项目，均根据选项"极不同意"到"极同意"依次赋值 1—7 分。3 个维度加总得到领悟社会支持总分（12—84 分），最后对其进行标准化处理，生成 0—100 分的连续型变量。

（二）解释变量

本书在具体考察影响西部女性流动人口社会支持影响因素时，参考了量化社会科学中常用的一些变量，比如人口学特征、经济状况等，同时考虑到女性流动人口的这一特殊性，还将纳入流动状况、生活态度等维度的变量来进行详细探讨。其中，人口学特征主要涵盖女性流动人口的年龄、民族、户籍、受教育程度和婚姻状况；经济状况通过就业现状、就业经历、个人月收入水平、主观家庭经济水平来考察；流动状况则包括累计流动时间和本地人际状况；生活态度以主观生活期望来衡量。具体的变量类型与操作化方式见表 4-1。

表 4-1　　　　　　　　　　　　解释变量的类型与操作化

解释变量	变量类型	操作化方式
人口学特征		
年龄	连续变量	—

续表

解释变量	变量类型	操作化方式
人口学特征		
民族	虚拟变量	少数民族赋值为"0"，汉族赋值为"1"
户籍	分类变量	"外省农村户籍"赋值为"0"，"外省城市户籍"赋值为"1"，"本省农村户籍"赋值为"2"，"本省城市户籍"赋值为"3"
受教育程度	分类变量	"小学及以下"赋值为"0"，"初中"赋值为"1"，"高中或中专"赋值为"2"，"大专或高职"赋值为"3"，"本科及以上"赋值为"4"
婚姻	分类变量	将"已婚"和"再婚"归为一类，赋值为"0"，"未婚"赋值为"1"，"离异"和"丧偶"归为一类，赋值为"2"
经济状况		
就业现状	虚拟变量	对于目前"无工作"赋值为"0"，"有工作"赋值为"1"
就业经历	分类变量	将干过的工作种类分为"从未工作过""1种""2种"和"3种及以上"，分别赋值为"0"至"3"
个人月收入水平	连续变量	根据问卷"A6您的月收入是"的6个序次选项分类，可以近似看成1—6的连续变量，数值越高意味着个人月收入越高
主观家庭经济水平	分类变量	把"远低于平均水平"和"低于平均水平"归为"低于平均"，赋值为"0"；"处于平均水平"赋值为"1"；"高于平均水平"和"远高于平均水平"归为"高于平均"，赋值为"2"
流动状况		
累计流动时间	连续变量	根据问卷"A7您从第一次离开家乡到现在有多长时间"的5个序次选项分类，可以近似看成1—5的连续变量，数值越高意味着个人累计流动时间越久
本地人际状况	连续变量	根据问卷多选题"E10您在本地关系好的人是哪些"生成取值为0—8的连续变量，数值越高说明本地人际交往越广、人际状况越好
生活态度		
主观生活期望	分类变量	把问卷"E11您对未来的生活"中的选项"充满期望"赋值为"0"；"比较迷茫"赋值为"1"；"比较悲观"赋值为"2"；"没有想过"赋值为"3"

在被解释变量方面，西部女性流动人口的社会支持情况如下：社会支持网方面，汇报"1—2个"和"3—5个"亲密朋友的比例最多，分别占

49.64%和37.23%，同时，表示朋友"一个也没有"的女性流动人口占比7.01%，表示"6个及以上"的占比6.12%。

社会支持水平的标准化均值为48.99（标准差15.31），从三个维度来看，客观支持的标准化均值为49.41，主观支持的标准化均值为50.11，支持利用度的标准化均值最低，为40.29，具体分布可见图4-1。

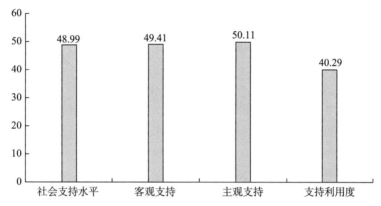

图4-1 女性流动人口的社会支持水平及其三个维度的得分（标准化）（N=1112）

在领悟社会支持方面，女性流动人口对领悟社会支持的感知均值为62.21（标准差16.23），其中家庭支持感知的水平远高于其他两项支持，平均值为70.47，朋友支持的平均值为63.45，其他支持最低，平均值为60.59，具体分布可见图4-2。

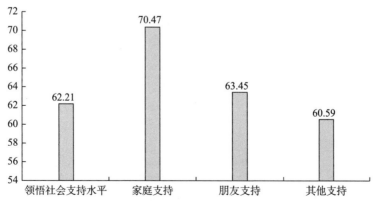

图4-2 女性流动人口的领悟社会支持水平及其三个维度的得分
（标准化）（N=1112）

接下来，表4-2呈现了将纳入模型的相关变量的基本情况（连续变量汇报的是均值和标准差），分析样本共计1112个。

表4-2　　　　　　　　变量的基本特征描述（N=1112）

变量	均值	标准差	最大值	最小值	样本量
被解释变量					
社会支持水平（标准化）	48.99	(15.31)	100	0	1112
客观支持（标准化）	49.41	(18.08)	100	0	1112
主观支持（标准化）	50.11	(19.18)	100	0	1112
支持利用度（标准化）	40.29	(20.12)	100	0	1112
领悟社会支持水平（标准化）	62.21	(16.23)	100	0	
家庭支持（标准化）	70.47	(17.77)	100	0	1112
朋友支持（标准化）	63.45	(18.85)	100	0	1112
其他支持（标准化）	60.59	(16.83)	100	0	1112
解释变量					
年龄	34.05	(10.48)	68	18	1112
个人月收入水平	2.37	(1.04)	6	1	1112
累计流动时间	2.94	(1.44)	5	1	1112
本地人际状况	1.98	(1.03)	8	0	1112

被解释变量			
变量	类别	样本量	百分比（%）
社会支持网	0个	78	7.01
	1—2个	552	49.64
	3—5个	414	37.23
	6个及以上	68	6.12
解释变量			
民族	少数民族	234	21.04
	汉族	878	78.96
户籍	外省农村户籍	227	20.41
	外省城市户籍	142	12.77
	本省农村户籍	558	50.18
	本省城市户籍	185	16.64

续表

变量	类别	样本量	百分比（%）
受教育程度	小学及以下	151	13.58
	初中	274	24.64
	高中或中专	202	18.17
	大专或高职	232	20.86
	本科及以上	253	22.75
婚姻	已婚	681	61.24
	未婚	384	34.53
	离异或丧偶	47	4.23
就业现状	无工作	179	16.10
	有工作	933	83.90
就业经历	没有	22	1.98
	1种	232	20.86
	2种	311	27.97
	3种及以上	547	49.19
主观家庭经济水平	低于平均水平	488	43.89
	处于平均水平	554	49.82
	高于平均水平	70	6.29
主观生活期望	充满期望	518	46.58
	比较迷茫	350	31.47
	比较悲观	47	4.23
	没有想过	197	17.72

在解释变量方面，受访的女性流动人口的平均年龄为34.05岁；汉族占78.96%；本省农村户籍者占比最高，为50.18%；在受教育程度上，初中学历者最多，比例为24.64%，其次是本科及以上和大专或高职，占比分别为22.75%和20.86%；已婚的比例为61.24%。

从经济状况来看，当前有工作的女性流动人口占比为83.90%；汇报有过3种及以上工作的比例接近一半，为49.19%；个人月收入水平均值为2.37

（标准差 1.04），即在 2001—4000 元；主观家庭经济水平低于平均水平和处于平均水平的比例分别为 43.89% 和 49.82%，自认为高于平均水平的比例仅为 6.29%。

从流动状况来看，累计流动时间的均值为 2.94（标准差 1.44），即在 1—2—3—5 年；本地交好的人际关系种类均值为 1.98（标准差 1.03），基本在 2 类左右。

最后从生活态度来看，女性流动人口对未来充满期望的比例最高，为 46.58%，但也有 31.47% 比较迷茫，4.23% 比较悲观，甚至还有 17.72% 的受访者表示没有想过。

二 模型设计

（一）无序多分类 Logit 模型（Mlogit 模型）

在分析西部女性流动人口的社会支持网时，被解释变量"社会支持网"为四分类序次变量，适宜的模型可采用有序多分类 Ologit 模型（Ordered Logit Model，Ologit）。Ologit 模型需要通过平行线检验，即回归效应不会随着被解释变量的分类变化而变化，但经过检验发现，brant<0.05，即平行线检验未通过，本书数据不符合 Ologit 模型的前提条件。[1] 因此，考虑尝试使用无序多分类 Logit 模型（Multilevel Logit Model，Mlogit）来估计女性流动人口的社会支持网规模，具体分为"0 个""1—2 个""3—5 个"以及"6 个及以上"四类，数值越高，Mlogit 模型一般是把被解释变量中的某一类作为"参照组"（base category），个体 i 选择结果 j 的概率方程可以表示为：

$$P(y_i = j \mid x_i) = \begin{cases} \dfrac{1}{1 + \sum_{k=2}^{J} exp\ (x_i^{'}\beta_k)}(j = 1) \\[4mm] \dfrac{exp(x_i^{'}\beta_j)}{1 + \sum_{k=2}^{J} exp\ (x_i^{'}\beta_k)}(j = 2,\cdots,J) \end{cases}$$

---

[1] 平行线检验具有过度显著性，因而在现实操作中经常无法实现。（参见 Williams, Richard, "Generalized Ordered Logit /Partial Proportional Odds Models for Ordinal Dependent Variables", *Stata Journal*, Vol. 6, No. 1, 2006, p. 61）

其中，y_i 是被解释变量，表示社会支持网的规模，x_i 是一系列解释变量，β_k 是相应解释变量的系数。

Mlogit 模型中，对参数估计值的解释以参照组为转移，假设"方案 1"或"方案 j"必然发生（二者必有一个），那么"方案 j"发生的条件概率为：

$$P(y = j \mid y = 1\,or\,j) = \frac{P(y = j)}{P(y = 1) + P(y = j)} = \frac{exp\,(x_i'\beta_j)}{1 + exp\,(x_i'\beta_j)}$$

由这个表达式可知，该模型的条件概率并不依赖于参照组之外的任何其他组，可以认为 Mlogit 模型中任何两个类别组单独挑出来都是二值 logit 模型，此假定也被称为"无关选择的独立性"（Independence of Irrelevant Alternative，IIA）假定，即任意两类结果之间彼此独立。[①]

（二）多元回归模型（OLS 模型）

在上述变量操作化中可知，另外两个主要被解释变量——社会支持水平和领悟社会支持水平均为连续变量，故采用多元线性回归模型（Ordinary Least Square，OLS），其估计模型设置如下：

$$Y = \beta_0 + \beta_1 x + \beta_2 z + \varepsilon$$

其中，"Y"表示社会支持水平或领悟社会支持水平，β_0 是截距，β_1 表示回归系数，是指 x 每变化一个单位，变量 Y 改变的数量。z 是指一组控制变量，ε 表示残差项。同时，针对社会支持网，本书也将采用 OLS 模型来进行稳健性检验（Robustness testing），以确保估计结果的可靠性和有效性。

（三）描述性统计与相关分析

表 4-3 呈现了女性流动人口相关变量的基本特征和分布情况。"显著度"一栏表示各个变量在四类不同社会支持网规模之间均值差异的显著性情况。

在人口学特征方面，首先社会支持网规模越大的女性流动人口，其年龄越小，并在 $p < 0.001$ 的统计学上显著，说明年龄与社会支持网规模存在相关性关系。其次，卡方检验结果表明民族与社会支持网规模显著相关：少数民

族汇报"0个"和"1—2个"的比例明显高于其他两项,而汉族正好相反。同时,女性流动人口的社会支持网规模存在显著的户籍差异,外省农村户籍者汇报"0个"和"1—2个"亲密朋友的比例相对较多;本省城市和本省农村在各项上的数值差距较小,其中本省城市汇报两端,即"0个""1—2个"与"6个及以上"的比例最多。接着,对于不同教育水平的女性流动人口,其社会支持网规模不同,"小学及以下"和"初中"学历的女性回答没有亲密朋友的比例均高于其他几项,"本科及以上"学历的女性回答"3—5个"或"6个及以上"的比例明显高于其他两项。最后,从女性流动人口的社会支持网与婚姻状态的相关关系来看,已婚、离婚或丧偶的女性反映没有亲密朋友帮助的比例最高,而未婚的女性选择"3—5个"的比例最多,达43.24%。

在经济状况方面,不同社会支持网规模的女性流动人口在就业现状、就业经历、个人月收入、主观家庭经济上都存在显著差异。其中,有"6个及以上"社会支持网规模的女性没有工作的比例要高于其他项规模的女性,也就是说当前无工作的女性获得了较大的社会支持网。"从未工作过"的女性流动人口中,反映没有亲密朋友的比例相对最多,可能与囿于人际圈的拓展有关。有过"3份及以上"工作的女性比例较多的是"6个及以上"和"0个",即处于两极分化的状态,一方面,工作经历多可能认识更多的人,对于善于处理人际交往的人来说将获得更多可互相帮助的朋友,而另一方面可能工作调换过于频繁也容易造成难以维持稳定关系的局面,由此呈现上述这一情况。另外,有过"1份"和"2份"工作经历的女性反馈有"6个及以上"亲密朋友的比例最多,可见适度的工作经历可以稳定维持更大的社会支持网。此外,女性个人月收入越高、主观家庭经济水平越好,其社会支持网规模越大。

在流动经历方面,女性流动人口的社会支持网规模与其流动时间显著相关。具体来说,流动时间相对较久的女性流动人口的社会支持网规模会往两极趋势发展,即会有更多人处于"0个"或"6个及以上"亲密朋友的状况。这需要与其本地融入情况相结合来考察。

在生活态度方面,女性流动人口的主观生活期望与其社会支持网规模相关,具体来说,对未来充满期望的女性汇报"3—5个"或"6个及以上"社会支持网规模的比例更高。

　　综合上述相关分析，在不考虑其他因素的情况下，解释变量与被解释变量之间的关系高度显著，适宜进一步进行模型分析，来具体探讨哪些因素独立作用于女性流动人口的社会支持网规模。

表 4-3　　　基于不同规模的社会支持网的变量基本特征（百分比）

		总体	0 个	1—2 个	3—5 个	6 个及以上	显著度
年龄（岁）	均值	34.05	40.82	34.72	31.96	33.57	***
	标准差	（10.53）	（10.60）	（10.53）	（9.67）	（10.40）	
民族	少数民族	21.04%	24.36%	24.09%	16.67%	19.12%	*
	汉族	78.96%	75.64%	75.91%	83.33%	80.88%	
户籍	外省农村	20.41%	21.79%	23.73%	16.43%	16.18%	*
	外省城市	12.77%	3.86%	11.96%	15.46%	13.24%	
	本省农村	50.18%	52.56%	42.52%	52.17%	48.53%	
	本省城市	16.64%	21.79%	21.79%	15.94%	22.05%	
受教育程度	小学及以下	13.58%	32.05%	15.40%	8.45%	8.82%	***
	初中	24.64%	33.33%	26.27%	20.77%	25.01%	
	高中或中专	18.17%	17.95%	18.84%	16.91%	20.59%	
	大专或高职	20.86%	11.54%	20.83%	24.15%	11.76%	
	本科及以上	22.75%	5.13%	18.66%	29.72%	33.82%	
婚姻	已婚	61.24%	79.49%	64.49%	53.38%	61.76%	***
	未婚	34.53%	10.26%	31.34%	43.24%	35.29%	
	离异或丧偶	4.23%	10.25%	4.17%	3.38%	2.95%	
就业现状	无工作	16.10%	19.23%	18.48%	11.59%	20.59%	*
	有工作	83.90%	80.77%	81.52%	88.41%	79.41%	
就业经历	从未工作过	1.98%	5.13%	1.63%	1.45%	4.41%	***
	1 份	20.86%	28.21%	17.21%	22.71%	30.88%	
	2 份	27.97%	17.95%	25.91%	31.16%	36.76%	
	3 份及以上	51.17%	53.84%	56.88%	46.13%	32.36%	

续表

		总体	0个	1—2个	3—5个	6个及以上	显著度
个人月收入水平	均值	2.37	1.87	2.25	2.58	2.60	***
	标准差	(1.04)	(0.81)	(0.92)	(1.10)	(1.41)	
主观家庭经济水平	低于平均	43.88%	73.08%	50.72%	30.43%	36.76%	***
	处于平均水平	49.83%	25.64%	46.02%	60.87%	41.18%	
	高于平均	6.29%	1.28%	3.26%	8.70%	22.06%	
累计流动时间	均值	2.94	3.47	2.94	2.79	3.16	***
	标准差	(1.43)	(1.52)	(1.38)	(1.43)	(1.61)	
本地人际状况	均值	1.98	1.49	1.80	2.20	2.60	***
	标准差	(1.03)	(1.00)	(0.93)	(1.04)	(1.28)	
主观生活期望	充满期望	46.58%	46.15%	39.49%	52.90%	66.18%	***
	比较迷茫	31.47%	26.92%	35.87%	28.02%	22.06%	
	比较悲观	4.23%	1.28%	5.80%	3.14%	1.47%	
	没有想过	17.72%	25.65%	18.84%	15.94%	10.29%	
N	1112	100%	78	552	414	68	

1. 对于显著度一栏，分类变量采用卡方检验，连续变量采用方差分析；
2. $^+p<0.10$，$^*p<0.05$，$^{**}p<0.01$，$^{***}p<0.001$。

（四）模型结果分析

下面具体分析影响西部女性流动人口社会支持网规模的影响因素，在分析前先需要检验 IIA 假定，方法之一就是 Hausman 检验，分析结果可见表 4-4。由表可知，IIA 假定未被推翻，这说明社会支持网不同选择之间独立不相关，可以采用 Mlogit 模型来进行后续分析。

表 4-4　　　　　**Mlogit 模型 IIA 假定的 Hausman 检验结果**

	类别组	Chi2	$p>$Chi2
社会支持网规模	0个	−0.39	—
	1—2个	−190.75	—

	类别组	Chi2	p>Chi2
社会支持网规模	3—5 个	24.58	0.9980
	6 个及以上	−13.95	—

注：IIA 假定的原假设（H_0）是任意两组结果间独立不相关。当 Hausman 检验结果不显著（p>0.05）时，说明模型服从 IIA 假设，任意两组之间的相对发生比率与其他选择不相关（王存同，2017：171）。Hausman 和 McFadden（1984）[1] 也指出过，Hausman 检验时统计量为负值的情况也经常存在，但这也不能拒绝 IIA 假定，如"0 个""1—2 个""6 个及以上"的情况依然被认为为没有违背 IIA 假定。

表4-5 汇报了以"0 个"规模为参照组的 Mlogit 计量结果（模型1）及用于稳健性检验的 OLS 回归模型结果（模型2）。模型1 纳入了相关人口学特征、经济状况、流动状况以及生活态度这些维度的变量。在控制其他变量的情况下，女性流动人口的社会支持网规模随着其户籍、受教育程度、就业经历、主观家庭经济、本地人际关系以及主观生活期望的不同而不同。

首先，在人口学特征上，相比外省农村的女性流动人口，本省城市者汇报"1—2 个"和"3—5 个"亲密朋友的概率更低，并且分别在 p<0.05 和 p<0.10 的统计水平上显著，但本省城市者汇报"6 个及以上"的概率虽然更低但并不显著，这说明控制相关变量后，本省城市的女性流动人口比外省农村户籍拥有更多亲密朋友的概率反而更低，外省城市、本省农村户籍者则与外省农村并无显著差异，这一结论可能与城市化进程中地缘关系的日渐式微有关，来自外省农村的女性很可能拥有比较强的属地人际关系网，比如老乡会等。受教育程度方面，在控制其他变量的情况下，本科及以上的女性流动人口相比于小学及以下学历者能够获得更大规模的社会支持网，即拥有更多可以提供帮助的亲密朋友，但其他学历与小学及以下学历的女性在获得社会支持网规模上并无统计学上的差异，也就是说只有达到本科及以上的教育水平才会对女性流动人口的社会支持网有影响效应。总的来说，这一结论与我们日常认知相符，受教育程度高的女性，接触的圈层范围更广，也就更有可能

---

① 参见 Hausman J. and McFadden D., "Specification Tests for the Multinomial Logit Model", *Econometrica*：*Journal of the Econometric Society*，Vol. 52, No. 5, 1984, p. 1225。

获得更多朋友和维持更广的人际关系。在婚姻状况上，针对"0个"参照组，仅未婚女性汇报"3—5个"朋友数量比已婚者的概率要高，其余均无显著差异。此外，年龄、民族等人口学特征对社会支持网的作用并不显著。

从就业经历来看，在控制其他变量的情况下，有过2份和3份及以上工作经历的女性流动人口汇报"1—2个"或"3—5个"社会支持网规模的概率要显著高于"0个"，汇报"6个及以上"社会支持网规模的概率虽然也高于"0个"，但并未通过统计检验。因此可以认为，工作经历相对较多的女性流动人口（2份及以上者）能够在一定程度上获得较多的亲密朋友，这与其接触人际圈范围扩大有关，但也并不是说工作经历越多的人能够获得社会支持网的最大化，事实上我们在日常生活中也经常可见因为流动性过大而难以维持稳定关系的案例。所以说，适度的工作经历能够帮助女性流动人口获得相对多的朋友帮助，扩大社会支持网。另外，对于家庭经济水平，以"0个"作为参照组，主观认为家庭经济处于平均水平的女性流动人口比自认为低于平均水平的人拥有更大的社会支持网规模，即有更多可以帮助的亲密朋友；自认为家庭经济高于平均水平的女性比低于平均的汇报"3—5个"和"6个及以上"的可能性更高。也就是说，主观家庭经济评价越高的女性，其获得的社会支持网规模也就越大。

在流动状况上，本书考虑了累计流动时间和本地人际状况这两个变量。根据模型1结果可知，在控制其他变量的情况下，本地人际状况越好，即在本地拥有更多关系好的人，其获得较大社会支持网规模的概率也就越大。但女性流动人口的累计流动时间与其社会支持网水平并无显著关系。

最后在生活态度方面，相比于汇报"0个"社会支持网情况的女性，比较悲观的女性反而比对未来生活充满期望的女性汇报"1—2个"和"3—5个"规模的概率更高。这一结论可能与我们日常认知有所差异，但在控制其他变量的情况下，一种合理的解释是，比较悲观的女性更可能获得周围亲朋好友的关注，对其进行心理上的帮助和开导，使其主观感受上拥有更多可能提供帮助的朋友。

表 4–5　西部女性流动人口社会支持网规模的 **Mlogit** 和 **OLS** 回归模型分析

"0 个"为参照组	模型 1			模型 2
	0 个对比 1—2 个	0 个对比 3—5 个	0 个对比 6 个及以上	OLS
年龄（岁）	−0.012 (0.017)	−0.023 (0.018)	−0.008 (0.025)	−0.003 (0.003)
民族 （0=少数民族）	−0.044 (0.321)	0.416 (0.345)	0.299 (0.461)	0.099+ (0.051)
户籍 （0=外省农村）				
外省城市	0.515 (0.690)	0.716 (0.709)	0.361 (0.848)	0.025 (0.068)
本省农村	−0.387 (0.338)	0.087 (0.361)	0.094 (0.495)	0.085 (0.052)
本省城市	−1.006* (0.423)	−0.855+ (0.449)	−0.587 (0.597)	−0.020 (0.070)
受教育程度 （0=小学及以下）				
初中	0.145 (0.372)	0.185 (0.416)	0.602 (0.636)	0.083 (0.079)
高中或中专	0.275 (0.445)	0.310 (0.487)	0.972 (0.707)	0.117 (0.087)
大专或高职	0.481 (0.546)	0.609 (0.580)	0.446 (0.834)	0.100 (0.085)
本科及以上	1.211+ (0.696)	1.570* (0.723)	1.950* (0.909)	0.214* (0.090)
婚姻（0=已婚）				
未婚	0.769 (0.496)	1.006* (0.507)	0.879 (0.613)	0.082 (0.053)
离异或丧偶	−0.655 (0.491)	−0.439 (0.547)	−0.621 (0.899)	−0.042 (0.112)
就业现状 （0=无工作）	−0.554 (0.391)	−0.269 (0.423)	−1.047+ (0.542)	−0.038 (0.061)

续表

"0个"为参照组	模型1			模型2
	0个对比1—2个	0个对比3—5个	0个对比6个及以上	OLS
就业经历 (0=从未工作过)				
1份	1.303 (0.831)	1.203 (0.912)	0.442 (1.050)	0.029 (0.194)
2份	2.276** (0.851)	2.213* (0.932)	1.256 (1.073)	0.102 (0.192)
3份及以上	2.453** (0.833)	2.186* (0.916)	0.426 (1.071)	0.006 (0.191)
个人月收入水平	0.191 (0.187)	0.308 (0.192)	0.362 (0.228)	0.047* (0.022)
主观家庭经济水平 (0=低于平均水平)				
处于平均水平	0.962** (0.302)	1.620*** (0.314)	0.994* (0.413)	0.200*** (0.043)
高于平均水平	0.892 (1.082)	2.114* (1.077)	2.635* (1.124)	0.508*** (0.093)
累计流动时间	−0.155 (0.100)	−0.140 (0.106)	0.059 (0.139)	0.008 (0.016)
本地人际状况	0.427** (0.156)	0.749*** (0.162)	1.055*** (0.192)	0.141*** (0.020)
主观生活期望 (0=充满期望)				
比较迷茫	0.525 (0.323)	0.096 (0.340)	−0.215 (0.448)	−0.091+ (0.046)
比较悲观	2.539* (1.158)	2.043+ (1.191)	1.124 (1.536)	−0.049 (0.093)
没有想过	−0.124 (0.338)	−0.387 (0.359)	−0.993+ (0.535)	−0.130* (0.055)
截距	−0.389 (1.180)	−2.482+ (1.284)	−4.141* (1.664)	0.770** (0.237)
样本量	1112	1112		

"0个"为参照组	模型1			模型2
	0个对比1—2个	0个对比3—5个	0个对比6个及以上	OLS
R^2	0.134	0.173		

1. 模型2括号内为稳健标准误；2. $^+p<0.10$, $^*p<0.05$, $^{**}p<0.01$, $^{***}p<0.001$。

为了检验 Mlogit 统计结果的科学性和合理性，本书还纳入了 OLS 回归模型来进行稳健性检验，即把被解释变量——"社会支持网"这一四分类的定序变量当作连续变量。模型2的回归结果表明，受教育程度、个人月收入、主观家庭经济、本地人际关系以及主观生活期望有显著的影响效应。[①] 因此，总体上认为受教育程度、主观家庭经济以及本地人际关系这些因素显著作用于社会支持网规模，是稳定、可靠和有效的，即本科及以上学历、家庭经济状况达到平均及以上，本地人际交往越多，女性流动人口的社会支持网规模越大，在遇到困难时可以获得更多亲密朋友的帮助。

第二节　社会支持网的影响因素分析

一　描述性统计与相关分析

表4-6呈现了女性流动人口相关变量的基本特征和分布情况。"显著度"一栏表示各个变量在四类不同社会支持网规模之间均值差异的显著性情况。

在人口学特征方面，首先社会支持网规模越大的女性流动人口，其年龄越小，并在 $p<0.001$ 的统计学上显著，说明年龄与社会支持网规模存在相关性关系。其次，卡方检验结果表明民族与社会支持网规模显著相关：少数民族汇报"0个"和"1—2个"的比例明显高于其他两项，而汉族正好相反。同时，女性流动人口的社会支持网规模存在显著的户籍差异，外省农村户籍者汇报"0个"和"1—2个"亲密朋友的比例相对较多；本省城市和本省农

① 这一结论与模型1有所出入，造成出入的可能原因是在 OLS 模型中我们将各项等级之间（"0个""1—2个""3—5个""6个及以上"）的实际距离当作一致，可能会造成一定程度的偏误。

村在各项上的数值差距较小，其中本省城市汇报两端，即"0个""1—2个"与"6个及以上"的比例最多。接着，对于不同教育水平的女性流动人口，其社会支持网规模不同，"小学及以下"和"初中"学历的女性回答没有亲密朋友的比例均高于其他几项，"本科及以上"学历的女性回答"3—5个"或"6个及以上"的比例明显高于其他两项。最后，从女性流动人口的社会支持网与婚姻状态的相关关系来看，已婚、离婚或丧偶的女性反映没有亲密朋友帮助的比例最高，而未婚的女性选择"3—5个"的比例最多，达43.24%。

在经济状况方面，不同社会支持网规模的女性流动人口在就业现状、就业经历、个人月收入、主观家庭经济上都存在显著差异。其中，有"6个及以上"社会支持网规模的女性没有工作的比例要高于其他项规模的女性，也就是说当前无工作的女性获得了较大的社会支持网。"从未工作过"经历的女性流动人口中，反映没有亲密朋友的比例相对最多，可能与囿于人际圈的拓展有关。有过"3份及以上"工作的女性比例较多的是"6个及以上"和"0个"，即处于两极分化的状态，一方面，工作经历多可能能够认识更多的人，对于善于处理人际交往的人来说将获得更多可互相帮助的朋友，而另一方面可能工作调换过于频繁也容易造成难以维持稳定关系的局面，由此呈现上述这一情况。另外，有过"1份"和"2份"工作经历的女性反馈有"6个及以上"亲密朋友的比例最多，可见适度的工作经历可以稳定维持更大的社会支持网。此外，女性个人月收入越高、主观家庭经济水平越好，其社会支持网规模越大。

在流动经历方面，女性流动人口的社会支持网规模与其流动时间显著相关。具体来说，流动时间相对较久的女性流动人口的社会支持网规模会往两极趋势发展，即会有更多人处于"0个"或"6个及以上"亲密朋友的状况。这需要与其本地融入情况相结合来考察。

在生活态度方面，女性流动人口的主观生活期望与其社会支持网规模相关，具体来说，对未来充满期望的女性汇报"3—5个"或"6个及以上"社会支持网规模的比例更高。

　　综合上述相关分析，在不考虑其他因素的情况下，解释变量与被解释变量之间的关系高度显著，适宜进一步进行模型分析，来具体探讨哪些因素独立作用于女性流动人口的社会支持网规模。

表 4-6　　　　基于不同规模的社会支持网的变量基本特征（百分比）

		总体	0 个	1—2 个	3—5 个	6 个及以上	显著度
年龄（岁）	均值	34.05	40.82	34.72	31.96	33.57	***
	标准差	（10.53）	（10.60）	（10.53）	（9.67）	（10.40）	
民族	少数民族	21.04%	24.36%	24.09%	16.67%	19.12%	*
	汉族	78.96%	75.64%	75.91%	83.33%	80.88%	
户籍	外省农村	20.41%	21.79%	23.73%	16.43%	16.18%	*
	外省城市	12.77%	3.86%	11.96%	15.46%	13.24%	
	本省农村	50.18%	52.56%	42.52%	52.17%	48.53%	
	本省城市	16.64%	21.79%	21.79%	15.94%	22.05%	
受教育程度	小学及以下	13.58%	32.05%	15.40%	8.45%	8.82%	***
	初中	24.64%	33.33%	26.27%	20.77%	25.01%	
	高中或中专	18.17%	17.95%	18.84%	16.91%	20.59%	
	大专或高职	20.86%	11.54%	20.83%	24.15%	11.76%	
	本科及以上	22.75%	5.13%	18.66%	29.72%	33.82%	
婚姻	已婚	61.24%	79.49%	64.49%	53.38%	61.76%	***
	未婚	34.53%	10.26%	31.34%	43.24%	35.29%	
	离异或丧偶	4.23%	10.25%	4.17%	3.38%	2.95%	
就业现状	无工作	16.10%	19.23%	18.48%	11.59%	20.59%	*
	有工作	83.90%	80.77%	81.52%	88.41%	79.41%	
就业经历	从未工作过	1.98%	5.13%	1.63%	1.45%	4.41%	***
	1 份	20.86%	28.21%	17.21%	22.71%	30.88%	
	2 份	27.97%	17.95%	25.91%	31.16%	36.76%	
	3 份及以上	51.17%	53.84%	56.88%	46.13%	32.36%	

续表

		总体	0个	1—2个	3—5个	6个及以上	显著度
个人月收入水平	均值	2.37	1.87	2.25	2.58	2.60	***
	标准差	(1.04)	(0.81)	(0.92)	(1.10)	(1.41)	
主观家庭经济水平	低于平均	43.88%	73.08%	50.72%	30.43%	36.76%	***
	处于平均水平	49.83%	25.64%	46.02%	60.87%	41.18%	
	高于平均	6.29%	1.28%	3.26%	8.70%	22.06%	
累计流动时间	均值	2.94	3.47	2.94	2.79	3.16	***
	标准差	(1.43)	(1.52)	(1.38)	(1.43)	(1.61)	
本地人际状况	均值	1.98	1.49	1.80	2.20	2.60	***
	标准差	(1.03)	(1.00)	(0.93)	(1.04)	(1.28)	
主观生活期望	充满期望	46.58%	46.15%	39.49%	52.90%	66.18%	***
	比较迷茫	31.47%	26.92%	35.87%	28.02%	22.06%	
	比较悲观	4.23%	1.28%	5.80%	3.14%	1.47%	
	没有想过	17.72%	25.65%	18.84%	15.94%	10.29%	
N		1112	100%	78	552	414	68

1. 对于显著度一栏，分类变量采用卡方检验，连续变量采用方差分析；

2. $^+p<0.10$, $^*p<0.05$, $^{**}p<0.01$, $^{***}p<0.001$。

二 模型结果分析

接下来，具体分析影响西部女性流动人口社会支持网规模的影响因素，在分析前先需要检验 IIA 假定，方法之一就是 Hausman 检验，分析结果可见表 4-7。由表可知，IIA 假定未被推翻，这说明社会支持网不同选择之间独立不相关，可以采用 Mlogit 模型来进行后续分析。

表 4-7　　　　　Mlogit 模型 IIA 假定的 Hausman 检验结果

	类别组	Chi2	$p>$Chi2
社会支持网规模	0个	-0.39	—
	1—2个	-190.75	—

	类别组	Chi2	*p*>Chi2
社会支持网规模	3—5 个	24.58	1.00
	6 个及以上	-13.95	—

注：IIA 假定的原假设（H₀）是任意两组结果间独立不相关。当 Hausman 检验结果不显著（*p*>0.05）时，说明模型服从 IIA 假设，任意两组之间的相对发生比率与其他选择不相关（王存同，2017：171）。Hausman 和 McFadden（1984）① 也指出过，Hausman 检验时统计量为负值的情况也经常存在，但这也不能拒绝 IIA 假定，如 "0 个" "1—2 个" "6 个及以上" 的情况依然被认为没有违背 IIA 假定。

表 4-8 汇报了以 "0 个" 规模为参照组的 Mlogit 计量结果（模型 1）及用于稳健性检验的 OLS 回归模型结果（模型 2）。模型 1 纳入了相关人口学特征、经济状况、流动状况以及生活态度这些维度的变量。在控制其他变量的情况下，女性流动人口的社会支持网规模随着其户籍、受教育程度、就业经历、主观家庭经济、本地人际关系以及主观生活期望的不同而不同。

首先，在人口学特征上，相比外省农村的女性流动人口，本省城市者汇报 "1—2 个" 和 "3—5 个" 亲密朋友的概率更低，并且分别在 $p<0.05$ 和 $p<0.1$ 的统计水平上显著，但本省城市者汇报 "6 个及以上" 亲密朋友的概率虽然更低但并不显著，这说明控制相关变量后，本省城市的女性流动人口比外省农村户籍拥有更多亲密朋友的概率反而更低，外省城市、本省农村户籍者则与外省农村并无显著差异，这一结论可能与城市化进程中地缘关系的日渐式微有关，来自外省农村的女性很可能拥有比较强的属地人际关系网，比如老乡会等。受教育程度方面，在控制其他变量的情况下，本科及以上的女性流动人口相比于小学及以下学历者能够获得更大规模的社会支持网，即拥有更多可以提供帮助的亲密朋友，但其他学历与小学及以下学历的女性在获得社会支持网规模上并无统计学上的差异，也就是说只有达到本科及以上的教育水平才会对女性流动人口的社会支持网有影响效应。总的来说，这一结论与我们日常认知相符，受教育程度高的女性，接触的圈层范围更广，

① 参见 Hausman J. and McFadden D. , "Specification Tests for the Multinomial Logit Model", *Econometrica*: *Journal of the Econometric Society*, Vol. 52, No. 5, 1984, p. 1225。

也就更有可能获得更多朋友和维持更广的人际关系。在婚姻状况上，针对"0个"参照组，仅未婚女性汇报"3—5个"朋友数量比已婚者的概率要高，其余均无显著差异。此外，年龄、民族等人口学特征对社会支持网作用并不显著。

从就业经历来看，在控制其他变量的情况下，有过2份和3份及以上工作经历的女性流动人口汇报"1—2个"或"3—5个"社会支持网水平的概率要显著高于"0个"，汇报"6个及以上"社会支持网规模的概率虽然也高于"0个"，但并未通过统计检验。因此可以认为，工作经历相对较多的女性流动人口（2份及以上者）能够在一定程度上获得较多的亲密朋友，这与其接触人际圈范围扩大有关，但也并不是说工作经历越多的人能够获得社会支持网的最大化，事实上我们在日常生活中也经常可见因为流动性过大而难以维持稳定关系的案例。所以说，适度的工作经历能够帮助女性流动人口获得相对多的朋友帮助，扩大社会支持网。另外，对于家庭经济水平，以"0个"作为参照组，主观认为家庭经济处于平均水平的女性流动人口比自认为低于平均水平的人拥有更大的社会支持网规模，即有更多可以帮助的亲密朋友；自认为家庭经济高于平均水平的女性比低于平均的汇报"3—5个"和"6个及以上"的可能性更高。也就是说，主观家庭经济评价越高的女性，其获得的社会支持网规模也就越大。

在流动状况上，本书考虑了累计流动时间和本地人际状况这两个变量。根据模型1结果可知，在控制其他变量的情况下，本地人际状况越好，即在本地拥有更多关系好的人，其获得较大社会支持网规模的概率也就越大。但女性流动人口的累计流动时间与其社会支持网水平并无显著关系。

最后在生活态度方面，相比于汇报"0个"社会支持网情况的女性，比较悲观的女性反而比对未来生活充满期待的女性汇报"1—2个"和"3—5个"规模的概率更高。这一结论可能与我们日常认知有所差异，但在控制其他变量的情况下，一种合理的解释是，比较悲观的女性更可能获得周围亲朋好友的关注，对其进行心理上的帮助和开导，使其主观感受上拥有更多可能提供帮助的朋友。

表 4-8　西部女性流动人口社会支持网规模的 Mlogit 和 OLS 回归模型分析

"0 个"为参照组	模型 1			模型 2
	0 个对比 1—2 个	0 个对比 3—5 个	0 个对比 6 个及以上	OLS
年龄（岁）	-0.012	-0.023	-0.008	-0.003
	(0.017)	(0.018)	(0.025)	(0.003)
民族（0=少数民族）	-0.044	0.416	0.299	0.099⁺
	(0.321)	(0.345)	(0.461)	(0.051)
户籍（0=外省农村）				
外省城市	0.515	0.716	0.361	0.025
	(0.690)	(0.709)	(0.848)	(0.068)
本省农村	-0.387	0.087	0.094	0.085
	(0.338)	(0.361)	(0.495)	(0.052)
本省城市	-1.006*	-0.855⁺	-0.587	-0.020
	(0.423)	(0.449)	(0.597)	(0.070)
受教育程度 （0=小学及以下）				
初中	0.145	0.185	0.602	0.083
	(0.372)	(0.416)	(0.636)	(0.079)
高中或中专	0.275	0.310	0.972	0.117
	(0.445)	(0.487)	(0.707)	(0.087)
大专或高职	0.481	0.609	0.446	0.100
	(0.546)	(0.580)	(0.834)	(0.085)
本科及以上	1.211⁺	1.570*	1.950*	0.214*
	(0.696)	(0.723)	(0.909)	(0.090)
婚姻（0=已婚）				
未婚	0.769	1.006*	0.879	0.082
	(0.496)	(0.507)	(0.613)	(0.053)
离异或丧偶	-0.655	-0.439	-0.621	-0.042
	(0.491)	(0.547)	(0.899)	(0.112)
就业现状 （0=无工作）	-0.554	-0.269	-1.047⁺	-0.038
	(0.391)	(0.423)	(0.542)	(0.061)

续表

"0个"为参照组	模型1			模型2
	0个对比1—2个	0个对比3—5个	0个对比6个及以上	OLS
就业经历 (0=从未工作过)				
1份	1.303 (0.831)	1.203 (0.912)	0.442 (1.050)	0.029 (0.194)
2份	2.276** (0.851)	2.213* (0.932)	1.256 (1.073)	0.102 (0.192)
3份及以上	2.453** (0.833)	2.186* (0.916)	0.426 (1.071)	0.006 (0.191)
个人月收入水平	0.191 (0.187)	0.308 (0.192)	0.362 (0.228)	0.047* (0.022)
主观家庭经济水平 (0=低于平均水平)				
处于平均水平	0.962** (0.302)	1.620*** (0.314)	0.994* (0.413)	0.200*** (0.043)
高于平均水平	0.892 (1.082)	2.114* (1.077)	2.635* (1.124)	0.508*** (0.093)
累计流动时间	−0.155 (0.100)	−0.140 (0.106)	0.059 (0.139)	0.008 (0.016)
本地人际状况	0.427** (0.156)	0.749*** (0.162)	1.055*** (0.192)	0.141*** (0.020)
主观生活期望 (0=充满期望)				
比较迷茫	0.525 (0.323)	0.096 (0.340)	−0.215 (0.448)	−0.091[+] (0.046)
比较悲观	2.539* (1.158)	2.043[+] (1.191)	1.124 (1.536)	−0.049 (0.093)
没有想过	−0.124 (0.338)	−0.387 (0.359)	−0.993[+] (0.535)	−0.130* (0.055)
截距	−0.389 (1.180)	−2.482[+] (1.284)	−4.141* (1.664)	0.770** (0.237)
样本量	1112	1112		

续表

"0 个"为参照组	模型 1			模型 2
	0 个对比 1—2 个	0 个对比 3—5 个	0 个对比 6 个及以上	OLS
R^2	0.134	0.173		

1. 模型 2 括号内为稳健标准误；2. $^+p<0.10$，$^*p<0.05$，$^{**}p<0.01$，$^{***}p<0.001$。

　　为了检验 Mlogit 统计结果的科学性和合理性，本书还纳入了 OLS 回归模型来进行稳健性检验，即把被解释变量——"社会支持网"这一四分类的定序变量当作连续变量。模型 2 的回归结果表明，受教育程度、个人月收入、主观家庭经济、本地人际关系以及主观生活期望有显著的影响效应。[①] 因此，总体上认为受教育程度、主观家庭经济以及本地人际关系这些因素显著作用于社会支持网规模，是稳定、可靠和有效的，即本科及以上学历、家庭经济状况达到平均及以上，本地人际交往越多，女性流动人口的社会支持网规模越大，在遇到困难时可以获得更多亲密朋友的帮助。

第三节　社会支持水平的影响因素分析

一　描述性分析与相关分析

　　根据第三章的问卷分析社会支持评定量表（SSRS）可以获得社会支持水平的相关数据，本书下面将从年龄、户籍性质、婚姻以及流动时间这四个方面来分析其与西部女性流动人口社会支持水平的相关性。

　　在探讨女性流动人口年龄与其社会支持水平的关系时，首先将年龄按照不同的代际组进行划分，即分为"00 后"、"90 后"、"80 后"、"70 后"，以及"50 后"、"60 后"（"50 后"组仅为 1 个样本，故与"60 后"组归为一类）。图4-3 显示的是不同年龄组女性流动人口的社会支持水平（标准化得分），同时经过方差分析得到 $p<0.001$，这说明女性流动人口的年龄与其社会支持水平显著相

---

　　① 这一结论与模型 1 有所出入，造成出入的可能原因是在 OLS 模型中我们将各项等级之间（"0个""1—2个""3—5个""6个及以上"）的实际距离当作一致，可能会造成一定程度的偏误。

关。具体来说，从"00后"到"50后"、"60后"，社会支持得分呈现倒"U"形，"80后"的社会支持得分相对最高，而"00后"的社会支持得分最低。

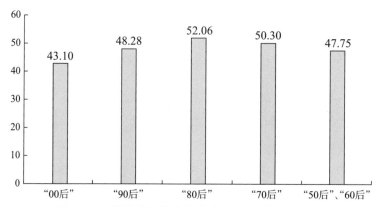

图4-3　不同年龄组的女性流动人口的社会支持得分

（N=1112，方差分析得到 $p<0.001$）

图4-4进一步从社会支持水平的三个维度（客观支持、主观支持和社会支持利用度）来考察不同年龄组女性流动人口的状况。首先，总体上主观支持得分最高，其次是客观支持得分，社会支持利用度得分整体偏低。其次，"80后"在客观支持和主观支持上的得分最高；而"00后"在社会支持利用度上的得分最高，但客观支持和主观支持得分却最低。"70后"群体在三个维度上的得分差异最大，"00后"群体在三个维度上的得分最为均衡。

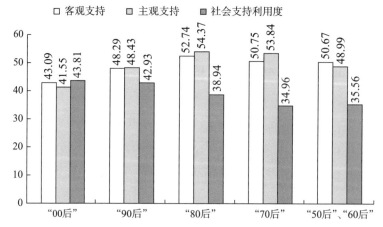

图4-4　不同年龄组的女性流动人口在三个社会支持维度上的得分（N=1112）

如图4-5，在不同户籍方面，外省城市户籍的女性流动人口获得社会支持得分最高，其次是本省城市户籍者，而外省农村户籍的女性流动人口得分最低。但是通过方差分析结果可知，女性流动人口不同户籍与社会支持水平之间并不显著相关。

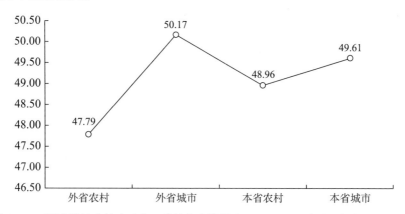

图4-5　不同户籍的女性流动人口的社会支持得分（N=1112，方差分析得到 $p>0.05$）

根据图4-6，不控制其他因素的情况下，女性流动人口的社会支持水平存在显著的婚姻差异。已婚女性的社会支持得分最高，而离异或丧偶的女性的社会支持得分最低，这一结论与我们的认知相符。

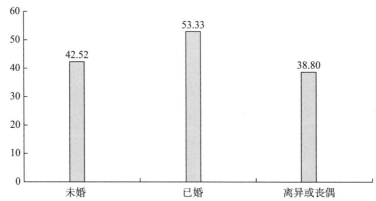

图4-6　不同婚姻状况的女性流动人口的社会支持得分
（N=1112，方差分析得到 $p<0.001$）

进一步地，同样从社会支持的三个维度来看不同婚姻状况下女性流动人口的得分情况，具体分布见图4-7。已婚女性在客观支持和主观支持得分上明显要高于其他两类群体，但由于其社会支持利用度得分并不高，也造成了已婚女性在社会支持的三个维度上差异最大。相较之下，未婚女性群体的三个维度得分最为均衡。

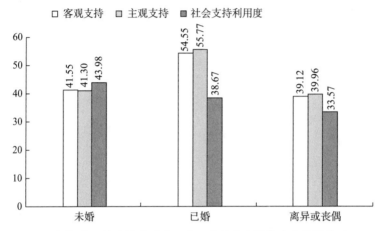

图 4-7　不同婚姻状况的女性流动人口在三个社会支持维度上的得分（N=1112）

最后来分析流动时间这一流动特征，从图 4-8 中可以发现，累计流动 1 年以内和 3 到 5 年的女性流动人口，获得的社会支持得分相对较高，而流动 10 年及以上的女性流动人口，其社会支持水平最低。从方差分析结果来看，不同流动时间与社会支持水平之间缺乏显著联系，即累计流动时间无法显著影响女性流动人口的社会支持状况。

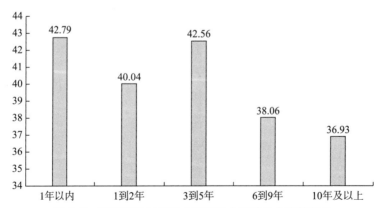

图 4-8　不同流动时间的女性流动人口的社会支持得分
（N=1112，方差分析得到 $p > 0.05$）

二　模型结果分析

上述通过方差分析方法考察了部分重要变量与西部女性流动人口社会支持水平之间的相关关系。接下来，本书进一步通过多元回归模型来分析这些因素是如何影响女性流动人口的社会支持水平的，结果呈现在表 4-9 中。其中，模型 3—5 分别以社会支持水平三个维度作为因变量，具体分析它们背后的不同作用因素，而模型 6 则综合估计了各个变量对社会支持总体水平的影响效应。

模型 3 是基于客观支持水平的分析，在控制其他变量的情况下，年龄、受教育程度、婚姻、就业经历、主观家庭经济、本地人际状况会显著影响女性流动人口的客观支持水平。具体来说，在控制其他变量的情况下，年龄越大、未婚、离异或丧偶的女性，其获得的客观支持越低。本科及以上的女性比小学及以下学历者能获得更高的客观支持。与从未就业过的女性流动人口相比，有过 2 份或 3 份及以上工作经历的女性得到的客观支持更多，工作经历丰富的女性接触的社会交际圈也更广，更有利于她们获取客观支持。在主观家庭经济方面，自评家庭经济处于平均水平或高于平均水平的女性要比自认为家庭经济状况偏低者拥有更高的客观支持。最后，本地人际状况越好的女性，获得客观支持的水平也越高。

模型 4 考察了女性流动人口的主观支持状况。在控制其他变量的情况下，民族、受教育程度、婚姻、就业现状与经历、主观家庭经济状况、流动时间、本地人际关系以及主观生活期望都会显著影响女性的主观社会支持。具体从影响效应上来看，汉族、未婚离婚与丧偶、长流动时间、对未来生活迷茫或悲观的女性流动人口获得的主观社会支持水平偏低；而高学历、有工作、丰富的就业经历、处于中产家庭、拥有较好本地人际关系的女性流动人口更容易获得较高的主观支持。

模型 5 继续对社会支持利用度的影响因素进行了分析。在控制其他变量的情况下，汉族、有工作、未来生活比较迷茫或对未来没想过的女性流动人口，对社会支持的利用度更差。大专以上学历、中产家庭、本地人际状况好的女性，对社会支持的利用度更好。

表4-9　　西部女性流动人口社会支持水平的 OLS 回归模型分析

	模型3	模型4	模型5	模型6
	客观支持	主观支持	利用度	社会支持水平
年龄（岁）	-0.135* (0.067)	0.065 (0.071)	-0.123 (0.085)	-0.032 (0.054)
民族（0=少数民族）	-0.656 (1.180)	-3.172** (1.206)	-3.111* (1.488)	-2.607** (0.961)
户籍（0=外省农村）				
外省城市	-2.178 (1.647)	2.719 (1.938)	2.001 (2.055)	1.244 (1.513)
本省农村	-0.646 (1.180)	2.571+ (1.335)	0.001 (1.491)	1.209 (0.993)
本省城市	-1.675 (1.690)	0.392 (1.702)	-0.335 (1.971)	-0.376 (1.351)
受教育程度（0=小学及以下）				
初中	-0.488 (1.750)	6.301*** (1.891)	1.809 (2.188)	3.687* (1.458)
高中或中专	0.744 (1.911)	6.052** (1.977)	3.097 (2.423)	4.208** (1.533)
大专或高职	0.428 (2.071)	7.772*** (2.116)	5.221* (2.543)	5.507*** (1.659)
本科及以上	3.683+ (2.186)	6.828** (2.235)	6.000* (2.687)	6.164*** (1.780)
婚姻（0=已婚）				
未婚	-16.531*** (1.415)	-15.943*** (1.403)	0.474 (1.662)	-13.746*** (1.103)
离异或丧偶	-13.242*** (2.464)	-12.459*** (2.713)	-1.938 (2.566)	-11.336*** (1.941)
就业现状（0=无工作）	-1.728 (1.394)	4.269** (1.645)	-3.402+ (1.969)	1.074 (1.267)

续表

	模型 3	模型 4	模型 5	模型 6
	客观支持	主观支持	利用度	社会支持水平
就业经历（0＝从未工作过）				
1 份	4.100 (2.804)	4.120 (3.748)	0.646 (4.693)	3.664 (2.790)
2 份	6.461* (2.846)	7.123+ (3.729)	1.318 (4.592)	6.183* (2.796)
就业经历（0＝从未工作过）				
3 份及以上	5.771* (2.788)	9.708** (3.707)	1.223 (4.535)	7.365** (2.742)
个人月收入水平	−0.538 (0.544)	0.965 (0.620)	0.723 (0.589)	0.517 (0.468)
主观家庭经济水平 （0＝低于平均水平）				
处于平均水平	2.810** (1.046)	3.911*** (1.050)	2.466+ (1.269)	3.540*** (0.836)
高于平均水平	3.874+ (2.145)	2.693 (2.324)	3.033 (2.488)	3.324+ (1.816)
累计流动时间	−0.244 (0.407)	−1.046** (0.392)	−0.374 (0.471)	−0.729* (0.311)
本地人际状况	4.770*** (0.571)	3.847*** (0.505)	3.374*** (0.648)	4.306*** (0.452)
主观生活期望（0＝充满期望）				
比较迷茫	−0.422 (1.150)	−4.368*** (1.155)	−4.257** (1.384)	−3.435*** (0.923)
比较悲观	−2.863 (2.783)	−5.142* (2.334)	−5.764 (3.612)	−4.937* (2.044)
没有想过	−0.088 (1.379)	−6.409*** (1.367)	−5.871*** (1.604)	−4.795*** (1.077)
截距	47.853*** (4.214)	31.478*** (5.045)	38.865*** (6.230)	37.997*** (3.765)

续表

	模型 3	模型 4	模型 5	模型 6
	客观支持	主观支持	利用度	社会支持水平
样本量	1112	1112	1112	1112
R^2	0.234	0.298	0.114	0.323

注：1. 括号内为稳健标准误；2. $^+p<0.10$, $^*p<0.05$, $^{**}p<0.01$, $^{***}p<0.001$。

模型 6 是对女性流动人口社会支持总体水平的多元回归估计结果。在控制其他变量的情况下，民族、受教育程度、婚姻、就业经历、家庭经济、流动时间、本地人际状况以及生活态度都会显著影响女性流动人口的社会支持水平。（1）在人口学特征上，西部少数民族的女性流动人口比汉族女性能够获得更高的社会支持，这一点可能与少数民族群体往往可以基于身份与文化认同形成较好的凝聚力有关。在控制相关因素的情况下，初中、高中或中专、大专、大学及以上学历的女性分别比小学及以下学历者的社会支持得分分别高出 3.69 分、4.21 分、5.51 分和 6.16 分，即受教育水平越高，女性流动人口的社会支持状况也越好，由此说明教育对于女性流动人口的社会支持状况起正向作用。与已婚的女性流动人口相比，未婚者的社会支持得分要低 13.75 分，离婚或丧偶者的社会支持得分要低 11.34，也就是说目前已婚的女性流动人口的社会支持状况最好。对于女性流动人口来说，婚姻可以提供一定的物质和精神支持，尤其是夫妻一起流动的情况下，能够得到及时帮助。（2）在经济状况上，在控制其他变量的情况下，有过 2 份和 3 份及以上就业经历的女性要比从未工作过的女性流动人口获得更高的社会支持得分，而仅参加过 1 份工作的女性与从未就业的女性并无显著差异。就业是女性拓展人际关系网，获得更多社会支持的途径之一，丰富的就业经历对女性流动人口的社会支持产生正向影响。在主观家庭经济方面，自认为处于平均水平和高于平均水平的女性比自评低于平均水平的女性获得更高的社会支持，可见好的家庭经济基础可以对女性流动人口的社会支持产生积极效应。（3）在流动状况上，在控制其他变量的情况下，累计流动时间越久的女性，其获得的社会支持得分反而越低。长期的流动对于个体而言是一个极具损耗的过程，不稳定的生活状态让她们的客观支持和心理支持处于一个相对弱势的情况。另外，本地人际状况越好的女性，拥有互相帮助的朋友越多，社会支持水平也就越高。（4）在生活态度上，相比于对未来生活充满期望的人，认为比较迷茫、比较悲观以及没有想过的女性流动人口的社会支持状况越不利。也就是说，生活态度越积极的女性，越可能获得更多的社会支持。

第四节　领悟社会支持水平的影响因素分析

一　描述性分析与相关分析

本书根据第四部分的领悟社会支持量表（PSSS）获得西部女性流动人口的领悟社会支持水平，即考察女性在主观上感知被社会尊重、支持或理解的程度。首先来分析年龄、户籍性质、婚姻以及流动时间这四个方面与领悟社会支持水平是否存在相关关系。

在年龄方面依旧是按照代际划分五个组，即从"00后"至"50后"、"60后"。那么不同年龄层女性流动人口的领悟社会支持得分是否存在差异呢？通过方差分析得到 $p < 0.01$，这说明两者存在显著的相关关系，具体分布可见图4-9。"00后"和"90后"女性的领悟社会支持得分相对较高，"50后"、"60后"的领悟社会支持得分最低，可以认为在未控制其他变量的情况下，年龄对女性感知社会支持状况有负向影响，即年龄层越高的女性，主观感知社会支持水平相对越低。

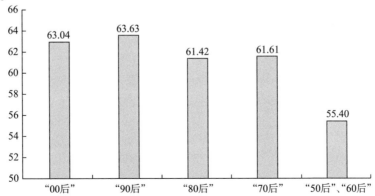

图4-9　不同年龄组的女性流动人口的领悟社会支持得分（N=1112，方差分析得到 $p < 0.01$）

图 4-10 进一步从领悟社会支持的三个维度，即家庭支持、朋友支持和其他支持来看女性流动人口的年龄得分分布。无论哪个年龄组，家庭支持得分最高，其次是朋友支持，而其他支持的得分最低。其中，"70 后"的家庭支持得分是所有年龄层中最高的，而"00 后"的其他支持是所有群体中得分最高的。从具体年龄层群体内部来看，"00 后"女性流动人口在领悟社会支持的三个维度上差异最小，而"50 后"、"60 后"女性的三个维度差异最大，其中家庭支持得分要远高于其他支持。

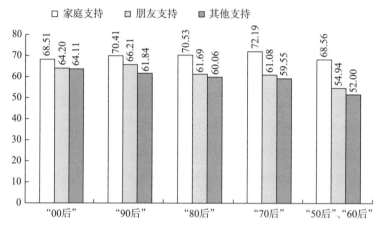

图 4-10 不同年龄组的女性流动人口在三个领悟社会支持维度上的得分（N=1112）

接下来，图 4-11 呈现了不同户籍状况的女性流动人口的领悟社会支持得分分布。方差检验结果表明不控制其他条件的情况下，女性户籍与其领悟社

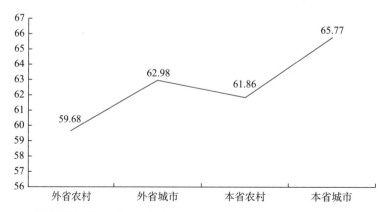

图 4-11 不同户籍的女性流动人口的领悟社会支持得分（N=1112，方差分析得到 $p<0.01$）

会支持水平之间存在相关关系，本省城市户籍的女性流动人口得分高达 65.77 分，远高于其他三类；外省城市的女性流动人口得分居于第二，为 62.98 分；相较而言，外省农村户籍者的得分最低。

领悟社会支持的三个不同维度在户籍上呈现怎样的分布呢？图 4-12 显示，无论何种户籍的女性流动人口，家庭支持得分均为最高，其他支持得分均为最低。同时，来自外省城乡的女性的家庭支持得分要略高于本省城乡者。从户籍类别的内部来看，三个支持维度在外省农村女性流动人口身上呈现最大的差异，而在本省城市女性上差异性最小，这说明外省农村女性主观上认为家庭是最大也是最主要的支持来源。

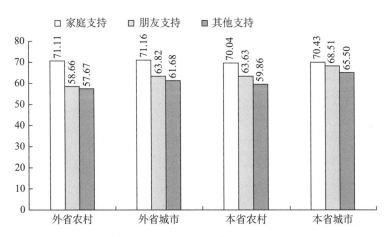

图4-12　不同户籍的女性流动人口在三个领悟社会支持维度上的得分
（N=1112）

身处不同婚姻处境的女性流动人口，她们的社会支持感知水平是否不同呢？通过检验可以发现，领悟社会支持水平存在显著的婚姻差异。由图 4-13 可知，对社会支持感知最高的是未婚女性流动人口，其次是已婚者，而离异或丧偶者的领悟社会支持得分要远远低于前两者。具体从不同支持维度来看，已婚的女性流动人口的家庭支持得分最高，未婚的女性流动人口的朋友支持和其他支持得分最高。同时，已婚者的三个维度差异最大，其他支持得分要远低于家庭支持得分；离婚或丧偶者的朋友支持得分最低，甚至低于其他支持得分（见图4-14）。

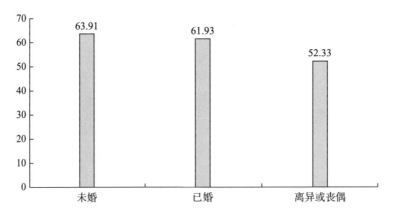

图 4-13　不同婚姻状况的女性流动人口的领悟社会支持得分
（N=1112，方差分析得到 $p<0.001$）

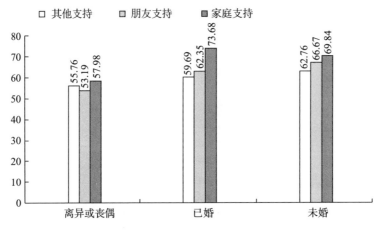

图 4-14　不同婚姻状况的女性流动人口在三个领悟社会支持维度上的得分
（N=1112）

　　根据图 4-15 发现，流动时间在 1 年以内的女性，其领悟社会支持得分要远高于其他累计流动时间的人，流动 6 到 9 年或 10 年及以上的女性得分较低。但是通过方差分析也发现，女性的流动时间与其领悟社会支持水平之间并无相关性。

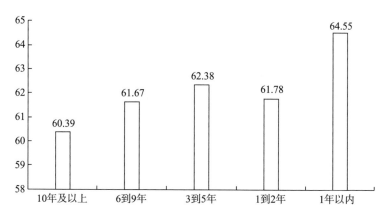

图 4-15　不同流动时间的女性流动人口的领悟社会支持得分
（N=1112，方差分析得到 $p>0.05$）

二　模型结果分析

上述相关性分析验证了在不控制其他变量的情况下，年龄、户籍、婚姻状况会显著影响女性流动人口的领悟社会支持得分。接下来，本书将把这些变量都纳入多元回归模型，具体探索哪些变量会稳定地影响女性流动人口的领悟社会支持水平，又将产生怎样的影响。

计量统计结果可见表 4-10，模型 7、模型 8 是把家庭支持、朋友支持以及其他支持分别作为因变量进行考察。根据模型 7，在控制其他变量的情况下，离异或丧偶、有过 2 份以上工作经历、主观家庭经济偏低以及对未来比较迷茫、悲观或没有想过的女性流动人口有着更低的家庭支持感知水平，即这些群体体会到被家庭支持和理解的"情感体验和满足程度"较低。

表 4-10　西部女性流动人口领悟社会支持水平的 OLS 回归模型分析

	模型 7	模型 8	模型 9	模型 10
	家庭支持	朋友支持	其他支持	领悟社会支持
年龄（岁）	0.100 (0.075)	0.106 (0.083)	0.043 (0.073)	0.089 (0.071)

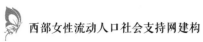

续表

	模型 7	模型 8	模型 9	模型 10
	家庭支持	朋友支持	其他支持	领悟社会支持
民族（0=少数民族）	-0.318 (1.333)	0.551 (1.327)	-0.727 (1.149)	-0.177 (1.147)
户籍（0=外省农村）				
外省城市	-1.985 (1.913)	0.415 (2.057)	0.423 (1.761)	-0.411 (1.737)
本省农村	-1.051 (1.264)	3.069 * (1.442)	1.088 (1.288)	1.113 (1.211)
本省城市	-1.835 (1.775)	5.468 ** (1.800)	4.450 ** (1.564)	2.895 + (1.579)
受教育程度（0=小学及以下）				
初中	-1.160 (1.788)	6.822 *** (2.055)	6.210 *** (1.877)	4.253 * (1.698)
高中或中专	-0.645 (2.017)	7.198 ** (2.285)	6.259 ** (2.049)	4.589 * (1.914)
大专或高职	0.126 (2.203)	8.427 *** (2.359)	7.207 *** (2.098)	5.645 ** (2.004)
本科及以上	0.433 (2.306)	10.452 *** (2.505)	8.240 *** (2.260)	6.851 ** (2.132)
婚姻（0=已婚）				
未婚	-2.057 (1.467)	1.076 (1.490)	0.786 (1.335)	-0.070 (1.308)
离异或丧偶	-11.692 *** (2.658)	-7.119 * (2.853)	-1.519 (2.423)	-7.282 ** (2.435)
就业现状（0=无工作）	1.713 (1.619)	1.490 (1.740)	-1.266 (1.430)	0.694 (1.458)
就业经历（0=从未工作过）				
1 份	-4.876 (3.663)	-1.797 (4.400)	0.899 (3.751)	-2.068 (3.255)

续表

	模型 7	模型 8	模型 9	模型 10
	家庭支持	朋友支持	其他支持	领悟社会支持
2 份	−7.140[+]	−1.911	−0.105	−3.280
	(3.681)	(4.413)	(3.720)	(3.261)
3 份及以上	−8.828[*]	−0.619	1.038	−3.012
	(3.633)	(4.352)	(3.701)	(3.193)
个人月收入水平	−0.225	0.488	0.799	0.380
	(0.625)	(0.595)	(0.534)	(0.549)
主观家庭经济水平 （0=低于平均水平）				
处于平均水平	4.894[***]	2.151[+]	2.847[**]	3.543[***]
	(1.142)	(1.187)	(1.057)	(1.018)
高于平均水平	5.415[*]	5.091[*]	3.083	4.868[*]
	(2.374)	(2.483)	(2.350)	(2.287)
累计流动时间	−0.197	−1.101[*]	−0.272	−0.562
	(0.439)	(0.449)	(0.407)	(0.393)
本地人际状况	1.688[**]	2.871[***]	2.963[***]	2.695[***]
	(0.569)	(0.556)	(0.517)	(0.495)
主观生活期望（0=充满期望）				
比较迷茫	−2.775[*]	−0.585	−2.446[*]	−2.080[+]
	(1.246)	(1.259)	(1.134)	(1.111)
比较悲观	−12.889[***]	−3.541	−8.013[**]	−8.756[***]
	(2.846)	(2.648)	(2.740)	(2.575)
没有想过	−3.086[*]	−5.834[***]	−4.255[**]	−4.720[***]
	(1.421)	(1.533)	(1.314)	(1.266)
截距	72.774[***]	46.056[***]	45.798[***]	51.509[***]
	(5.311)	(6.068)	(5.269)	(4.829)
样本量	1112	1112	1112	1112
R^2	0.103	0.132	0.127	0.129

注：1. 括号内为稳健标准误；2. $^+p<0.10$，$^*p<0.05$，$^{**}p<0.01$，$^{***}p<0.001$。

模型 8 是针对朋友支持的分析结果。在控制相关变量的情况下，本省城乡户籍、高学历水平、中产及以上家庭经济、有较多本地人际的女性流动人口主观上感知朋友支持的状况偏好，而离异或丧偶、长时间流动以及对未来没想过的女性感知朋友支持的状况偏差。

从模型 9 的其他支持上来看，本省城市的女性流动人口比外省农村对感知其他支持的程度偏高；学历越高、家庭处于中产、本地人际关系越多的女性感知其他支持得分越高；另外，相比于对未来生活持积极态度的人，处于迷茫、悲观或没想过的女性，感知其他支持的得分较低。

模型 10 是对总体领悟社会支持得分的多元回归估计结果。可以发现，在控制其他变量的情况下，户籍、受教育程度、婚姻会显著影响女性流动人口的社会支持感知得分，由此验证了上述相关性结果的稳定性。具体来说，本省城市户籍的女性比外省农村的女性领悟社会支持得分高 2.90 分（在 0.1 水平上显著），即前者能更好地感知到被社会尊重和支持的情绪满足。以小学及以下学历者作为参照组，初中、高中或中专、大专、本科及以上学历的女性流动人口的得分分别比前者高 4.25 分、4.59 分、5.65 分以及 6.85 分，这意味着受教育程度越高的女性，其感知社会支持的得分也就越高。学历越高的女性，认知视野和人际圈层越高，受到社会尊重的机会也相应变多，故而也更容易被家人、朋友尊重和理解。在婚姻方面，离婚或丧偶会对女性流动人口感知社会支持产生负向影响，离婚或丧偶者经历家庭破损，容易存在家庭支持不足，心理上感知社会支持的程度也相应降低。

另外，主观家庭经济、本地人际状况、主观生活期望也会对女性流动人口的领悟社会支持水平产生作用。首先，在控制其他变量的情况下，自评家庭经济处于平均水平和高于平均水平的女性比自评低于平均水平的女性在得分上分别高 3.54 分和 4.87 分。也就是说，自评家庭经济状况越好的女性流动人口，越容易汇报更高的领悟社会支持水平。家庭经济状况一定程度上代表了家庭所处的社会阶层，社会层级越高的家庭越容易获取更多社会资源，获得社会尊重，故能够更好地感知社会支持。其次，本地人际状况水平每增加一个单位（多认识一类本地群体），女性流动人口领悟社会支持得分将相应增加 2.70 分，本地人际状况越好，女性感受到社会支持的程度也会相应提高，由此应当鼓励女性流动人口拓展自己的人际交往圈，通过参与就业、活动等认识更多本地人，融入本地生活。最后，相比于对未来生活充满希望的人，迷茫、悲观或没想过的女性流动人口更容易获得较低的领悟社会支持得分。这一点并不难理解，对未来充满期望的人，心理上更积极，感知社会支持的程度更高。

第五节　社会支持影响因素总结

基于西部女性流动人口社会支持状况调研组自主设计的"西部女性流动人口社会支持状况调查问卷"数据，本部分采用 Mlogit、OLS 等计量模型从社会支持网、社会支持水平以及领悟社会支持三方面，细致考察了西部女性流动人口的社会支持状况。

一　社会支持网方面

西部流动女性汇报"1—2 个"和"3—5 个"亲密朋友的比例最多，分别占 49.64% 和 37.23%，表示"一个也没有"和"6 个及以上"的分别占比 7.01% 和 6.12%。在控制其他变量的情况下，女性流动人口的受教育程度、主观家庭经济以及本地人际状况会对其社会支持网规模产生显著的影响效应。（1）本科及以上的女性流动人口相比于小学及以下学历者拥有更多可以帮助的亲密朋友，而大专及其以下学历者之间并无显著差异。这一结论说明只有达到本科及以上教育水平才能对女性流动人口的社会支持网规模产生显著的正效应，高学历女性接触的圈层范围更广，更有可能获得更多互相帮助的朋友和更广的人脉关系。（2）主观家庭经济评价越高的女性，其获得社会支持网规模也就越大。（3）本地人际状况越好，即在本地拥有更多关系好的人，其获得较大社会支持网规模的概率也就越大。

二　社会支持水平方面

社会支持水平的平均得分为 48.99 分，从三个维度来看，客观支持得分均值49.41分，主观支持得分均值50.11分，社会支持利用度均值最低，仅为40.29分。通过多元回归分析得到，在控制其他变量的情况下，女性流动人口的民族、受教育程度、婚姻等人口学特征因素，就业经历、主观家庭经济等经济状况，流动时间、本地人际状况等流动状况以及生活态度都会显著影响其社会支持水平。(1)在人口学特征上，西部少数民族的女性流动人口比汉族女性流动人口获得更高的社会支持，这可能与少数民族的文化认同和族群凝聚力有关；随着受教育水平的提高，女性流动人口的社会支持状况也向好发展，说明教育可以为流动人口的社会支持状况提供正向作用；婚姻方面，已婚女性流动人口的社会支持状况要好于未婚者或离婚、丧偶者，婚姻在一定程度上可以为这些女性提供物质和精神支持。(2)在经济状况方面，丰富的就业经历（2份及以上）对女性流动人口的社会支持产生正向影响，可见就业是女性拓展人际关系网，获得更多社会支持的有效途径；自认为家庭经济处于平均水平及以上的女性比低于平均水平的女性获得更高的社会支持，可见好的家庭经济基础为女性流动人口的社会支持提供积极效应。(3)从流动状况来看，累计流动时间越久的女性，其获得的社会支持得分反而越低，长期流动的生活状态对女性而言极具损耗，不稳定的生活状态让她们在客观支持和心理支持上产生不足，有关机构应该对这一方面有足够的重视。另外，本地人际状况越好的女性，即拥有互相帮助的朋友越多，社会支持水平也就越高。(4)在生活态度上，对未来充满期望，生活越积极的女性，越可能获得更多的社会支持，说明个体的主观心态对社会支持状况也会产生影响。

三　领悟社会支持方面

女性流动人口对社会支持的感知均值为62.21分，其中家庭支持感知的水平远高于其他两项支持，平均值为70.47分，朋友支持的平均值为63.45分，其他支持相对最低，为60.59分。多元回归结果显示，在控制其他变量的情况下，户籍、受教育程度、婚姻等人口学特征因素，主观家庭经济、本地人际状况以及主观生活期望会对女性流动人口的领悟社会支持得分产生显著作用。(1)在人口学特征上，首先，本省城市比外省农村的女性流动人口有更高的领悟社会支持得分，即前者能更好地感知到被社会尊重和支持的情绪满足。其次，受教育程度越高的女性，其感知社会支持的得分也相应越高，这与高学历女性得到社会认可和尊重的机会增加有关；最后，离婚或丧偶会对女性流动人口感知社会支持产生负向影响，这些群体因为家庭破损容易存在孤独感等负向情绪，同时家庭支持力度相对不足。（2）在其他因素方面，首先，自评家庭经济状况越好的女性流动人口，越容易汇报更高的领悟社会支持水平，社会层级越高的家庭越容易获取有利资源，主观感知被社会尊重和支持。其次，本地人际状况越好，女性感受到社会支持的程度也会相应越高，应当鼓励女性流动人口拓展自己的人际交往圈，通过参与就业、活动等认识更多本地人，融入本地生活。最后，对未来生活充满期望的女性流动人口更容易获得正向的领悟社会支持反馈，心理上越积极，感知社会支持的程度也就越高。

第五章

社会支持对社会融入的影响分析

上文我们集中探讨了影响西部女性流动人口社会支持水平的相关因素，本部分将继续来考察以下这些问题：女性流动人口的社会支持状况是否会进一步影响到她们的社会融入？如果有影响，具体会对社会融入的哪些方面产生怎样的影响呢？

第一节　数据、变量与模型

本章继续使用"西部女性流动人口社会支持状况调查问卷"数据，问卷不仅对西部流动女性的生活工作现状、社会支持状况展开了细致的调查，而且还考察了这些女性的社会融入状况。

一　变量设置与基本特征

（一）被解释变量

在分析西部女性流动人口的社会融入时，将"社区参与""行为融合""社会交往"以及"心理认同"作为最主要的四个被解释变量，共同来衡量女性的社会融入状况。

1. 社区参与

主要测量女性流动人口对所在社区的参与度情况。该变量是由问卷第六部分"F2. 社区参与度"量表生成的一个连续型变量，具体包括"是否参加过社区选举""您是否有途径获取该社区组织活动的相关信息""您是否有意愿参与社区、街道、妇联组织的活动"　"您对社区居委会是否信任"以及"您是否愿意花费较多的时间和精力参与社区、街道、妇联等组织的活动"这五项，对回答"是"赋值为"1"，"否"或"不清楚"赋值为"0"，最后加总得到社会参与总分，取值0—5分。数值越高意味着女性流动人口参与社区活动和相关事务越积极。

2. 行为融合

着重考察女性流动人口在本地参与休闲活动的状况。根据问卷第六部分"F3. 您在周末或节假日通常进行下列哪些休闲活动?"这一多选题的回答，生成取值为0—10的连续变量。[1] 数值越高说明参与的休闲活动越多，行为融合状况越好。

3. 社会交往

主要反映女性流动人口在本地的社会参与及社会联系程度。该变量依据问卷第六部分"F4. 社会联系度"量表中的"您是否和社区内的邻居交往并互相帮助过""您与本市的居民交往是否存在语言上的障碍""您是否了解本地的特色活动或文化""您是否在本地有亲戚或者朋友（包括父母等）"以及"您是否考虑未来子女在本地嫁娶"这五个问题维度生成，回答"是"赋值为"1"，回答"否"或"不清楚"赋值为"0"，最后得到一个取值0—5分的连续型变量。数值越高表示女性流动人口社会交往越多，本地社会联系越密切。

4. 心理认同

心理认同是一个衡量女性流动人口社区归属感的虚拟变量。将问卷"F5. 您是否对现在自己居住的社区有归属感"的回答结果进行操作化，选项"否"和"不确定"归为一类，赋值为"0"，选项"是"赋值为"1"。

（二）核心解释变量

核心解释变量主要是女性流动人口的社会支持状况，包括社会支持网、

_____

① 多选题在选项上按照"是"和"否"二分变量处理，不存在分类间距问题，也因此可以采用直接相加的方式来生成变量，在严格意义上属于计数型变量（参见陈云松、张翼《城镇化的不平等效应与社会融合》，《中国社会科学》2015年第6期，第86页）。

社会支持水平和领悟社会支持水平，具体的操作化过程可见第五章第一部分的"变量设置与基本特征"部分。社会支持网是一个分类变量，分为"0个""1—2个""3—5个""6个及以上"这四类；社会支持水平是一个连续型变量，由肖水源社会支持评定量表（Social Support Rating Scale, SSRS）生成，且对最后总分进行了标准化处理（0—100分）；领悟社会支持水平也是一个连续型变量，根据"领悟社会支持量表"各项得分加总生成，也进行了标准化处理（0—100分）。

（三）控制变量

纳入本部分研究的控制变量有年龄、民族、户籍、受教育程度、婚姻、就业现状、个人月收入水平、主观家庭经济、流动时间、主观生活期望等，具体的变量操作化可见表5-1。

表5-1是相关变量的基本情况（连续变量汇报的是均值和标准差），纳入分析的样本共计1112个。首先在被解释变量方面，西部女性流动人口的社会融入状况如下：社区参与均值为1.764（标准差1.495），行为融合均值是1.863（标准差1.477），社会交往均值为2.446（标准差1.179）；其次在心理认同方面，对所在社区有归属感的女性占比51.80%，表明没有归属感或不确定的比例在48.20%。

核心解释变量中，对于社会支持网，数据显示选择"1—2个"和"3—5个"亲密朋友的比例较高，分别占到了49.64%和37.23%；社会支持水平的标准化均值为48.985（标准差15.305）；领悟社会支持水平得到的标准化均值为62.210（标准差16.233）。此外，关于控制变量的基本情况不再一一赘述。

表5-1　　　　　　　　变量的基本特征描述（N=1112）

变量	均值	标准差	最大值	最小值	样本量
被解释变量					
社区参与	1.764	(1.495)	5	0	1112
行为融合	1.863	(1.477)	10	0	1112
社会交往	2.446	(1.179)	5	0	1112

续表

变量	均值	标准差	最大值	最小值	样本量
解释变量					
社会支持水平 （标准化）	48.985	（15.305）	100	0	1112
领悟社会支持水平 （标准化）	62.210	（16.233）	100	0	1112
控制变量					
年龄	34.052	（10.477）	68	18	1112
个人月收入水平	2.366	（1.039）	6	1	1112
本地人际状况	1.975	（1.034）	8	0	1112

变量	类别/指标	频数	百分比（%）
被解释变量			
心理认同	是	576	51.80
	否	536	48.20
解释变量			
社会支持网	0个	78	7.01
	1—2个	552	49.64
	3—5个	414	37.23
	6个及以上	68	6.12
控制变量			
民族	少数民族	234	21.04
	汉族	878	78.96
户籍	外省农村户籍	227	20.41
	外省城市户籍	142	12.77
	本省农村户籍	558	50.18
	本省城市户籍	185	16.64
受教育程度	小学及以下	151	13.58
	初中	274	24.64

续表

变量	类别/指标	频数	百分比（%）
受教育程度	高中或中专	202	18.17
	大专或高职	232	20.86
	本科及以上	253	22.75
婚姻	已婚	681	61.24
	未婚	384	34.53
	离异或丧偶	47	4.23
就业现状	无工作	179	16.10
	有工作	933	83.90
主观家庭经济水平	低于平均水平	488	43.88
	处于平均水平	554	49.83
	高于平均水平	70	6.29
主观生活期望	充满期望	518	46.58
	比较迷茫	350	31.47
	比较悲观	47	4.23
	没有想过	197	17.72

二 模型设计

（一）多元回归模型（OLS 模型）

本书纳入了四个主要被解释变量从不同角度去考察女性流动人口的社会融入状况，其中社区参与、行为融合、社会交往这三个变量属于连续变量，根据数据结构和研究问题特征考虑使用多元回归模型。

（二）二分类 Logit 模型

心理认同作为被解释变量，是一个二分类变量，因此考虑二分类 Logit 模型来进行估计。二分类 Logit 模型可以避免线性函数在处理二分类因变量时条件概率的估计值超出合理区间的问题，该模型可以简单地理解为成功对失败的发生比率，具体表达式如下：

$$Logit(p) = log\left(\frac{p}{1-p}\right) = \beta_0 + \beta_1 X + \beta Z + \varepsilon$$

其中，p 表示女性流动人口汇报有社区归属感的概率，$1-p$ 表示人口没有和不确定归属感的概率，因此，$\left(\frac{p}{1-p}\right)$ 就是指汇报有归属感概率的发生比。X 指核心解释变量，β_1 是该变量的回归系数。Z 是一组控制变量，β 表示其回归系数，是指在控制其他变量的情况下，Z 每变化一个单位会使女性流动人口汇报有归属感的发生比变化 $exp(\beta)$ 倍。

（三）泊松回归模型和负二项回归模型

由于被解释变量社区参与、行为融合、社会交往这三个变量具有计数特征，为了提高估计的稳定性、有效性和可靠性，本书还将进一步采用泊松回归模型（Poisson Regression）和负二项回归模型（Negative Binomial Regression）进行稳健性检验。因为当数据过度分散时，利用泊松回归模型能保持估计的一致性，但估计的效率会大大下降，而这个时候负二项回归模型可以校正泊松模型带来的估计偏倚。当然，大部分估计值上，两者的系数都较为接近。

图 5-1 至图 5-3 是女性流动人口的社区参与、行为融合和社会交往的样本分布图，其中变量社区参与和行为融合的方差大于均值，变量社会交往的方差不大于均值。具体在操作过程中，若验证数据存在过度分散（方差远远大于均值）的状况，则考虑采用负二项回归；反之则考虑泊松回归。

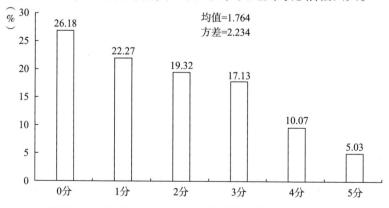

图 5-1　女性流动人口社区参与的样本分布图（N=1112）

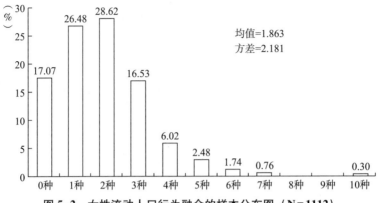

图5-2 女性流动人口行为融合的样本分布图 （N=1112）

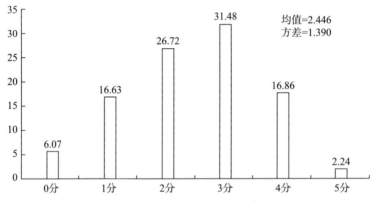

图5-3 女性流动人口社会交往的样本分布图 （N=1112）

泊松回归模型如下：

$$\lambda_i = E(y_i \mid x_i) = \exp(x_i\beta), i = 1,2,\cdots,N$$

λ_i 取 log 后，则：

$$log\lambda_i = x_i\beta = \beta_0 + \beta_1 x_{i1} + \cdots + \beta_k x_{ik}$$

其中，i 为事件发生的频数，λ_i 为均值，β_0 为截距项。

负二项回归的条件期望与泊松回归一致：

$$\lambda_i = E(y_i \mid x_i) = \mu_i = \exp(x_i\beta), i = 1, 2, \cdots, N$$

条件方差为：

$$Var(y_i \mid x_i) = \mu_i + \gamma\mu_i, \gamma > 0$$

第二节　社会支持网规模与社会融入

一　相关分析与初步预测

在具体探讨女性流动人口的社会支持网规模是否会对其社会融入产生影响之前，本书先对两者进行相关分析。根据不同数据的结构特点，我们采用了方差分析与卡方检验来进行检验，反馈在"显著度"一栏中，结果的汇报如表5-2所示。从整体上来看，在未控制其他变量的情况下，女性流动人口的社区参与、行为融合、社会交往以及心理认同与社会支持网规模具有显著的关联。

首先，女性流动人口的社会支持网规模会显著影响其社区参与状况，汇报拥有"3—5个"规模的女性社会参与最为积极，均值为1.911（标准差1.448）；其次是汇报"1—2个"和"6个及以上"规模的女性，均值分别为1.722（标准差1.507）和1.750（标准差1.615）；而汇报"0个"社会支持网的女性流动人口，社会参与的状况最差。可见，社会支持网规模会对女性流动人口的社区产生正向作用，"3—5个"规模最宜。

其次，女性流动人口的社会支持网规模越大，其行为融合越好，日常参与的休闲活动越多。具体来说，汇报"0个"社会支持网的女性，其行为融合均值为1.205（标准差1.489），而随着社会支持网规模的扩大，行为融合均值也相应增大，"6个及以上"规模的均值为2.279（标准差1.803）。

再次，女性流动人口的社会支持网也会对其社会交往产生积极效应，即社会支持网规模越大，相应地本地社会交往和联系状况也越好。对于汇报"0个"社会支持网的女性，社会交往均值在2.179（标准差1.297）；而汇报"3—5个"和"6个及以上"的女性社会交往均值分别为2.633（标准差1.137）和2.603（标准差1.211）。

最后，女性流动人口的心理认同状况也存在显著的社会支持网规模差异，卡方检验$p < 0.001$。根据表5-2可以发现，回答"0个"的女性对所在社区没

有归属感的比例为 7.27%，高于有归属感的 6.64%；回答有 "1—2 个"规模的女性，没有归属感的比例依旧高于有归属感（前者 54.85%，后者 42.04%）；而对于回答有 "3—5 个"和 "6 个及以上"的女性，明确对社区有归属感的比例均要高于回答 "否"的比例。因此，女性流动人口的社会支持网规模越大，其对所在社区的心理认同也就越高。

表 5-2　　　　　社会支持网规模与社会融入的相关分析（N＝1112）

变量	类别	社区参与		行为融合	
		均值（标准差）	显著度	均值（标准差）	显著度
社会支持网	0 个	1.295（1.460）	**	1.205（1.489）	***
	1—2 个	1.722（1.507）		1.609（1.222）	
	3—5 个	1.911（1.448）		2.258（1.606）	
	6 个及以上	1.750（1.615）		2.279（1.803）	

变量	类别	社会交往		心理认同			
		均值（标准差）	显著度	总体	是	否	显著度
社会支持网	0 个	2.179（1.297）	***	7.01%	6.64%	7.27%	***
	1—2 个	2.324（1.169）		49.64%	42.04%	54.85%	
	3—5 个	2.633（1.137）		37.23%	43.81%	32.73%	
	6 个及以上	2.603（1.211）		6.12%	7.52%	5.15%	

注：$^+p<0.10$，$^*p<0.05$，$^{**}p<0.01$，$^{***}p<0.001$。

二　模型结果分析

上述通过相关性分析初步预测了女性流动人口的社会支持网规模对社会融入的显著关系，那么究竟会产生怎样的影响效应呢？在分析策略上采用逐步加入变量的方式来估计。

（一）社区参与

表 5-3 中，模型 1 是在未控制其他变量的情况下，来估计女性流动人口的社会支持网对其社区参与的影响。可以看到，相比于 "0 个"社会支持网

规模的女性，汇报"1—2个""3—5个""6个及以上"的女性社区参与状况分别高0.428个单位、0.616个单位和0.455个单位（分别在$p<0.05$，$p<0.001$，$p<0.10$水平上显著）。也就是说，女性流动人口的社会支持网越大，其社区参与的状况也越好，其中"3—5个"规模者最适宜。

模型2是在模型1的基础上进一步纳入了年龄、民族、户籍、受教育程度、婚姻、就业、个人月收入、家庭经济水平、累计流动时间与主观生活期望等变量。结果显示，在控制相关变量后，社会支持网规模在"1—2个"和"3—5个"的女性流动人口的社区参与状况要好于没有支持的女性，而汇报"6个及以上"社会支持网规模的女性与没有支持者在社区参与上无显著差异。这说明社会支持网规模会对女性流动人口的社区参与产生显著的正效应，但也并不是社会支持网规模越大、能够提供帮扶的朋友越多，其参与社区活动、事务的状况越好。从数据上来看，有"3—5个"提供帮助的朋友的女性，参与社区事务的积极性和状况最好。另外，年龄越大、本科及以上学历、个人月收入越高、累计流动时间越短、对未来充满期望的女性流动人口，社区参与状况越好。

表5-3　女性流动人口社会支持网规模与社区参与的 OLS 回归和负二项回归模型分析

	OLS 回归		负二项回归
	模型 1	模型 2	模型 3
社会支持网（0=0个）			
1—2个	0.428*	0.396*	0.259*
	(0.177)	(0.178)	(0.130)
3—5个	0.616***	0.487**	0.311*
	(0.179)	(0.184)	(0.132)
6个及以上	0.455+	0.223	0.151
	(0.255)	(0.252)	(0.165)
年龄（岁）		0.023***	0.012***
		(0.007)	(0.004)

续表

	OLS 回归		负二项回归
	模型 1	模型 2	模型 3
民族（0＝少数民族）		−0.349** (0.116)	−0.195** (0.061)
户籍（0＝外省农村）			
外省城市		0.238 (0.165)	0.125 (0.088)
本省农村		−0.014 (0.111)	−0.013 (0.068)
本省城市		0.353* (0.152)	0.183* (0.081)
受教育程度（0＝小学及以下）			
初中		0.556*** (0.149)	0.330*** (0.096)
高中或中专		0.429* (0.178)	0.258* (0.111)
大专或高职		0.536** (0.186)	0.325** (0.116)
本科及以上		0.700*** (0.204)	0.413*** (0.123)
婚姻（0＝已婚）			
未婚		−0.098 (0.125)	−0.057 (0.070)
离异或丧偶		−0.165 (0.211)	−0.114 (0.140)
就业现状（0＝无工作）		−0.126 (0.134)	−0.080 (0.076)
个人月收入水平		0.116* (0.051)	0.062* (0.026)
处于平均水平		0.145 (0.095)	0.088 (0.055)

续表

	OLS 回归		负二项回归
	模型 1	模型 2	模型 3
高于平均水平		0.177 (0.194)	0.094 (0.097)
累计流动时间		−0.081* (0.035)	−0.044* (0.020)
主观生活期望（0=充满期望）			
比较迷茫		−0.479*** (0.101)	−0.278*** (0.059)
比较悲观		−0.448+ (0.231)	−0.264+ (0.150)
没有想过		−0.277* (0.127)	−0.147* (0.071)
截距	1.295*** (0.165)	0.555 (0.404)	−0.167 (0.241)
alpha 值（过度分散系数）	—	—	0.114***
样本量	1112	1112	1112
R^2	0.011	0.092	0.088

注：1. 括号内为稳健标准误；2. $^+p<0.10$，$^*p<0.05$，$^{**}p<0.01$，$^{***}p<0.001$。

由于"社区参与"属于离散型变量，具有典型的计数型特征（且方差大于均值），故本书采用了负二项回归对上述 OLS 模型结果进行稳健性检验，以降低统计结果的偶然性。负二项回归模型如表 5-3 的模型 3 所示，并采用稳健标准误进行参数估计。

首先，alpha 值的估计值为 0.114（$p<0.001$），大于 0 且置信区间不包含 0，提示我们数据过度分散，应当使用负二项回归模型。其次，从结果来看，控制其他变量后，与汇报"0 个"社会支持网的女性流动人口相比，汇报"1—2个"的女性在社区参与上是前者的 1.295 倍 ［exp（0.259）］，汇报"3—5个"的女性是前者的 1.36 倍 ［exp（0.311）］，而"6 个及以上"和"0 个"社会支持网规模的女性流动人口的社区参与无明显差异。这一结论与上述

OLS 结果一致。说明当女性流动人口有 1—2 个和 3—5 个可以帮扶的朋友时，会对其参与社区活动或事务产生正效应，但达到一定规模之后（6 个及以上），正效应并不显著。

（二）行为融合

表 5-4 是女性流动人口行为融合的多元回归结果，其中模型 4 是未控制相关变量情况下的空模型。从整体上来看，有社会支持网的女性流动人口在行为融合上要显著于没有社会支持网的女性，即前者参与当地休闲活动更积极。汇报"1—2 个""3—5 个"以及"6 个及以上"社会支持网规模的女性流动人口比汇报"0 个"社会支持网的女性的行为融合要分别高 0.404 个、1.053 个和 1.074 个单位。

接着模型 5 在模型 4 的基础上控制了相关变量，包括年龄、民族、户籍等人口学特征，个人月收入等经济特征、流动情况以及个人主观生活期望。从具体结果来看，有"3—5 个"和"6 个及以上"（分别在 $p<0.05$，$p<0.1$ 水平上显著）社会支持网规模的女性流动人口要比汇报"0 个"社会支持的女性呈现出更好的行为融合状况，而汇报"1—2 个"社会支持网规模的女性流动人口与"0 个"无明显不同。这提示我们，女性流动人口的社会支持网会显著影响其行为融合，而只有达到一定数量（3 个以上）帮扶朋友的女性才会对她参与休闲活动的行为融合有作用。此外，外省城市户籍、大专及以上学历、高个人月收入水平的女性的行为融合状况较好，而目前有工作、长时间流动、对未来生活没有想法的女性流动人口更容易表现出较差的行为融合。

表 5-4　女性流动人口社会支持网规模与行为融合的 OLS 回归和 Poisson 回归模型分析

	OLS 回归		Poisson 回归
	模型 4	模型 5	模型 6
社会支持网（0=0 个）			
1—2 个	0.404 * (0.176)	0.070 (0.173)	0.100 (0.136)
3—5 个	1.053 *** (0.185)	0.468 * (0.183)	0.308 * (0.137)

续表

	OLS 回归		Poisson 回归
	模型 4	模型 5	模型 6
6 个及以上	1.074*** (0.275)	0.445+ (0.242)	0.272+ (0.153)
年龄（岁）		-0.002 (0.005)	-0.002 (0.003)
民族（0=少数民族）		-0.019 (0.102)	-0.016 (0.055)
户籍（0=外省农村）			
外省城市		0.364* (0.142)	0.194** (0.072)
户籍（0=外省农村）			
本省农村		0.172+ (0.095)	0.116+ (0.060)
本省城市		0.370** (0.128)	0.216** (0.069)
初中		0.045 (0.128)	0.070 (0.095)
高中或中专		0.022 (0.146)	0.075 (0.103)
大专或高职		0.300+ (0.166)	0.230* (0.104)
本科及以上		0.616*** (0.184)	0.336** (0.109)
婚姻（0=已婚）			
未婚		0.225+ (0.123)	0.101+ (0.060)
离异或丧偶		-0.012 (0.170)	-0.011 (0.115)
就业现状（0=无工作）		-0.350** (0.123)	-0.180** (0.065)

续表

	OLS 回归		Poisson 回归
	模型 4	模型 5	模型 6
个人月收入水平		0.227***	0.113***
		(0.053)	(0.023)
主观家庭经济水平（0=低于平均水平）			
处于平均水平		0.055	0.037
		(0.089)	(0.050)
高于平均水平		0.365*	0.161*
		(0.180)	(0.076)
累计流动时间		−0.115***	−0.062***
		(0.033)	(0.018)
主观生活期望（0=充满期望）			
比较迷茫		−0.170+	−0.079
		(0.098)	(0.050)
比较悲观		−0.212	−0.099
		(0.201)	(0.120)
没有想过		−0.353***	−0.207***
		(0.096)	(0.058)
截距	1.205***	1.406***	0.262
	(0.168)	(0.353)	(0.229)
AIC	—	—	3572.010
BIC	—	—	3687.331
模型拟合优度（p 值）	—	—	0.965
样本量	1112	1112	1112
R^2	0.060	0.216	—

注：1. 括号内为稳健标准误；

2. $^+p<0.10$，$^*p<0.05$，$^{**}p<0.01$，$^{***}p<0.001$；

3. AIC 和 BIC 分别表示赤池信息准则（Akaike Information Criterion）和贝叶斯信息准则（Bayesian Information Criterion），是模型拟合优度的重要指标。一般认为 AIC 和 BIC 的值越小意味着模型拟合估计越好。

4. p 值用于判断泊松模型的拟合优度。统计结果显示，p 值不显著（$p=0.965>0.05$），意味着泊松模型很好地拟合了该数据。

同样，"行为融合"这一变量具有显著的计数特征，且数据过度分散（方差大于均值），为了提高估计的稳定性、有效性和可靠性，应当采用负二项回归模型。但过度分散系数 alpha 值并不显著，说明数据不存在过度分散的状况。同时，即使数据存在过度分散的情况，"泊松回归+稳健标准误"依然能提供对参数和标准误的一致估计。因此，将使用泊松回归对 OLS 模型结果进行稳健性检验。

由表5-4中的模型6可以知道，与"0个"社会支持网规模的女性流动人口相比，虽然汇报"1—2个"规模者呈现更好的行为融合状况，但在统计结果上并不显著；而汇报"3—5个"规模和"6个及以上"规模的女性分别是前者行为融合的 1.36 倍［exp（0.308）］和 1.31 倍［exp（0.272）］。也就是说，只有达到3个及以上社会支持网规模才会对女性流动人口的行为融合产生积极的正效应，这一结论与上述 OLS 结果一致。所以针对女性流动人口，应当鼓励她们积极拓宽人际交往，发展互帮互助的朋友，促进她们参与当地各类活动，促进行为融合。

（三）社会交往

接下来，表5-5的模型7和模型8分别是考察了不控制和控制其他变量的情况下，社会支持网对女性流动人口社会交往的影响效应。

根据模型7，在未控制其他变量的情况下，与"0个"社会支持网的女性流动人口相比，有3个以上社会支持网规模的人社会交往程度更高，与本地社会联系更好。当进一步纳入年龄、户籍、受教育程度、婚姻、就业、个人月收入、主观家庭经济、流动时间，以及主观生活期望等变量后，即模型8，有"1—2个""3—5个"或"6个及以上"社会支持网规模的女性的回归系数为正，并且分别在 $p<0.1$、$p<0.001$ 以及 $p<0.05$ 的统计学上显著，其中"3—5个"规模的系数最大。也就是说，控制相关变量后，有社会支持网的女性流动人口比没有社会支持网的女性拥有更好的社会交往状况，其中"3—5个"规模的影响效应最大。一般来说，有相互扶持的朋友，尤其是本地朋友的女性，更容易也更愿意参与到本地活动或交往，社会融入状况也相对较好。

另外，年龄越大的女性流动人口越容易表现出积极的社会交往状况；来自本省城乡的女性比外省农村者与本地交往更为密切；未婚者、当前有工作者以及对未来迷茫悲观或未计划者的本地社会交往状况更弱，社会融入更为困难。

表5-5　女性流动人口社会支持网规模与社会交往的 OLS 回归和 Poisson 回归模型分析

	OLS 回归		Poisson 回归
	模型7	模型8	模型9
社会支持网（0=0个）			
1—2个	0.145 (0.154)	0.265⁺（0.265⁺） (0.158)	0.112 (0.071)
3—5个	0.453** (0.156)	0.566*** (0.163)	0.234** (0.072)
6个及以上	0.423* (0.207)	0.421* (0.212)	0.177* (0.089)
年龄（岁）		0.015** (0.005)	0.006** (0.002)
民族（0=少数民族）		−0.007 (0.087)	−0.001 (0.036)
户籍（0=外省农村）			
外省城市		0.154 (0.136)	0.064 (0.056)
本省农村		0.181⁺ (0.093)	0.075⁺ (0.039)
本省城市		0.257* (0.116)	0.105* (0.047)
受教育程度（0=小学及以下）			
初中		0.142 (0.113)	0.053 (0.045)
高中或中专		0.202 (0.129)	0.077 (0.051)

	OLS 回归		Poisson 回归
	模型 7	模型 8	模型 9
大专或高职		0.146 (0.136)	0.057 (0.055)
本科及以上		−0.025 (0.142)	−0.014 (0.059)
婚姻（0=已婚）			
未婚		−0.223* (0.106)	−0.097* (0.044)
离异或丧偶		−0.096 (0.174)	−0.036 (0.071)
就业现状（0=无工作）		−0.242* (0.098)	−0.099* (0.039)
个人月收入水平		0.055 (0.039)	0.021 (0.015)
主观家庭经济水平（0=低于平均水平）			
处于平均水平		0.107 (0.075)	0.045 (0.031)
高于平均水平		0.206 (0.182)	0.082 (0.068)
累计流动时间		−0.000 (0.028)	−0.000 (0.011)
主观生活期望（0=充满期望）			
比较迷茫		−0.317*** (0.082)	−0.131*** (0.034)
比较悲观		−0.378* (0.167)	−0.158* (0.074)
没有想过		−0.313** (0.098)	−0.125** (0.040)
截距	2.179*** (0.146)	1.582*** (0.296)	0.546*** (0.123)

续表

	OLS 回归		Poisson 回归
	模型 7	模型 8	模型 9
AIC	—	—	3679.412
BIC	—	—	3794.732
模型拟合优度（p 值）	—	—	1.000
样本量	1112	1112	1112
R^2	0.019	0.094	—

注：1. 括号内为稳健标准误；2. $^+p<0.10$，$^*p<0.05$，$^{**}p<0.01$，$^{***}p<0.001$。

接着，根据"社会交往"这一变量数据特征，本书考虑采用泊松回归模型对其进行拟合，以验证 OLS 回归模型结果的准确性。

模型 9 检验了女性流动人口的社会支持网与社会交往的关系。模型拟合优度 p 值用于判断泊松模型的拟合优度，结果显示，p 值不显著（$p=1.000>0.05$），说明该数据适合采用泊松模型。纳入相关变量后，与缺少社会支持网的女性相比，拥有"3—5 个"或"6 个及以上"朋友的女性流动人口会对本地社会交往更为积极，而汇报"1—2 个"朋友的女性与"0 个"社会支持网的女性在社会交往上无明显不同。这说明拥有 3 个及以上社会支持网有利于女性流动人口的社会交往，其中"3—5 个"的影响效应最高。从结论上来说，基本与 OLS 回归结果一致。但在 OLS 回归中，"1—2 个"社会支持网规模效应为正，并在 $p<0.1$ 上显著，而在泊松回归中并不具有统计学上的差异。因此综合结论是，在控制变量的情况下，拥有 3 个及以上社会支持网规模的女性的社会交往状况要显著优于社会支持网为"0 个"的女性，并且社会支持网的规模并非越大越好，拥有"3—5 个"朋友的女性，与本地交往和联系度最为密切。

（四）心理认同

最后，本书继续就女性流动人口的社会支持网规模来考察其对女性社区心理认同的可能效应。根据变量特征，采用的是 Logit 回归模型，见表 5-6。

模型 10 在控制了一系列相关变量之后，显示女性流动人口的心理认同因社会支持网规模的不同而不同。以"0 个"社会支持网规模作为参照组，有"3—5 个"朋友的女性流动人口选择对社区有归属感的可能性是前者的 2.24 倍［exp（0.808）］；有"6 个及以上"朋友的女性有归属感的可能性是"0 个"社会支持网的 2.08 倍［exp（0.735）］。同时，汇报"1—2 个"朋友的女性与参照组无统计学上的不同。可以认为，3 个及以上社会支持网规模的女性汇报对社区有心理认同的可能性要明显高于没有社会支持者。

此外，年龄越大、本省户籍、家庭经济处于平均水平、对未来充满生活期望的女性，更容易对所在社区产生心理认同。

表 5-6 女性流动人口社会支持网规模与心理认同的 Logit 回归模型分析

	模型 10
	β
社会支持网（0=0 个）	
1—2 个	0.205 (0.261)
3—5 个	0.808** (0.275)
6 个及以上	0.735* (0.369)
年龄（岁）	0.026** (0.009)
民族（0=少数民族）	−0.199 (0.168)
户籍（0=外省农村）	
外省城市	0.314 (0.248)
本省农村	0.547** (0.180)
本省城市	0.787*** (0.226)

续表

	模型 10
	β
受教育程度（0=小学及以下）	
初中	0.416⁺
	(0.238)
高中或中专	−0.074
	(0.260)
大专或高职	0.144
	(0.278)
本科及以上	−0.046
	(0.295)
婚姻（0=已婚）	
未婚	−0.293
	(0.190)
离异或丧偶	0.008
	(0.314)
就业现状（0=无工作）	0.067
	(0.197)
个人月收入水平	−0.074
	(0.076)
主观家庭经济水平（0=低于平均水平）	
处于平均水平	0.299*
	(0.148)
高于平均水平	0.054
	(0.292)
累计流动时间	0.072
	(0.053)
主观生活期望（0=充满期望）	
比较迷茫	−1.144***
	(0.160)

续表

	模型 10
	β
比较悲观	−0.984**
	(0.340)
没有想过	−0.485**
	(0.182)
截距	−1.839**
	(0.569)
样本量	1112
R^2	0.014

注：1. 括号内为稳健标准误；2. $^+p<0.10$, $^*p<0.05$, $^{**}p<0.01$, $^{***}p<0.001$。

第三节　社会支持水平与社会融入的回归分析

一　相关分析与初步预测

接下来，将初步考察女性流动人口的社会支持水平与其社会融入的关系。表 5-7 汇报了女性流动人口的社会支持水平与社区参与、行为融合以及社会交往的相关关系，并设置 95% 置信区间，分别生成了两者的预测图（见图 5-4 至图 5-6）。可以发现，在未控制其他变量的情况下，女性流动人口社会支持水平与其社区参与、行为融合、社会交往均呈显著的正相关关系。

接着图 5-7 呈现的是对所在社区有心理认同和没有心理认同的女性流动人口的社会支持得分差异，并且通过 T 检验后得到两者存在显著差异。对社区有归属感的女性的社会支持水平明显要高于无归属感者。

表 5-7　　　女性流动人口的社会支持水平与社会融入的相关性验证

	社区参与	行为融合	社会交往
社会支持水平	0.225***	0.175***	0.249***

注：$^+p<0.10$, $^*p<0.05$, $^{**}p<0.01$, $^{***}p<0.001$。

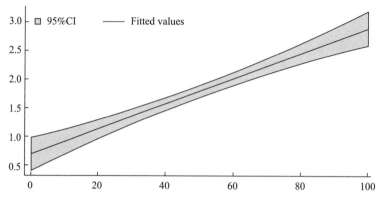

图 5-4　女性流动人口的社会支持水平与社区参与的关系（95％置信区间）

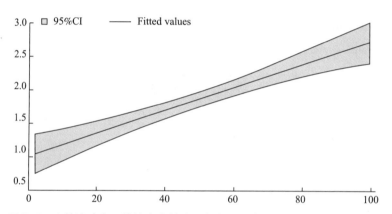

图 5-5　女性流动人口的社会支持水平与行为融合的关系（95％置信区间）

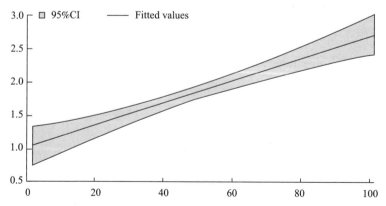

图 5-6　女性流动人口的社会支持水平与社会交往的关系（95％置信区间）

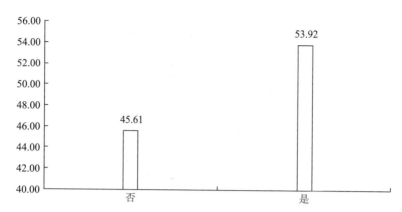

图 5-7　女性流动人口的社会支持水平与心理认同的关系（T 检验得到 $p<0.001$）

二　模型结果分析

本部分通过回归模型来考察女性流动人口的社会支持水平对社会融入的影响，主要从社区参与、行为融合、社会交往以及心理认同四个维度展开。具体分析策略为，采用多元回归模型和二分类 Logit 模型来进行估计，以逐步在模型中加入变量的方式来估计各个维度的变量对女性流动人口社会融入的影响效应。

（一）社区参与

表 5-8 是女性流动人口社区参与的模型估计结果。其中模型 11 是未控制相关变量的空模型，可以获悉，女性流动人口的社会支持水平越高，其社区参与的状况越好，积极性也越高。

模型 12 在模型 11 的基础上进一步控制了人口学特征因素（如年龄、户籍、受教育程度、婚姻等）、经济状况因素、流动状况以及生活态度因素等变量，得到社会支持水平对女性社区参与的影响效应依然为正，且在 $p<0.001$ 的统计水平上显著。具体来说，女性流动人口的社会支持得分每提高 1 分，其社区参与就提高 0.018 个单位，社会支持水平越高的女性，参与社区活动/事务也越积极。同时模型 12 结果还显示，年龄越高、本省城市户籍、学历越高、个人月收入水平越高、累计流动时间越短、对未来生活充满期望的女性流动人口更容易获得好的社区参与水平。

表 5-8　　女性流动人口社会支持水平与社区参与的 OLS 回归和负二项回归模型分析

	OLS 回归		负二项回归
	模型 11	模型 12	模型 13
社会支持水平（标准化）	0.022***	0.018***	0.010***
	(0.003)	(0.003)	(0.002)
年龄（岁）		0.023***	0.012***
		(0.006)	(0.003)
民族（0=少数民族）		−0.282*	−0.158**
		(0.116)	(0.061)
户籍（0=外省农村）			
外省城市		0.224	0.116
		(0.164)	(0.088)
本省农村		−0.047	−0.032
		(0.110)	(0.068)
本省城市		0.319*	0.160*
		(0.151)	(0.081)
受教育程度（0=小学及以下）			
初中		0.496***	0.302**
		(0.147)	(0.095)
高中或中专		0.370*	0.233*
		(0.176)	(0.110)
大专或高职		0.469*	0.289*
本科及以上		0.619**	0.368**
		(0.202)	(0.121)
婚姻（0=已婚）			
未婚		0.173	0.096
		(0.131)	(0.074)
离异或丧偶		0.025	−0.001
		(0.212)	(0.142)
就业现状（0=无工作）		−0.166	−0.100
		(0.131)	(0.074)

续表

	OLS 回归		负二项回归
	模型 11	模型 12	模型 13
个人月收入水平		0.102 * (0.050)	0.054 * (0.025)
主观家庭经济水平（0=低于平均水平）			
处于平均水平		0.119 (0.094)	0.075 (0.055)
高于平均水平		0.135 (0.190)	0.069 (0.095)
累计流动时间		−0.077 * (0.035)	−0.041 * (0.019)
主观生活期望（0=充满期望）			
比较迷茫		−0.389 *** (0.100)	−0.224 *** (0.059)
比较悲观		−0.285 (0.225)	−0.170 (0.148)
没有想过		−0.183 (0.126)	−0.094 (0.071)
截距	0.690 *** (0.146)	−0.011 (0.393)	−2.334 *** (0.339)
alpha 值（过度分散系数）	—	—	0.097 **
样本量	1112	1112	1112
R^2	0.050	0.111	—

注：1. 括号内为稳健标准误；2. $^+p<0.10$，$^*p<0.05$，$^{**}p<0.01$，$^{***}p<0.001$。

为了验证上述 OLS 回归结果的有效性和可靠性，同样根据"社区参与"这一变量的数据特征，采用负二项回归模型加以验证，见模型 13。alpha 值为 0.097（$p<0.01$），说明数据存在过度分散状况，采用负二项回归拟合效果要优于泊松回归。

根据计量结果，女性流动人口的社会支持水平的确会显著影响到其社区参与状况，社会支持得分越高，其社区参与的情况也越好。一定程度上反映了能够及时得到家人朋友、社区，乃至社会的关照和帮助，会激励女性流动人口自发参与到更多社区事务，这是一个相辅相成的作用。

(二) 行为融合

女性流动人口的社会支持水平与行为融合呈现怎样的关系呢？表5-9中的模型回归结果正式回答了这一问题。模型14是未控制其他变量的情况下汇报的多元回归结果，可以得出，女性流动人口的社会支持水平越高，其参与各类休闲活动的行为融合表现越佳。

进一步地，模型15则是控制了年龄、民族、户籍、教育、婚姻、个人月收入、主观家庭经济、流动时间、主观生活期望等各个层面的影响变量。女性流动人口的社会支持水平对其行为融合的影响系数依旧为正，并且在$p<0.001$统计水平上显著，即社会支持得分越高的女性在参与各类活动上也越积极和丰富，行为融合状况越好。另外，相比于农村户籍者，城市户籍的女性流动人口的行为融合表现更优；在学历上，只有达到本科及以上的女性才会呈现出更好的行为融合；未婚者要比已婚者参与更多行为融合活动；同时，个人或家庭经济状况良好、目前无工作以及对未来生活充满期望的女性会更积极、更多地参与融合活动。

表5-9　女性流动人口社会支持水平与行为融合的 OLS 回归和 Poisson 回归模型分析

	OLS 回归		Poisson 回归
	模型 14	模型 15	模型 16
社会支持水平（标准化）	0.017 *** (0.004)	0.021 *** (0.004)	0.011 *** (0.002)
年龄（岁）		−0.002 (0.005)	−0.003 (0.003)
民族（0=少数民族）		0.085 (0.102)	0.040 (0.054)
户籍（0=外省农村）			
外省城市		0.353 * (0.145)	0.188 * (0.074)

续表

	OLS 回归		Poisson 回归
	模型 14	模型 15	模型 16
本省农村		0.169⁺ (0.094)	0.112⁺ (0.060)
本省城市		0.365 ** (0.123)	0.206 ** (0.067)
受教育程度（0=小学及以下）			
初中		−0.034 (0.126)	0.035 (0.091)
高中或中专		−0.054 (0.142)	0.038 (0.099)
大专或高职		0.203 (0.161)	0.186⁺ (0.099)
本科及以上		0.539 ** (0.181)	0.297 ** (0.103)
婚姻（0=已婚）			
未婚		0.549 *** (0.125)	0.281 *** (0.062)
离异或丧偶		0.240 (0.166)	0.126 (0.112)
就业现状（0=无工作）		−0.391 ** (0.123)	−0.202 ** (0.066)
个人月收入水平		0.219 *** (0.051)	0.108 *** (0.022)
主观家庭经济水平（0=低于平均水平）			
处于平均水平		0.039 (0.089)	0.033 (0.049)
高于平均水平		0.424 * (0.170)	0.188 ** (0.069)
累计流动时间		−0.103 ** (0.032)	−0.057 ** (0.018)

续表

	OLS 回归		Poisson 回归
	模型 14	模型 15	模型 16
主观生活期望（0 = 充满期望）			
比较迷茫		−0.116 (0.094)	−0.044 (0.048)
比较悲观		−0.110 (0.204)	−0.031 (0.121)
没有想过		−0.274** (0.096)	−0.167** (0.057)
截距	1.039*** (0.180)	0.463 (0.342)	−0.197 (0.199)
AIC	—	—	3540.269
BIC			3645.562
模型拟合优度（p 值）	—	—	0.989
样本量	1112	1112	1112
R^2	0.030	0.236	—

注：1. 括号内为稳健标准误；2. $^+p < 0.10$，$^*p < 0.05$，$^{**}p < 0.01$，$^{***}p < 0.001$。

同样由于"行为融合"这一变量方差大于均值的离散数据特征，首先考虑负二项回归模型，但通过计量分析后发现判定离散的 alpha 值并不显著，意味着数据并非呈过度离散，不适宜采用负二项回归模型，可以考虑泊松回归模型。

表 5-9 的模型 16 是泊松回归结果，模型拟合优度 p 值并不显著，说明该数据适合采用泊松模型。在控制其他因素的情况下显示，女性流动人口的行为融合状况随着其社会支持得分的提升而提高，这一结论与 OLS 回归模型估计一致。因此可以认为，女性流动人口的社会支持水平会对其行为融入产生积极效应。为了让女性流动人口更好地融入当地社区和社会，我们需要尽可能地从多方面为她们提供帮扶，让其在物质和心理上都感受到尊重、支持和理解。

（三）社会交往

接下来，针对女性流动人口的社会交往层面，本书继续采用的是逐步加入变量的多元回归模型的分析策略。表 5-10 中的模型 17 是一个空模型，即只纳入了核心解释变量"社会支持水平"，可以发现女性流动人口的社会支持水平与其社会交往状况呈明显的正相关关系。

为了进一步验证这一结论，模型 18 纳入了相关控制变量后得到，女性流动人口的社会支持得分每增加一分，其社会交往状况将提升 0.016 个单位。也就是说，女性流动人口的社会支持水平能够为其本地社会交往和联系产生促进作用。此外，模型 18 还发现了年龄、户籍、就业现状、主观生活期望也会对女性流动人口的社会交往产生影响，年龄越高、本省户籍、当前无工作以及对未来充满信心的女性更容易汇报较好的社会交往，与本地的联系度越紧密。

表 5-10 女性流动人口社会支持水平与社会交往的 OLS 回归和 Poisson 回归模型分析

	OLS 回归		Poisson 回归
	模型 17	模型 18	模型 19
社会支持水平（标准化）	0.019 *** (0.002)	0.016 *** (0.003)	0.006 *** (0.001)
年龄（岁）		0.015 ** (0.005)	0.006 ** (0.002)
民族（0=少数民族）		0.071 (0.087)	0.031 (0.036)
户籍（0=外省农村）			
外省城市		0.147 (0.136)	0.062 (0.056)
本省农村		0.176 + (0.092)	0.074 + (0.039)
本省城市		0.240 * (0.115)	0.096 * (0.047)
受教育程度（0=小学及以下）			
初中		0.090 (0.112)	0.032 (0.044)
高中或中专		0.152 (0.128)	0.057 (0.050)

	OLS 回归		Poisson 回归
	模型 17	模型 18	模型 19
大专或高职		0.088	0.033
		(0.135)	(0.054)
本科及以上		−0.073	−0.035
		(0.141)	(0.058)
婚姻（0=已婚）			
未婚		0.025	0.004
		(0.114)	(0.047)
离异或丧偶		0.079	0.036
		(0.174)	(0.072)
就业现状（0=无工作）		−0.270**	−0.111**
		(0.097)	(0.039)
个人月收入水平		0.051	0.019
		(0.039)	(0.015)
主观家庭经济水平（0=低于平均水平）			
处于平均水平		0.112	0.047
		(0.074)	(0.031)
高于平均水平		0.247	0.099
		(0.175)	(0.066)
累计流动时间		0.007	0.003
		(0.028)	(0.011)
主观生活期望（0=充满期望）			
比较迷茫		−0.269***	−0.111***
		(0.080)	(0.033)
比较悲观		−0.278	−0.116
		(0.175)	(0.077)
没有想过		−0.252**	−0.099*
		(0.097)	(0.040)
截距	1.508***	1.057***	0.337**
	(0.114)	(0.295)	(0.120)

续表

	OLS 回归		Poisson 回归
	模型 17	模型 18	模型 19
AIC	—	—	3666. 902
BIC	—	—	3772. 194
模型拟合优度（p 值）	—	—	1. 000
样本量	1112	1112	1112
R^2	0. 062	0. 107	—

注：1. 括号内为稳健标准误；2. $^+p<0.10$, $^*p<0.05$, $^{**}p<0.01$, $^{***}p<0.001$。

为了验证上述结果的稳定性，避免偶然性，继续采用泊松回归模型加以验证。表 5-10 的模型 19 中，模型拟合优度 p 值（$p=1.000>p=0.05$）验证了采用泊松回归模型的合理性。从回归结果来看，控制其他变量之后，女性流动人口的社会交往状况因社会支持水平的不同而不同，社会支持得分越高，其社会交往状况也越好，由此验证了 OLS 回归模型结果的可靠性。

（四）心理认同

最后来考察女性流动人口的心理认同是否会受到其社会支持水平的影响。由于心理认同属于虚拟变量，故采用 Logit 回归模型进行分析。

在表 5-11 中，模型 20 和模型 21 分别是未控制相关变量和控制相关变量后的统计结果。可以得到一致结论，女性流动人口的心理认同因社会支持水平的不同而不同，社会支持水平得分越高，汇报有社区归属感的可能性也越高。女性流动人口在物质和心理上得到外界越多的支持和理解，越容易对所在地产生心理好感，认同感和归属感也随之而来。

表 5-11　　女性流动人口社会支持水平与心理认同的 Logit 回归模型分析

	模型 20	模型 21
	β	β
社会支持水平（标准化）	0. 038 *** （0. 005）	0. 035 *** （0. 005）

续表

	模型 20	模型 21
	β	β
年龄（岁）		0.027 **
		(0.009)
民族（0=少数民族）		−0.037
		(0.171)
户籍（0=外省农村）		
外省城市		0.309
		(0.254)
本省农村		0.550 **
		(0.181)
本省城市		0.774 ***
		(0.227)
受教育程度（0=小学及以下）		
初中		0.314
		(0.242)
高中或中专		−0.183
		(0.262)
大专或高职		0.013
		(0.281)
本科及以上		−0.169
		(0.300)
婚姻（0=已婚）		
未婚		0.241
		(0.203)
离异或丧偶		0.439
		(0.331)
就业现状（0=无工作）		0.001
		(0.202)
个人月收入水平		−0.097
		(0.080)

续表

	模型 20	模型 21
	β	β
主观家庭经济水平（0＝低于平均水平）		
处于平均水平		0.286[+]
		(0.147)
高于平均水平		0.149
		(0.301)
累计流动时间		0.098[+]
		(0.053)
主观生活期望（0＝充满期望）		
比较迷茫		−1.075***
		(0.162)
比较悲观		−0.818*
		(0.345)
没有想过		−0.352[+]
		(0.186)
截距	−2.284***	−3.382***
	(0.244)	(0.602)
样本量	1112	1112
R^2	0.055	0.126

注：1. 括号内为稳健标准误；2. [+]$p<0.10$, *$p<0.05$, **$p<0.01$, ***$p<0.001$。

另外，模型 21 还可以得出，年龄越大、本省户籍、对未来充满生活期望的女性，越容易对所在社区产生心理认同。

第四节　领悟社会支持水平与社会融入的回归分析

一　相关分析与初步预测

在具体探讨女性流动人口的领悟社会支持水平是否会影响其社会融入水

平之前，本书先对两者进行相关分析。表5-12汇报了女性流动人口的领悟社
会支持水平与社区参与、行为融合以及社会交往的相关关系，并设置95%置
信区间，分别生成了二者的预测图（见图5-8至图5-10）。可以看出，在未
控制其他变量的情况下，女性流动人口的领悟社会支持水平与其社区参与、
行为融合、社会交往均呈现显著的正相关关系。

表5-12　　　　　女性领悟社会支持水平与社会融入的相关性验证

	社区参与	行为融合	社会交往
领悟社会支持水平	0.194 ***	0.232 ***	0.123 ***

注：$^+p<0.10$，$^*p<0.05$，$^{**}p<0.01$，$^{***}p<0.001$。

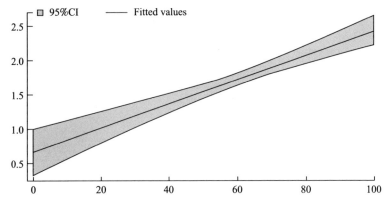

图5-8　女性流动人口的领悟社会支持水平与社区参与的关系（95%置信区间）

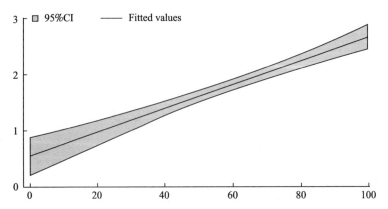

图5-9　女性流动人口的领悟社会支持水平与行为融合的关系（95%置信区间）

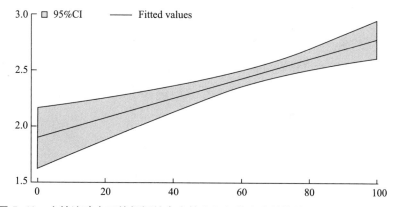

图 5-10　女性流动人口的领悟社会支持水平与社会交往的关系（95%置信区间）

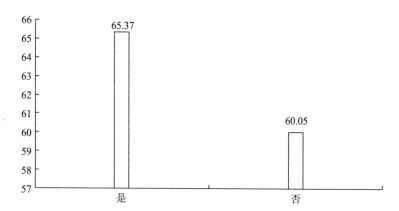

图 5-11　女性流动人口的领悟社会支持水平与心理认同的关系（T 检验得到 $p<0.001$）

图 5-11 呈现的是对所在社区有心理认同和没有心理认同的女性流动人口的领悟社会支持得分差异，T 检验证明两者存在显著差异，具体来说，对社区有归属感的女性的领悟社会支持水平明显要高于无归属感者。

二　模型结果分析

本部分将通过回归模型来考察女性流动人口的领悟社会支持水平对社会融入的影响，主要从社区参与、行为融合、社会交往以及心理认同四个维度展开。具体分析策略为，使用多元回归模型和二分类 Logit 模型来进行估计，以逐步在模型中加入变量的方式来估计各个维度的变量对女性流动人口社会融入的影响效应。

（一）社区参与

表5-13是女性流动人口社区参与的模型估计结果。模型22是未控制相关变量的空模型，可以看出，女性流动人口的领悟社会支持水平越高，其社区参与的状况越好，积极性也越高。

模型23在模型22的基础上进一步控制了人口学特征因素（如年龄、户籍、受教育程度、婚姻等）、经济状况因素、流动状况以及生活态度因素等变量，结果发现，领悟社会支持水平对女性社区参与的影响效应依然为正，且在 $p<0.001$ 的统计水平上显著。具体来说，女性流动人口的领悟社会支持得分每提高1分，其社区参与就提高0.013个单位。即社会支持水平越高的女性，参与社区活动/事务也越积极。同时与社会支持水平的模型结果相同，如模型23所示，年龄越高、学历越高、个人月收入水平越高、累计流动时间越短、对未来生活充满期望的女性流动人口越容易获得更高的社区参与水平。

表5-13 女性流动人口领悟社会支持水平与社区参与的 OLS 回归和负二项回归模型分析

	OLS 回归		负二项回归
	模型 22	模型 23	模型 24
领悟社会支持水平（标准化）	0.018*** (0.003)	0.013*** (0.003)	0.008*** (0.002)
年龄（岁）		0.021** (0.007)	0.011** (0.004)
民族（0=少数民族）		-0.338** (0.116)	-0.194** (0.062)
户籍（0=外省农村）			
外省城市		0.249 (0.164)	0.128 (0.088)
本省农村		-0.032 (0.110)	-0.025 (0.067)
本省城市		0.283+ (0.154)	0.148+ (0.082)

续表

	OLS 回归		负二项回归
	模型 22	模型 23	模型 24
受教育程度（0=小学及以下）			
初中		0.517***	0.307**
		(0.149)	(0.096)
高中或中专		0.387*	0.231*
		(0.175)	(0.110)
大专或高职		0.497**	0.297*
		(0.187)	(0.116)
本科及以上		0.633**	0.367**
		(0.203)	(0.123)
婚姻（0=已婚）			
未婚		-0.083	-0.044
		(0.124)	(0.069)
离异或丧偶		-0.091	-0.064
		(0.215)	(0.144)
就业现状（0=无工作）		-0.130	-0.082
		(0.131)	(0.075)
个人月收入水平		0.116*	0.063*
		(0.052)	(0.027)
主观家庭经济水平（0=低于平均水平）			
处于平均水平		0.136	0.084
		(0.094)	(0.055)
高于平均水平		0.124	0.065
		(0.197)	(0.099)
累计流动时间		-0.079*	-0.042*
		(0.035)	(0.020)
主观生活期望（0=充满期望）			
比较迷茫		-0.434***	-0.249***
		(0.100)	(0.059)

续表

	OLS 回归		负二项回归
	模型 22	模型 23	模型 24
比较悲观		−0.279 (0.231)	−0.164 (0.150)
没有想过		−0.212[+] (0.126)	−0.113 (0.070)
截距	0.655[***] (0.180)	0.189 (0.413)	−0.353 (0.232)
alpha 值（过度分散系数）	—	—	0.106[***]
样本量	1112	1112	1112
R^2	0.038	0.104	—

注：1. 括号内为稳健标准误；2. $^+p<0.10$, $^*p<0.05$, $^{**}p<0.01$, $^{***}p<0.001$。

由于"社区参与"属于离散型变量，具有典型的计数型特征（且方差大于均值），故本书采用了负二项回归对上述 OLS 模型结果进行稳健性检验，以降低统计结果的偶然性。负二项回归模型如表 5-13 的模型 24 所示，并采用稳健标准误进行参数估计。

如模型 24 所示，alpha 值的估计值为 0.106（$p<0.001$），大于 0 且置信区间不包含 0，提示我们数据过度分散，应当使用负二项回归模型。计量结果显示，女性流动人口的领悟社会支持水平对其社会参与状况具有显著正向影响，领悟社会支持得分越高，其社区参与的情况也越好，这与 OLS 模型结果相一致。可以看出，感知到家人朋友、社区，乃至社会的及时关照和帮助，会激励女性流动人口自发参与到更多社区事务中。

（二）行为融合

接下来，我们考察女性流动人口的领悟社会支持水平与行为融合之间的关系。如表 5-14 所示，模型 25 是未控制其他变量的情况下二者的多元回归结果，可以看出，未控制其他变量情况下，女性流动人口的领悟社会支持水平越高，其参与城市休闲活动、适应市民身份的行为融合水平越高。

模型 26 在模型 25 的基础上加入了年龄、民族、户籍、受教育程度、婚姻、个人月收入、主观家庭经济、流动时间、主观生活期望等各个层面的影响变量。结果显示，女性流动人口的领悟社会支持水平对其行为融合的影响系数依旧为正，并且在 $p<0.001$ 统计水平上显著，也就是说，领悟社会支持得分越高的女性在各种休闲活动的参与上越积极主动，行为融合状况越好。另外，相比于农村户籍者，城市户籍的女性流动人口的行为融合表现更优；在教育水平层面，达到本科及以上的女性行为融合水平显著更高；与已婚者相比，未婚者的行为融合水平更高；此外，个人或家庭相对经济状况良好、目前无工作以及对未来生活充满期望的女性会更积极、更多地参与代表市民身份的休闲活动。

表 5-14 女性流动人口领悟社会支持水平与行为融合的 OLS 回归和 Poisson 回归模型分析

	OLS 回归		负二项回归
	模型 25	模型 26	模型 27
领悟社会支持水平（标准化）	0.021 *** （0.003）	0.014 *** （0.003）	0.007 *** （0.001）
年龄（岁）		-0.005 （0.005）	-0.003 （0.003）
民族（0=少数民族）		0.019 （0.102）	0.002 （0.055）
户籍（0=外省农村）			
外省城市		0.381 ** （0.140）	0.199 ** （0.072）
本省农村		0.190 * （0.094）	0.127 * （0.060）
本省城市		0.330 ** （0.127）	0.198 ** （0.068）
受教育程度（0=小学及以下）			
初中		-0.002 （0.129）	0.050 （0.095）

续表

	OLS 回归		负二项回归
	模型 25	模型 26	模型 27
高中或中专		−0.026 (0.144)	0.051 (0.102)
大专或高职		0.245 (0.166)	0.205* (0.104)
本科及以上		0.568** (0.185)	0.313** (0.109)
婚姻（0=已婚）			
未婚		0.250* (0.121)	0.120* (0.059)
离异或丧偶		0.091 (0.174)	0.044 (0.118)
就业现状（0=无工作）		−0.348** (0.120)	−0.176** (0.064)
个人月收入水平		0.235*** (0.053)	0.115*** (0.023)
主观家庭经济水平（0=低于平均水平）			
处于平均水平		0.067 (0.091)	0.047 (0.050)
高于平均水平		0.421* (0.176)	0.190** (0.073)
累计流动时间		−0.107** (0.032)	−0.058** (0.018)
主观生活期望（0=充满期望）			
比较迷茫		−0.175+ (0.096)	−0.073 (0.049)
比较悲观		−0.122 (0.203)	−0.042 (0.122)
没有想过		−0.317** (0.098)	−0.186** (0.060)

续表

	OLS 回归		负二项回归
	模型 25	模型 26	模型 27
截距	0.690*** (0.146)	0.797* (0.321)	−0.020 (0.192)
AIC	—	—	3562.983
BIC	—	—	3668.275
模型拟合优度（p 值）	—	—	0.981
样本量	1112	1112	1112
R^2	0.054	0.220	—

注：1. 括号内为稳健标准误；2. $^+p<0.10$，$^*p<0.05$，$^{**}p<0.01$，$^{***}p<0.001$。

与"社区参与"相同，"行为融合"这一变量也具有方差大于均值的离散数据特征，因此首先考虑负二项回归模型，但通过计量分析后发现判定离散的 alpha 值并不显著，意味着数据并非呈现过度离散，不适宜采用负二项回归模型，故考虑泊松回归模型。

表 5-14 中的模型 27 是泊松回归的计量结果，模型拟合优度 p 值并不显著（$p=0.981>p=0.05$），说明该数据适合采用泊松模型。结果显示，其他因素不变，女性流动人口的行为融合水平随着其领悟社会支持得分的增加而提高，这一结论与 OLS 回归模型估计一致。因此可以认为，女性流动人口的领悟社会支持水平会对其行为融入产生积极效应。这启示着我们，各方力量的帮扶和援助，有助于女性流动人口提高参与城市休闲活动的积极性，从行为上适应城市生活，以期更好地融入当地生活。

（三）社会交往

接下来，针对女性流动人口的社会交往层面，本书继续采用的是逐步加入变量的多元回归模型的分析策略，结果呈现在表 5-15 中。其中，模型 28 只纳入了核心解释变量"领悟社会支持水平"，结果显示，女性流动人口的领悟社会支持水平与其社会交往状况呈显著的正相关关系。

为了进一步验证这一结论，模型 29 纳入了相关控制变量。结果显示，女性流动人口的领悟社会支持水平得分每增加1分，其社会交往状况将提升0.007个单位。这意味着，女性流动人口的领悟社会支持水平对其在本地的社会交往和联系具有积极的促进作用。此外，模型29的结果也表明，年龄、户籍、就业现状、主观生活期望也会对女性流动人口的社会交往产生影响，年龄越大、本省户籍、当前无工作以及对未来充满期望的女性更容易汇报较好的社会交往水平，与本地的联系度越紧密，不过户籍的影响相较其他因素显著度更低。

表5-15　女性流动人口领悟社会支持水平与社会交往的 OLS 回归和 Poisson 回归模型分析

	OLS 回归		Poisson 回归
	模型 28	模型 29	模型 30
领悟社会支持水平（标准化）	0.009*** (0.002)	0.007** (0.002)	0.006*** (0.001)
年龄（岁）		0.013** (0.005)	0.005** (0.002)
民族（0=少数民族）		0.020 (0.087)	0.009 (0.036)
户籍（0=外省农村）			
外省城市		0.168 (0.138)	0.070 (0.057)
本省农村		0.196* (0.094)	0.081* (0.039)
本省城市		0.224+ (0.119)	0.091+ (0.048)
受教育程度（0=小学及以下）			
初中		0.127 (0.113)	0.046 (0.045)
高中或中专		0.185 (0.128)	0.069 (0.050)
大专或高职		0.135 (0.137)	0.051 (0.055)
本科及以上		-0.029 (0.142)	-0.019 (0.059)

续表

	OLS 回归		Poisson 回归
	模型 28	模型 29	模型 30
婚姻（0=已婚）			
未婚		−0.199⁺	−0.086⁺
		(0.107)	(0.044)
离异或丧偶		−0.055	−0.019
		(0.172)	(0.071)
就业现状（0=无工作）		−0.235*	−0.096*
		(0.096)	(0.038)
个人月收入水平		0.065⁺	0.025⁺
		(0.039)	(0.015)
主观家庭经济水平（0=低于平均水平）			
处于平均水平		0.144⁺	0.060*
		(0.074)	(0.031)
高于平均水平		0.262	0.103
		(0.178)	(0.067)
累计流动时间		0.003	0.001
		(0.028)	(0.011)
主观生活期望（0=充满期望）			
比较迷茫		−0.322***	−0.133***
		(0.081)	(0.034)
比较悲观		−0.318⁺	−0.132⁺
		(0.170)	(0.075)
没有想过		−0.301**	−0.121**
		(0.097)	(0.040)
截距	1.508***	1.474***	0.504***
	(0.114)	(0.299)	(0.121)
AIC	—	—	3681.394
BIC	—	—	3786.686
模型拟合优度（p 值）	—	—	1.000

续表

	OLS 回归		Poisson 回归
	模型 28	模型 29	模型 30
样本量	1112	1112	1112
R^2	0.015	0.084	—

注：1. 括号内为稳健标准误；2. $^+p<0.10$, $^*p<0.05$, $^{**}p<0.01$, $^{***}p<0.001$。

为了增强计量结果的稳健性，本书继续采用泊松回归模型加以验证。表 5-15 的模型 30 中，模型拟合优度 p 值（$p=1.000>p=0.05$）验证了采用泊松回归模型的合理性。从回归结果来看，控制其他变量之后，女性流动人口的社会交往水平因领悟社会支持水平的不同而异，领悟社会支持得分越高，其社会交往状况也越好，这与 OLS 回归模型结果相一致。

（四）心理认同

最后，本书考察女性流动人口的心理认同是否会受到其领悟社会支持水平的影响。由于心理认同为虚拟变量，故采用 Logit 回归模型进行分析。

在表 5-16 中，模型 31 是只加入"领悟社会支持水平"的模型，结果显示，未控制其他变量情况下，领悟社会支持水平对女性流动人口的心理认同具有显著的正向影响。模型 32 在模型 31 基础上加入了相关控制变量，可以发现，其他因素不变，领悟社会支持水平得分越高，汇报有社区归属感的可能性也越高。这意味着，女性流动人口在物质和心理上得到外界越多的支持和理解，越容易对所在地产生心理好感，从而逐渐形成认同感和归属感。

另外，模型 32 还可以得出，年龄越大、本省户籍、对未来充满生活期望的女性，越容易对所在社区产生心理认同。

表 5-16　女性流动人口领悟社会支持水平与心理认同的 Logit 回归模型分析

	模型 31	模型 32
	β	β
领悟社会支持水平（标准化）	0.021 *** (0.004)	0.021 *** (0.005)

续表

	模型 31	模型 32
	β	β
年龄（岁）		0.023* (0.009)
民族（0=少数民族）		−0.150 (0.166)
户籍（0=外省农村）		
外省城市		0.336 (0.250)
本省农村		0.574** (0.178)
本省城市		0.708** (0.225)
受教育程度（0=小学及以下）		
初中		0.351 (0.235)
高中或中专		−0.144 (0.256)
大专或高职		0.062 (0.278)
本科及以上		−0.121 (0.297)
婚姻（0=已婚）		
未婚		−0.247 (0.189)
离异或丧偶		0.161 (0.333)
就业现状（0=无工作）		0.069 (0.192)
个人月收入水平		−0.060 (0.078)

续表

	模型 31	模型 32
	β	β
主观家庭经济水平（0=低于平均水平）		
处于平均水平		0.331*
		(0.146)
高于平均水平		0.122
		(0.301)
累计流动时间		0.085
		(0.052)
主观生活期望（0=充满期望）		
比较迷茫		-1.158***
		(0.160)
比较悲观		-0.829*
		(0.352)
没有想过		-0.430*
		(0.183)
截距	-1.698***	-2.669***
	(0.275)	(0.589)
样本量	1112	1112
R^2	0.020	0.108

注：1. 括号内为稳健标准误；2. $^+p<0.10$，$^*p<0.05$，$^{**}p<0.01$，$^{***}p<0.001$。

三 社会支持影响社会融入的总结

总结以上分析，基于"西部女性流动人口社会支持状况调查问卷"数据，本部分采用 Mlogit、OLS、负二项回归、泊松回归等计量模型从社会支持网、社会支持水平以及领悟社会支持三方面，细致考察了西部女性流动人口的社会支持水平对其社会融入的影响。

（一）社会支持网与社会融入方面

在社区参与上，当女性流动人口有 1—2 个或 3—5 个可以帮扶的朋友时，会对其参与社区活动或事务产生正效应，但达到一定规模之后（6 个及以上）正效应并不显著，并且从数据上来看，有 3—5 个朋友的女性，参与社区事务的状况最好。也就是说，一定程度上拓宽女性流动人口的社会支持网规模有利于提升她们的社区参与度，但过大的社会支持网规模反而会没有正向影响。在行为融合上，3 个及以上社会支持网规模的女性流动人口比没有社会支持的女性呈现出更好的行为融合状况，而汇报 1—2 个社会支持网规模的女性流动人口与汇报 0 个者无明显不同。这说明只有达到 3 个及以上社会支持网规模才会对女性流动人口的行为融合产生正效应。在社会交往上，控制变量的情况下，拥有 3 个及以上社会支持网规模的女性的社会交往状况要显著优于没有社会支持的女性。同时社会支持网规模也并非越大越好，从具体数据上来看，拥有 3—5 个朋友的女性，与本地交往和联系度最为密切。在心理认同上，同样是 3 个及以上社会支持网规模的女性对社区有心理认同的可能性要明显高于没有社会支持者。

（二）社会支持与社会融入方面

首先，社会支持水平对流动女性的社会融入有正向效应，具体来说，社会支持水平每提高 1 分，社区参与水平增加 0.018，行为融合水平增加 0.021，社会交往水平增加 0.016。社会支持水平越高，流动女性心理认同的可能性也越高。其次，领悟社会支持水平对流动女性的社会融入也具有显著的正向影响，具体来说，领悟社会支持水平每增加 1 分，社区参与水平增加 0.013，行为融合水平增加 0.014，社会交往水平增加 0.007。领悟社会支持水平越高，流动女性心理认同的可能性就越高。

第六章
社会支持网个案访谈分析

前面关于西部女性流动人口社会支持网的问卷调查结论印证了研究设计中的一些假设，但是针对西部女性流动人口的社会支持网的典型性分类访谈是探究该问题非常重要的方法。所以在前面问卷调查过程中，除了总体西部女性流动人口社会支持网基本状况、支持水平、支持分类以及社会支持与社会融入以外，本书还在西部地区对西部流动女性进行了典型个案实地访谈，以期对西部女性流动人口社会支持网构建的基本状况、存在问题、原因和对策等进行更深层次的研究分析。

第一节　访谈资料的基本情况

一　访谈对象及其分层情况

因为本书定位研究范围是西部地区，访谈对象主要集中于西部地区的宁夏、甘肃、陕西、四川、云南、内蒙古、新疆 7 个省份，共计访谈了 93 位不同年龄段的流动女性。在选取访谈对象时，考虑到研究假设加入了年龄、受教育程度和职业三个重要的变量因素，该项操作与前面问卷调查的基本变量相一致。在访谈对象的分布方面，考虑到了典型性和同质性等因素。现实研究中发现 60 岁以上老年女性人口流动数量极少，故访谈对象的选择年龄为 18 岁至 60 岁，对前述访谈方法中提到的 93 位西部流动女性访谈资料进行分析。为便于进行年龄分层和编码，同前述研究方法一样，将 18 岁至 35 岁访谈对象称为青年流动女性，将 36 岁至 45 岁访谈对象称为壮年流动女性，将 46 岁至 60 岁访谈对象称为中年流动女性。

二　访谈资料的分析工具

Python 语言诞生于 20 世纪 90 年代初，是一种高级编程语言，它具有简单易学、可读性强、面向对象、可扩展性等特点，被广泛应用于各种领域，包括软件开发、数据分析、科学计算、人工智能、Web 开发和网络编程等。通过使用 Python 编程语言、相关工具和库，能够对大量文本数据进行词频统计和分析，并通过绘制词云图形象地展示出词汇的重要性和分布情况。这种数据分析方法为研究者提供了一种直观且有效的方式，以揭示数据背后的信息和趋势。

西部地区的女性流动人口是一个重要的社会群体，她们经历了迁徙、就业、家庭和社会关系等多方面的变迁。为了深入了解她们的生活状况和需求，本书进行了一项关于西部流动女性的访谈调查，并收集了大量的访谈资料。为了更好地理解这些资料，使用 Python 进行生成词云与分析，以可视化的方式展示出词汇的重要性和分布情况。通过对本书中不同年龄段西部流动女性访谈资料的数据分析，得出了一些关键词和主题。这些结果有助于我们深入了解不同年龄段西部流动女性社会支持网状况和问题。

三　访谈资料的词频分析与词云图

首先，收集不同年龄段西部流动女性的访谈资料，包括她们的经历、感受、需求等内容。然后，使用 Python 的 jieba 库对文本进行分词，将文本数据拆分成独立的词语。接着，利用中文文本停用词表，去除常见的停用词（如"的""是""在"等），以便更好地聚焦于有意义的关键词。通过对分词后的文本数据进行词云统计，得到了每个词语在数据中出现的频率，可以识别出在西部流动女性访谈中频繁出现的关键词和主题。为了更好地展示词语的重要性和分布情况，使用 Python 的 WordCloud 库生成了图 6-1 词云图。词云图通过将关键词按照频率大小排列，并以不同的字体大小和颜色展示出来，使得观察者可以一目了然地看到词语的相对重要性。通过词频分析和词云生成，从西部流动女性访谈资料中提取出了如表6-1的关键词和主题。

表6-1 总体访谈内容关键词

序号	关键词	频次
1	工作	255
2	朋友	165
3	困难	159
4	生活	157
5	打工	120
6	孩子	119
7	单位	113
8	邻居	102
9	儿子	102
10	希望	99
11	关系	95
12	家人	93
13	一个	90
14	城里	89
15	同事	88
16	老家	82
17	工资	81
18	经济	80
19	平时	79
20	父母	71

从图6-1词云和表6-1关键词的排列顺序来看，西部流动女性主要的社会支持系统是非正式支持系统，主要包括朋友、家人、孩子、邻居、同事、父母这些群体；正式支持系统最重要的是单位，其他政府机构以及社会组织

包括工会、妇联、社区等都处于缺失的状态。在遇到困难时主要依靠非正式社会支持网来解决问题。而工作在流动女性中占有最重要的位置，这也是她们立足社会养家糊口、体现自己社会价值最重要的因素。同时，找工作、打工、赚钱本身也是她们流动的目的，所以访谈中绝大多数流动女性是有职业的，也非常重视工作和工作收入，只有极个别女性是全职家庭主妇，负责带孩子。而流动女性都面临一定的困难，如找理想工作较难、学历低影响就业、就业收入低、工作中没有相应的保障、担心子女的就学求职和婚嫁问题、流入地没有办法享受相应的妇女政策、正式社会支持严重缺失等，这些都是流动女性面临的共同困境。

图 6-1　总体访谈资料的总体词云体现

总体来看，西部流动女性的社会支持网具有两个重要的网络节点，一方面是以家庭为中心的网络，包括由此延伸出来的与女性支持相关联的父母、朋友、子女、邻居、老家等关系；另一方面是以女性工作为中心的支持网，主要是工作单位和同事关系，相对较为单一，大多数时候仅提供物质支持。

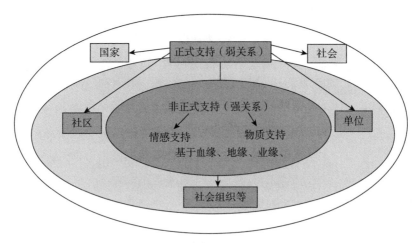

图 6-2　西部流动女性社会支持网

第二节　青年流动女性社会支持网分析

为了深入了解不同年龄段流动女性社会支持网的特征、差异性及共性，针对不同年龄段西部流动女性的访谈资料中所体现的社会支持和社会支持网基本状况进行了具体分析，分析内容除了前面谈到的词云分析，并生成不同年龄段女性访谈内容的词云图以外，还包括女性流动人口基本状况、社会支持状况、流动女性的需求、流动女性的特殊困难情况等方面的具体分析。

一　访谈资料的词频和词云图分析

通过词频分析和词云生成，从青年（18—30 岁）年龄段的西部流动女性访谈资料中提取出了如下表 6-2 的关键词：

表 6-2　　　　　青年流动女性（18—30 岁）访谈内容关键词

序号	关键词	频次
1	工作	93
2	朋友	49

序号	关键词	频次
3	父母	46
4	生活	36
5	困难	29
6	孩子	27
7	希望	27
8	同事	27
9	经济	26
10	打工	24
11	城里	23
12	关系	22
13	老公	21
14	学历	20
15	一个	19
16	工资	19
17	房子	19
18	很多	19
19	老家	17
20	求助	17

　　如图6-3所示，通过对青年女性流动人口的访谈内容进行词云分析后发现，对该年龄段女性流动人口来说，最重要的人是朋友，其次是父母，这是她们获得物质支持和情感支持最重要的途径。其中，朋友在情感支持方面的作用大于父母，而父母在物质支持方面的作用大于朋友。这两者都是非正式支持系统。其他非正式支持系统比如同事、老公、孩子等都排在比较靠后的位置，尤其是老公排在第十三位。一方面是因为这一阶段女性流动人口部分还是未婚状态，另一方面是老公的确在情感支持和物质支持方面不如朋友和父母提供得多，其他提到的非正式支持系统包括孩子、邻居、男朋友等。而正式支持系统比如公司、单位、组织等在支持系统中并非占据至关重要的部分。对于目前女性流动人口来说，生活中最为重要且关注度较高的是"工作、

困难、生活、孩子"这几个方面。这也反映了这一阶段女性流动人口的生活重心放在工作和养育孩子两个方面，而且在这些方面还面临一些困难，比如孩子的养育成本、孩子就学、本人学历水平和学历提升、工资水平、是否在城里租得起房子或者买得起房子，等等。当然，她们依旧对生活充满希望。而正式的支持系统，包括社区、政府、妇联、工会等社会组织在她们的生活以及困难解决过程中处于相对缺失的状态。她们的社会支持网是一个以家人、朋友、工作为中心的个人网络，网络的节点是父母、朋友、孩子、工作。从社会支持角度来说，女性流动人口的非正式支持以亲密关系为主，正式支持严重不足。其社会网络是一个以亲密关系为主的情感支持和物质支持网络，其社会关系网的中心节点就是个人亲密关系。除自己的原生家庭以外，最重要的人是朋友，其次是同事，形成了一个人际关系网，也是一个强关系网。

图 6-3　青年（18—30 岁）流动女性访谈词云体现

二　访谈对象基本状况

（一）个体间较大的差异性

该年龄段女性工作的环境和性质存在较大差异。有的女性学历高，在西部的省会城市或自己上过学的地方工作，经济独立，思想开放。然而年龄偏大的 30 岁流动女性大多由于家庭原因做家庭主妇或者以个体经营为主，如结婚生子、异地结婚等。对于年龄小、学历低的外来务工女性，她们对于工作的期望比较高，但是通常自身条件难以满足相关招聘条件，只能从事工资较低的工作。但是，她们日常支出较多，很难满足自身开销。她们普遍希望能够提高工资待遇和保障。个体差异还表现在不同年龄段女性交际圈不同。当她们有烦心事时，未婚女性大多选择逛街、约朋友聊天等。然而已婚女性大多寻找丈夫、父母、亲戚排解忧愁。其物质需求方面困难相对较小，侧重于亲密关系中的情感满足。

（二）社会支持网的基本状况

在遭遇经济或者情感困难时，该年龄段女性流动人口大多第一时间求助家人和朋友。所以从社会支持的主要提供者来说，已婚青年女性已有自己的小家庭，个人和个人的家庭更依赖原生家庭向自己提供帮助；而未婚青年女性则在社会支持方面更加依赖朋友提供的情感支持。由于目前企事业单位多存在招聘制和无编制的临时工，做相同的工作，工资待遇却不一样且存在部分歧视，这种情况会使很多受聘女性心理不平衡，对于工资待遇和遭遇歧视等较为敏感的话题不愿多说。她们对于社区、妇联、工会等组织比较陌生，从未打过交道。她们也很少与政府部门打交道，不了解这些组织和部门，也没有期待过社会组织或者政府部门对女性支持方面提出希望和建议。总体上西部青年女性流动人口正式社会支持较少，社区居委会等组织联络比较弱，很少为其提供帮助。所以这一年龄段流动女性整体社会支持程度并不高，她们既缺乏来自妇联、工会、政府等的正式支持，也缺乏来自家人、邻里、同辈群体的非正式支持，尤其是在就业和择业上，因为自身学历和原生家庭的社会层次有限，很难支持其获得较好的工作，主要靠自身努力。

（三）女性流动人口的困境

未婚和相对年轻的女性不存在家庭方面的压力，对未来的生活充满向往；但是年纪偏大点的青年女性在结婚生子后更多地担心家庭，比如赚钱养家、因户籍问题导致的子女就学、学习等问题。换句话说，对于年轻女性，首要困难是生育和养育孩子的问题。总体上，青年阶段的流动女性也会面临自身发展、子女教育、生活保障等需求，会在流动过程中面临如多重角色、人身安全等特殊困难。因此，该年龄阶段的流动女性社会支持网不全面、众多需求不曾得到满足、面临特殊困难，目前整个社会对青年流动女性权益保护和关爱服务的提供相对较少。

三　社会支持状况分析

（一）正式支持状况

首先，青年流动女性的文化水平不高，缺乏对于妇联、工会等组织的了解，甚至有些流动女性对于这些组织的职能、所能提供的服务与帮助都一无所知。这些组织也不曾直接为流动女性提供任何相关服务。有少数流动女性由于工作原因接触过政府组织，例如访谈对象 A2 接触过社保医保部门、访谈对象 A3 接触过民政局等，只有极少数在国企或福利待遇较好的企业工作的青年流动女性，才会得到妇联、工会等正式组织提供的福利或服务。整体来说，青年流动女性的正式支持相对欠缺。

其次，青年女性在原来居住和工作的地方能够享受到妇女免费健康体检、宫颈癌和乳腺癌筛查、孕检等健康检查项目，流动到其他地区之后，由于户籍制度的限制和流动性，她们在现居住地从未享受过任何女性特有的健康关爱服务。青年流动女性既无法得到原有户籍所在地的正式支持，又无法得到现居住地的正式支持，其正式支持更加匮乏。

（二）非正式支持状况

首先，青年流动女性在面临生活困难或情绪不佳时，第一时间想要求助的对象就是家人、伴侣及朋友，这些群体也会尽可能去帮助流动女性解决所遇到的问题，或者宽慰不良情绪。同时，由于青年流动女性与家人的距离相对较远，在面对困难或情绪不佳时，家人无法及时帮助其解决目前面临的困境，她们只能依靠自己去面对。此外，青年流动女性具有流动的特殊性，她们逐渐与原来的同事、朋友失去了联系，导致原有社会关系网络出现断裂。同时由于流动性，她们又与当前邻居、同事的关系一般，难以及时建立新的社会联系，很难得到新的邻居、同事的有效帮助，这类群体提供的情感支持也相对较弱。

其次，青年流动女性由于跨地区流动，在日常生活和工作中，与家人仅通过打电话、微信视频等方式联系，无法获得实际的帮助。同时，青年流动女性与同事的交往大多仅限于工作场合，工作之外鲜有联系，因此难以获得同事的帮助。这导致实际支持的程度很低，无法帮助流动女性解决实际问题。此外，政府、妇联、工会、社区等组织均未提供过任何帮助和服务，部分青年流动女性甚至对妇联、工会等组织的职能一无所知，这使得她们在寻求支持时倍感无助。

最后，青年流动女性离开自己的原住地，流动到新的地区工作，与原来熟悉且亲密的同事、朋友、邻居等逐渐失去了联系。由于工作压力大、任务繁忙、闲暇时间较少，青年流动女性与同事的关系也一般。日常生活中她们也不接触现居住地的邻居，闲暇时间会在家休息或者进行一些娱乐活动，比如玩手机等。青年流动女性的社会交往面较窄，缺乏多样化的娱乐活动。

四　流动中的需求状况

（一）个体发展的需求

青年流动女性由于自身文化水平的限制，难以在职业发展中形成核心竞争力，大多只能从事最基础和最简单的服务性工作。这些工作通常工资低、工作时间长、工作任务繁忙，单位提供社会保障服务或福利有限，晋升空间和职业保障也相对不足。因此，青年流动女性非常清楚学历技能在求职及个人发展中的重要性。在无法短时间内弥补学历差距的前提下，她们期望通过相关职业培训来提高自身的核心竞争力，从而获得更好的工作或晋升条件。

（二）子女教育的需求

通过访谈可知，除了满足经济需求之外，人口流动还有一个重要的原因就是孩子的求学需求。多数 25 岁以上流动女性都已有子女，她们当前最迫切的需求就是解决子女入学问题。部分女性流动人口就是为了给孩子提供更为优质的教育环境，选择从农村或小城镇迁入大城市，希望自己的孩子能获得较好的教育资源。在这方面，很多年轻的流动女性有着清晰的认识。然而，现实情况往往不尽如人意。由于户籍和教育制度的限制，流动女性的子女难以进入教育资源优质的学校，比如访谈对象 A27 就谈道："现在我个人的问题考虑得不多，就操心两个孩子的上学问题。因为孩子没有这里的户口，所以只能以打工者子弟的名义进学校。我们租住的这个地方比较偏，房租便宜，但是幼儿园、小学的学校都不太好。当然比我们老家是好多了，但比这里的大多数学校还是差点，这就输在起跑线上了嘛。娃娃们上学这个事儿真叫人犯愁。我就是农村小学念的书，到镇上中学和县城高中上的学，由于基础差，考了个大专，找工作一直很难。现在娃娃没有好学上，基础就好不了，我们后面还是得想办法，努力挣钱买个好点的学区房。"教育资源比较好的中小学通常按照户籍和住房划片入学，多数流动女性家庭难以满足这些条件。所以，子女的教育需求成为年轻一代流动女性最担忧的问题，也成了她们希望政府能为其提供支持和帮助的主要内容。

（三）生活保障需求

中国自古就有注重衣食住行的习惯，其中"住"也是最为关键且重要的生活保障方式。在访谈中，青年流动女性表示，除了子女教育是第一首要需求外，住房需求也是极其重要的，而且这两个问题还有关联。因此，住房不仅需考虑住得舒服，还需考虑学区、交通、地段等多个因素。由于经济能力的限制，青年流动女性及其家庭在租房或者购房时，常常面临租金高昂、房价居高不下、房贷压力沉重等问题，导致她们的生活保障水平偏低。访谈对象 A14 说："我们刚结婚不久来呼和浩特，一直是租房，结婚还借了些钱，老家有新房。尽管来这儿一年多了，也挣了一些钱，但是只能先把老家盖房和结婚的钱还上，剩下也就不多了。我的想法是要一直在这里干，迟早要在这儿买个房子，以后有了孩子好在这里上学嘛，老家的学校实在是不行。"

五 特殊困难

（一）多重角色困难

女性除了自身身份之外，还扮演着社会所期待的其他角色，如妻子、母亲、儿媳妇等。青年流动女性不仅要处理好工作任务，还要在家庭中承担照顾家庭、教育子女等职责，其所承担的任务异常繁重。在正式支持网络和非正式支持网络双重匮乏的情况下，青年流动女性的实际生活、工作会遭遇更多困境。

（二）人身安全困难

由于性别的特殊性，青年流动女性在求职或工作期间，可能会遭遇性别歧视、性骚扰等问题，这不仅给她们造成了一定的担忧和困惑，甚至有时会威胁到她们的人身安全，使其身心都受到损害。

（三）个人发展困境

由于青年流动女性学历普遍较低，主要集中于高中、高职和大专学历，甚至有些只有初中学历，这使得她们在流动务工过程中受到学历限制，找工作遭遇诸多不顺，个人发展的空间相对有限。此外，大多数青年流动女性原有的家庭经济和社会关系状况都比较一般，社会阶层偏低，很难在就业、购房、婚恋等亟须解决的方面给予有力支持和帮助。再加上青年女性正式支持网络链接非常有限，所以她们的个人发展存在一定困境。

综合以上关于青年女性流动人口的总体社会支持情况的资料，绘制如图6-4所示青年流动女性社会支持网。

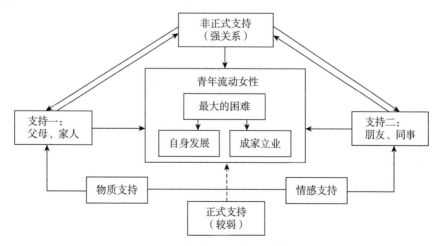

图6-4　青年流动女性社会支持网

第三节　壮年流动女性社会支持网个案分析

一　访谈资料的词频与词云图分析

通过词频分析和词云生成，从壮年（31—45岁）年龄段的西部流动女性访谈资料中提取出了如表6-3的关键词：

表6-3　　　　　　　　壮年流动女性（31—45岁）访谈内容关键词

序号	关键词	频次
1	工作	60
2	困难	54
3	朋友	51
4	娃娃	50
5	生活	50
6	打工	41
7	家里	38
8	儿子	37
9	邻居	36
10	城里	36
11	孩子	34
12	一个	30
13	平时	29
14	希望	28
15	两个	26
16	上学	25
17	关系	24
18	公司	24

续表

序号	关键词	频次
19	工资	23
20	父母	22

如图 6-5 所示，该年龄阶段的流动妇女作为典型的壮年妇女，大多数已有自己的家庭和孩子。所以，相较于青年流动女性，她们关注的重点除了家人、朋友以外，更关注工作、孩子和生活等方面。在词云图上可以清晰地看到物质支持和情感支持方面，朋友是最主要的来源，父母居于相对次要的位置。这可能是由于壮年流动女性组建了自己的家庭，流动时间也更长，在有些地方已经开始融入城市生活，形成了自己的人际圈子，并逐步脱离了原生家庭的牵绊，甚至有些人开始回馈自己父母的帮助和支持。所以，这也表明壮年流动女性的自立性和社会适应性要明显强于青年流动女性。她们与朋友和邻居的关系更密切，与正式组织也有较多的联系，但与社区、工会和妇联等政府和社会组织联系仍然很少。她们的生活重心非常明

图 6-5　壮年（31—45 岁）流动女性访谈词云体现

确地围绕工作和孩子两个方面展开。在工作方面，她们有的谈论打工的艰辛，有的提到渴望稳定工作，但共同的认知是，工作对于获得经济保障和补贴家庭至关重要。

在孩子方面，她们尤其重视孩子的学习和教育资源的获得包括小学、中学和大学各个时期。在孩子问题方面，儿子被重点提到，因为对于那些有儿子的壮年流动女性来说，她们的儿子大多已成年，面临就业、购房、成家等问题，因此关注度更高，所面临的困难和压力更大。这种情况在访谈中得到了明确的体现。由以上两种生活中心展开的社会支持网，就是以家庭和工作为中心节点的人际关系网络。

二　基本情况分析

（一）扮演的主要角色

该年龄阶段流动妇女的社会角色差异性较小，整体社会阶层偏低。由于学历普遍较低，她们大多从事保洁、商场售货、保姆、零工等工作，工资水平和消费能力相对较低。这些工作普遍工作量大，且偏重体力劳动。她们的日常生活以工作和家庭为主，没有自己的时间。她们的子女大多正在读高中或者大学。其中，供养孩子和处理家庭矛盾成为她们面临的主要问题。

（二）社会交往情况

大部分女性遇到困难主要是自己解决，其次才会想到家人，由此形成了以丈夫为中心的家庭支持系统。她们很少向亲戚或社会寻求帮助，交往圈子小。除了工作单位的熟人外，在城市中她们很少能交到朋友聊天谈心，生活圈子相对单调。尽管部分女性会使用手机进行网购和娱乐，但她们的社会交往大多是老家的熟人，在城市里相对较少。

（三）社会保障及社会支持状况

该年龄阶段流动妇女比较重视社会保障。部分女性的单位会提供养老保险，但也有些女性由于工作性质和经济能力的限制，无法购买养老保险或其他保险。她们更希望国家提供全面的社会保障，同时希望社区与妇联等组织为部分女性提供帮助，比如，对于那些在政府等正规部门从事保洁等类似工作的女性，能享受到福利与帮助。然而，部分女性因为打零工没有稳定的工作，无法享受到单位福利与支持。因此，她们希望社区、妇联、政府等相关部门能够开设培训课程，帮助她们掌握一技之长。

三　社会支持状况分析

（一）正式支持状况

壮年女性流动人口普遍面临正式支持缺失的困境。首先，大部分流动女性多为受教育程度偏低的农村女性，对于正式组织怀有"畏惧感"，认为与政府部门打交道是"男人家的事"。同时又受限于知识文化水平，她们对正式组织的职能、相关政策以及求助渠道缺乏了解。这导致她们与政府，甚至和所在社区的交流互动，都极为有限。其次，极少数女性在与正式组织接触过程中，与功能性的正式组织联系较多，例如疫情登记的社区（访谈对象 B20）、办理孩子入学（访谈对象 B12）、办理新农合保险（访谈对象 B15）、个体户与工商局打交道（访谈对象 B4）。而与支持性的正式组织联系较少，对于妇联、工会等服务性较强的正式组织，大部分流动女性从未听说或者接触过，"门朝哪开我都不知道"（访谈对象 B15）。只有少数在国企或福利较好的单位工作的流动女性接触过妇联或工会，能够享受节日福利、培训、活动等待遇。所以，这些组织在壮年流动女性的支持网中是缺位的。最后，作为流动时间较长的壮年流动人口，这些女性也面临着"福利真空"的问题。我国不少社会福利政策与户籍制度挂钩，而经历流动的女性因为户籍地与现居住地不符，导致她们既无法享受到户籍地的福利，也没办法获得流入地的福利待遇，进一步加剧了流动女性正式支持的缺失，同样严重阻碍了她们的个人发展和对合法权益的追求。

（二）非正式支持状况

1. 实际支持情况。壮年女性流动人口在面临经济困难时，主要依赖非正式支持网络，其中"家人"和"朋友"是主要的求助和支持对象。尤其是"家人"提供的实际支持占据最大比例，凸显了家庭支持在个体非正式支持网络中的核心地位和高亲密度。在西部流动女性人口中也继续发挥了显著的实际支持功能。

2. 情感支持情况。与实际支持情况相似，西北女性流动人口在情感支持方面，同样主要依赖非正式支持网络，其中"家人"和"朋友"仍是最主要的支持对象。但与实际支持不同的是，在情感支持方面，流动女性的"朋友"所提供的情感支持力度与"家人"大体上持平，甚至部分流动女性优先向"朋友"寻求情感支持。这是由于流动女性的情感问题多源于家庭内部事务，并且她们的"朋友"多为处境相同的女性，更能理解流动女性的状况。

在流动女性"友缘"关系的建立方式上，存在基于业缘关系而建立的显著特征。这些女性在流动后，原有的社会关系出现断裂，而在流入地通过工作与他人建立联结，进而发展成为朋友，形成快速且便捷构建新社会关系网络的方式。但这种业缘关系会存在两种发展趋势，当部分职业本身的竞争关系比较明显时，业缘关系不仅不会发展为支持关系，反倒会成为情感问题的来源，如访谈对象 B24（房地产销售，争抢客源）。而本身更加偏向于合作性质的业缘关系更容易发展为支持性的友缘关系。此外，也有部分流动人口因为乡缘关系共同流动，并且从事相同或相近职业，例如访谈对象 B4、B16（同乡，市场商贩）。这种乡缘关系和业缘关系的结合为流动女性提供了较好的支持。

流动女性获得情感支持最普遍的方式是"倾诉"，心情不好的时候通过向朋友或家人"说说话"就能舒缓负面情绪。也有部分流动女性通过逛街购物、唱歌的方式来应对情绪问题。同时，西北女性流动人口也呈现出较为明显的忽视情感支持需求的特点，认为自己面临的情感问题"不是啥大事"（访谈对象 B9），属于"没事找事、小题大做"（访谈对象 B23），认为只有实际物质需求才是生活中真正的问题。这也是由于当最基础的生存需求尚未得到满足时，更高层次的需求往往会被压制或忽视。但这种长期被忽视的情感需求最终会给女性个人和家庭整体都带来不利影响。

3. 非正式支持网络缺失的特殊情况。频繁流动所导致的生活空间转变，壮年西部流动女性人口在流动频次高的情况下，往往面临较为明显的非正式支持网络缺失的问题。首先在流动之后，流动女性原居住地的社会支持网会受到影响。不少女性因流动与原居住地朋友和邻居联系减少，最终导致关系网断裂，无法继续发挥支持功能。而在现居住地，由于多数流动女性租房居住，且居住地时常变化，加上租房社区多为流动人口聚集地，租户流动性较高，难以建立稳定的邻里关系。同时在城市化和私密化的现代社会中，邻里交往模式的变革进一步削弱了邻里关系的亲密度。"不认识邻居"成为常态，"住城里就觉得周围的人远了，哪像过去在农村呢，还能端着碗去串门子"（访谈对象 B23），无法形成支持网络，导致女性在流动后面临着原有非正式支持网断裂，又难以建构起新支持网络的困境。

四　流动中的需求状况

（一）个人发展需求

在访谈资料中，壮年流动女性表达的最强烈需求是希望自己掌握一技之长，能有个手艺傍身，比如"我以前特别想学裁缝，父母没让我学。现在年龄大了，学什么呢？亲戚说过让我学家政，月嫂什么的，吃苦我不怕，就是很多东西我不懂，很难学会。也不知道像我这样的还能学啥"（访谈对象 B3）。因受教育水平较低且缺乏专业技能，大部分流动女性缺乏职业核心竞争力，只能从事基础的劳力工作。工资水平低、工作不稳定、缺乏基本保障和晋升空间是目前众多流动女性的工作困境。因此，许多流动女性希望可以获得相关技能培训，从而提升自己的职业能力。

（二）休闲娱乐需求

由于缺失非正式社会支持，流动女性缺乏休闲娱乐渠道。下班后，"玩手机"成为她们主要的娱乐方式，甚至有些人陷入赌博等不良消遣，"城里的诱惑太大了，我们两口子有点时间就打麻将了。打麻将这个事嘛还是输多赢少，挣点钱全打麻将输了，不打麻将吧，实在没点啥事干"（访谈对象 B23）。需要有相关部门进行引导和组织，发展兴趣活动，例如建设"不收费或低收费的运动场所"（访谈对象 B15）。这也是促进流动人口社会融入和人际交往的重要平台。

（三）子女教育发展的需求

人口流动的目的除了经济需要之外，子女的教育和发展也是重要原因。目前在中国，教育仍旧是社会阶层流动的重要途径之一。众多壮年流动女性将子女的教育和发展视为目前人生中最为核心的问题，用以弥补自己在文化程度上的不足，是实现阶层跨越的重要途径。而西部流动女性作为流动人口，面临着流动儿童的入学问题。首先，流动女性不了解相关政策和本身政策限制，阻碍了流动儿童的教育发展。其次，子女受到城里儿童歧视，流动儿童的融入问题也是流动女性所担忧的核心问题之一。最后，因本身受教育程度较低，无法为孩子提供学业支持也是流动女性所关注的问题。除了跟随父母流动的儿童，也有部分女性选择单独或与丈夫流动，就造成了儿童留守。而对于留守的孩子，流动女性也面临无法照顾孩子以及关系不亲密等问题。但流动女性除了前面产生子女教育方面的问题之外，同时也有可能为子女带来新的机遇。一是经济条件的改善，二是城市教育条件的改善。部分流动女性的子女获得了较好的发展，例如读研究生（访谈对象B8）、从事稳定工作（访谈对象B3）等。

（四）生活保障的需求

大多数女性流动人口从事较为低端的体力劳动或服务行业，这些工作单位无法提供完善的保障福利。同时，流动女性自身也缺乏社会保险意识和知识，因此缺乏基本社会保障（五险一金/三险一金）。养老、医疗和住房问题是流动女性所担忧的重点，尤其是养老问题。随着年龄的增长，许多流动女性因为无法继续从事繁重的体力劳动而失去收入来源，这使得养老问题成为她们最为迫切的需求。

五　特殊困难

（一）职业发展困境

职业发展困境是壮年女性流动人口在职业生涯中面临的最大困境，这与女性本身受教育程度低、职业技能缺乏等因素密切相关，是壮年女性流动人口面临的核心问题。大部分流动女性因文化程度有限而不得不从事劳力工作，缺乏职业技能。同时，由于女性相对弱势的生理条件，她们不能与男性进行公平竞争或完成同等工作量，导致她们无法获得更多的经济报酬。此外，流动女性也同样面临就业歧视问题，一方面，她们从事较为低端的服务行业时，可能受到歧视；另一方面，流动女性无法获得与男性同等的职业晋升机会。

（二）生殖健康困境

女性本身就会面临特殊的生理健康问题，例如生育。而流动女性因户籍限制无法享受到一些基础的生殖健康检查等服务。同时，不少流动女性也迫于生存压力而忽视自己的生理健康问题。因为目前壮年女性流动人口尚未受到慢性病、职业病等较大程度的影响，她们对自身的健康也不够重视，总觉得有病吃药，扛一扛就过去了，并不十分关注自己的身体状况。所以，这种情况为妇女生殖健康埋下了隐患。

（三）多重社会角色困境

身为壮年流动女性需要满足多重社会期待，大多数流动女性也同样需要承担操持家务、照顾孩子和工作等多项任务。这些角色的完成给她们带来了更大的压力。并且相较于非流动女性，在支持网络缺失的情况下，壮年流动女性无法获得原有更多的非正式支持，例如家人或邻居帮忙照顾孩子等，使得流动女性在承担多重角色时更加困难。

（四）人身安全困境

壮年流动女性所面临的人身安全困境也亟待关注。由于流动造成的社会支持缺乏，在面临家暴、骚扰等人身安全威胁时，壮年流动女性既无法获得原有的非正式支持，又不知如何向正式组织求助。加上传统社会文化观念的影响，当这些问题出现时，流动女性也不愿意"家丑外扬"，最终导致问题被掩盖。

综合以上关于壮年女性流动人口的社会支持情况资料分析，绘制了如图6-6所示壮年流动女性社会支持网。

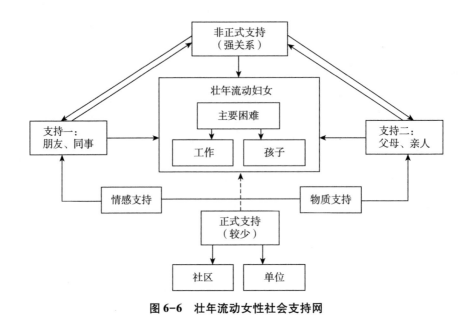

图 6-6　壮年流动女性社会支持网

第四节　中年流动女性社会支持网现状与问题分析

一　访谈资料的词频与词云图分析

通过词频分析和词云生成，从中年 46—60 岁年龄段的西部流动女性访谈资料中提取出了如表 6-4 的关键词。

表 6-4　　　　　　　中年（46—60 岁）流动女性访谈内容关键词

序号	关键词	频次
1	工作	102
2	单位	87
3	困难	76
4	生活	71
5	儿子	65
6	朋友	65

续表

序号	关键词	频次
7	孩子	58
8	打工	55
9	邻居	50
10	关系	49
11	社区	49
12	丈夫	47
13	老家	46
14	妇联	46
15	希望	44
16	同事	43
17	一个	41
18	亲戚	40
19	家里	40
20	女儿	39

　　如图6-7所示，通过上述词云图和关键词排序可以看到，对于年龄在46岁至60岁的中年西部女性流动人口而言，较为重要的事情是自己的工作和单位，其次才是儿子、朋友及邻居等角色。能为她们提供社会支持的正式系统主要是工作单位和妇联，基本以物质支持为主。提供物质和情感双重支持的是朋友、丈夫、儿女、邻居、同事、亲戚等，这些群体共同构成了一个以工作和家庭为主要节点的社会支持网。这个网络侧重于非正式支持的获取，其中家庭占据了最重要的地位。围绕中年女性的丈夫、儿女、亲戚、同事、邻居形成了一个坚实的人际关系网。这也体现了该阶段流动女性人际关系的重点是以个人为基础形成的社会关系网络。从词云图可以看出，保障妇女能正常参与这些关系网络的前提是她们拥有自己的工作。所以该阶段妇女能找到并胜任工作在她们自身看来是最重要的。尽管在现实访谈中，该阶段妇女由于户籍、受教育程度、年龄等原因多从事简单的体力劳动，尤其是50岁以上

的妇女以保洁等基础工作为主，待遇低、劳动强度大、工作时间长，但她们仍然要坚持工作，并且对自己工作岗位持有较高认可度，满意度也明显高于前两个年龄段的流动女性，体现出对拥有工作的满足状态。这一阶段妇女面临的最大压力主要是子女求学、成家和就业问题。其次是个人工作的稳定性和低收入问题。总体来看，这一阶段的流动妇女对儿子的关注程度高于女儿，大多数妇女超过 55 岁仍然坚持工作的目的是为儿子和家庭分忧。最后，流动妇女对自己的养老问题也比较担忧，这也是她们要努力工作的重要原因。为养老做准备是对当前社会关系调整以及所面临养老困境的一种现实应对策略。

图 6-7　中年（46—60 岁）流动女性的访谈词云体现

二　社会支持基本状况分析

中年西部流动女性人口的最大特点是年龄偏大，重心更偏向于家庭。部分女性是随子女迁徙，流动状态很不稳定，随时有可能回流。这类流动女性中，有些甚至没有工作，只能在家照看孙辈。她们的文化程度普遍较低，收入不稳定。而就业的中年西部女性流动人口所从事的工作几乎都是社会底层的保洁、家政、临时工等职业，工作环境差、劳动强度大、待遇较低。

（一）正式支持状况

中年西部女性流动人口对生活中正式支持所发挥的作用感悟很低。她们普遍存在对正式支持的相关组织认知程度低、参与度不高的现象。大部分流动女性表示接触较多的是社区，如访谈对象C6："我好像只跟我们小区的社区有过联系，当时还是因为要去办住房的啥证来着。"甚至很多流动女性没有接触过相关组织，如访谈对象C1说道："你说的妇联工会这些我也不太了解，没接触过。和政府的人也没打过交道，我家什么事都是问儿子的。我字认得不多，说话人家都听不太懂，办事不方便。"访谈对象C2说道："我对社会组织没啥要求，也不太懂。"访谈对象C3说道："和城市居住的社区、妇联、工会等组织没有联系过。"中年西部女性流动人口的文化程度普遍偏低，在C1至C25的访谈对象中，仅有两名访谈对象拥有本科学历，大部分访谈对象只具备小学学历。在访谈对象中，大部分人从事"体力劳动"，仅有少数人从事"非体力劳动"。这也造成大部分中年西部流动女性在工作中较少接触到相关组织，且她们缺乏主动了解的意识，也导致她们对正式支持的感悟极低。

（二）非正式支持状况

1.物质支持方面。中年西部女性流动人口的非正式支持主要为家庭、朋友、同事和邻居。在物质支持方面，主要以家庭为主，朋友、邻居、同事等为辅。第一，家庭给予的物质支持为主。家庭支持是中年西部地区流动女性最普遍、最重要的一种非正式支持。非正式支持往往是在实际生活中得到的帮助和支持。在迁移过程中，流动女性离开家乡，处于陌生的环境中，一个稳固的家庭支持网络可以让她们更加安心。遇到问题时，她们大部分都是向最熟悉和亲密的家庭求助。当流动女性遇到困境，家庭给予的帮助与支持力度是最大的。例如访谈对象C3说道："在生活中有任何困难，我第一个想到的就是丈夫。在我眼里，丈夫就是我的天。"访谈对象C5表示："在家庭遭遇经济困难时，主要向娘家人借钱，几个兄弟也帮了不少忙。"访谈对象C9谈道："刚开始成家立业那两年手头比较紧，他（丈夫）家条件不好，帮不上我们什么忙。但是我家里条件好，所以我们实在困难了我爸妈就接济我们一下";访谈对象C13:"我不爱借钱,现在老了,花费也没有那么大,老伴买个啥我吃个啥,穿的也少了。实在需要花钱的时候,就问子女借点,搬到银川也没有多少认识的人,问谁借去呢。"第二,朋友、邻居、同事等给予的物质支持为辅。在城市之间迁移的中年流动女性,在新城市的社会关系网络中,除了家庭成员之外,一般都是由以前的朋友、同事、邻居等构成。当生活出现困难时,主要求助家庭。但由于种种原因,家庭的帮助无法完全解决问题,她们会选择向朋友、邻居、同事等求助。例如访谈对象C10说道:"我之前在银川没有亲戚,后来家乡的几个亲戚和朋友来银川了,我们一起做生意,我们之间有什么困难都是相互帮助的。"访谈对象C11说道:"一般出现经济困难的话我就首先找我的亲戚,就是兄弟姐妹了,都帮帮忙。再就是朋友,看一起的朋友能不能帮一下。"访谈对象C15说道:"如果出现经济困难,第一个我会求助老家的亲戚,平时有个着急用钱的地方,经常会向亲戚借钱。不过会尽快想办法还给他们,主要是不想麻烦其他人,身边的亲戚比较好开口;第二个我会求助老板,有时用钱比较多的时候会向老板申请预支一个月的工资,老板人也比较好,所以一般也会同意;第三个我会求助身边的同事和朋友,我工作的同事比较多一点,有时也会向一起出来打工的老乡借点钱。"

2. 情感支持。情感支持则包括对流动女性的心理疏导、关注和陪伴等方面。中年流动女性由于其自身特殊性,原有的社会支持网因地区转移发挥的作用会受到一些影响。如果长期处于孤独和无法倾诉的环境中,可能会患有抑郁、焦虑、无助等心理问题,情感支持的存在对于流动女性的生活有一定的必要性。第一,家庭在情感支持方面依旧发挥着主要作用。家庭成员作为人生中最亲密的存在,在情感支持方面本身存在一定的优势。在相对较快的社会生活节奏下,家庭提供的情感支持被进一步放大,且由于中年流动女性的生活城市变更后,大部分人的社会支持网会缩小,甚至仅仅局限于家庭。因此,家庭对于流动女性在情感支持中的作用依旧重要。例如,访谈对象C4表示:"每天主要回去和女儿说说话,周围邻居见不上,也没接触过,没啥交流。我要有啥困难了就跟姊妹们说,也很少有病,小感冒吃点药就好了";访谈对象C15:"心情不好,第一个会找老公诉苦,向老公说一下自己的困难和委屈，一起商量着怎么解决问题，有时候工作忙了也会找老公说说。我和老公两人一起在银川打拼，相依为命，两人经常会聊聊工作上的事，老公算是自己最大的依靠了。"第二，朋友、邻居、同事等在情感支持方面发挥的作用增加。不同于物质支持，情感支持的方式多种多样。"倾听""陪伴"等日常的行为都可以对中年流动女性形成一定的情感支持。在情感支持方面，家庭依旧发挥着主要作用，而与之前经济支持不同，朋友、邻居、同事给予的情感支持比重上升。例如访谈对象 C3 表示："在生活中有任何困难，我第一个想到的就是丈夫。"而谈到情感支持方面，其他人群也发挥了作用，比如朋友给她的陪伴有很多，"在老家我有很多朋友，由于现在网络信息很发达，我们一有时间就视频聊家常，聊村里的大大小小的事情。她们就是我的耳朵，联结着我和村子，逢年过节我也会回家看望老人、亲戚和朋友"。访谈对象 C5 也表现出在物质支持与情感支持中的差别。在情感支持中，她说道："因为我也没有别的什么朋友，更不要说能借给我钱的朋友了。而遇到其他问题，娘家人也一直在劝我，给我宽心。他们就是在心理上给我帮助最大的人，其次就是我的儿子和女儿。另外还有一些就是院子里的邻居们，跟他们说一说心里面也就舒服多了。"访谈对象 C6 也是如此，"现在在城里住，一般都只能靠自己，之前租房子都是我们自己找的。生活中遇到心情不好，烦恼的时候，一般都是先找朋友。在这边工作和生活了几年，也处了几个比较好的朋友，大家彼此也都熟悉得很，各自家里有啥情况、有啥事也都帮衬着呢"。

（三）社会支持总体情况

中年西部女性流动人口遇到困难或者烦心事时会求助子女和丈夫等人，与前面两个年龄段不同的是他们的孩子大多成年，已有独立经济的能力，她们的经济压力可能较小。但有些会由于给子女买房等原因攒钱，经济消费能力低。很多人不愿意欠人情，很少找亲戚朋友帮助，与外界很少打交道，更多以家庭联系为主。她们的重心以子女就业、结婚生子为主，操心较多。与妇联、社区等组织联系很少，甚至不知道如何联系，此类帮助较少。

综合以上关于中年女性流动人口的总体社会支持情况资料分析，绘制了如 6-8 所示中年流动女性社会支持网。

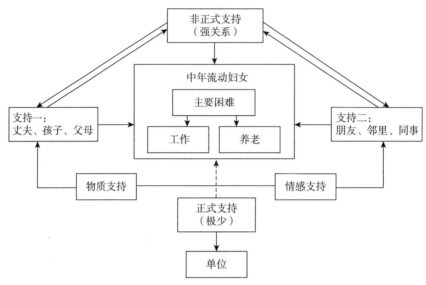

图 6-8　中年流动女性社会支持网

第五节　社会支持网的比较分析

一　社会支持网的共性分析

上述对不同年龄段西部流动女性社会支持的访谈分析,构建了不同的社会支持网结构。然而,当深入观察和分析不同的社会网络结构时,会发现三张社会支持网的共性和差异性,这种细致的分析对后续提出社会支持网建构的对策建议具有重要意义。

(一) 正式支持缺乏

比较青年、壮年和中年西部流动女性的社会支持网,发现正式支持是整个支持网中最缺乏的部分,不能满足现有西部流动女性的社会支持需求。在现有较少的正式支持系统中发挥作用最多的是工作单位,而其他政府机构以及社会组织包括工会、妇联、社区等都处于缺失状态。以西部流动女性工作为中心的正式支持网,主要是工作单位和同事关系,相对较为单一,大多数时候仅提供物质支持。反过来说，西部流动女性主要的社会支持系统是非正式支持系统，主要包括朋友、家人、孩子、邻居、同事、父母这些群体。针对流动女性的关注在社会组织、政府机构、社区中是"隐身"的存在，无论在物质支持还是情感支持方面都处于缺位状态。政府机构、社区等正式社会支持缺失，严重影响女性在城市中的归属感和融入程度，而就业单位的正式社会支持缺失则严重影响女性就业中的公平感和职业稳定性。

（二）就业是流动女性社会支持中的核心需求

西部女性流动很重要的一个原因就是就业，增加经济收益。尽管也有妇女是非在职的状态，但从访谈中我们可以看到，工作的确是绝大多数流动女性的核心需求。因为有工作就意味着有经济来源，有一定的物质支持，有些女性还会在工作单位获得情感支持系统，比如朋友、同事、领导等的物质或者情感的支持。

（三）非正式社会支持网是强关系网

通过访谈分析发现，西部流动女性的社会支持网主要由自身的初级群体构成，比如家庭成员，朋友、邻里。其中，家庭中来自父母、配偶的支持最多，无论是物质支持还是情感支持都是如此，来自其他亲友，比如兄弟姐妹、子女等次之。所以家庭关系和密友关系在社会支持网中形成了强关系，而传统的邻里关系只在一定的流动女性社会支持网中发挥重要作用。还有一些次级关系，比如同事、老乡关系等也提供了相应支持，单位提供支持较少或者没有。以家庭为主体的西部女性社会支持网涵盖了与流动女性支持紧密相关的父母、朋友、子女、邻居以及老家等关系，这些关系共同构成了一个强关系网。也形成了一张"密网"。

二　社会支持网的差异性分析

（一）正式支持获得性差异

通过对访谈资料的分析发现，西部流动女性在正式社会支持网结构方面存在差异。青年流动女性的正式支持获取途径相对较多，这与其文化程度高、城市社会适应能力较强等有密切关系；壮年流动女性的正式支持主要来自社区和单位，这与其社会关系、家庭结构以及流动时间有密切关系；而中年流动女性的正式支持较为单一，主要依赖工作单位，难以获取单位以外的正式社会支持。此外，缺乏主动了解社会的意识，也导致她们对正式支持的感悟相对较低。就业对中年流动女性影响较大，年龄越大，对就业条件的要求越低，但要求就业的需求越高。这也体现出西部流动女性在就业市场上，年龄与就业之间存在反比例关系。

（二）非正式支持侧重点差异

在非正式支持方面，西部流动女性因年龄不同有一定差异。青年流动女性重点支持来源是家庭中的父母及其他亲人，朋友和同事则位列第二；而壮年流动女性则相反，在非正式支持形成的强关系网络中朋友和同事形成的社会关系排在首位，家庭成员则排在第二位。这与壮年流动女性的社会关系建构、流动时长等因素有关。大多数壮年流动女性以工作为中心，"上有老、下有小"的家庭结构中，日渐成为家庭的核心成员，能为其他家庭成员提供主要支持。反观中年流动女性，她们在流动人口劳动力市场中处于劣势，非正式支持又开始回归家庭，依靠家庭提供支持。她们在家庭支持中多了来自子女的经济和情感支持，在次级非正式支持系统中，维持了传统社会中的邻里支持系统。

（三）社会支持网需求和规模差异

正如前述分析，不同年龄段的西部流动女性在社会支持网方面的共性需求特点是"就业"，但也存在明显的差异性，这种差异性主要源于各自"找工作"目的性的不同。青年流动女性侧重于个人发展，壮年流动女性侧重于抚养家庭成员的需求，而中年流动女性侧重于为将来养老做打算。这体现了不同年龄阶段流动女性生活侧重点的变化。从个人发展到家庭责任再到个人养老，流动女性的角色也在发生变化，这不仅是个人生命周期变化的体现，也是个人生态系统发展变化的体现。所以壮年流动女性的社会支持网规模更大，而青年流动女性的社会支持网规模则相对较小，中年流动女性失去年龄优势后，社会支持网会出现规模收缩情况。

第七章
社会支持网的问题及影响因素分析

通过前面对西部流动女性人口问卷调查和个案分析的结果可以看到，在西部城镇化快速发展的背景下，西部女性流动人口的社会支持网呈现出自身特点。同时目前西部女性流动人口的社会支持系统尚未完善，存在不平衡，正式支持系统缺失、支持功能发挥不充分等问题。影响西部流动女性社会支持网的因素包括宏观的社会环境、政策和微观的人口学因素，如受教育程度、民族、婚姻、流动性等。

第一节　西部女性流动人口社会支持网的特点

一　家庭关系和社会关系互补

传统的中国社会以家庭关系为基础，而城市社会则更加注重社会关系的构建。在新型城镇化进程中，西部女性流动人口的家庭关系和社会关系都非常重要，二者需要互为补充。通过扩展社会关系，西部女性流动人口可以得到更多开阔的视野和发展机会；通过维护好家庭关系，她们可以获得家庭支持和安全感。这二者是女性流动人口社会支持中正式支持和非正式支持的主要来源。

二　社会支持网构建的主体多元化

在新型城镇化进程中，西部女性流动人口社会支持网的建设主体不再局限于传统的家庭、亲友和地方社区，还包括流动地的工作单位、城市的社交圈子、城市的社会组织等多个主体。这种多元化的主体结构能够为西部女性流动人口提供更加丰富的社会资源和支持，促进她们在城市中能够较好地适应和发展。

三　跨地区支持网络构建的重要性

在新型城镇化进程中，跨地区的社会支持网构建变得越来越重要。作为流动人口，西部女性需要通过流入地和流出地的多地区社会支持网来获得更多的帮助和资源。流动女性的流动程度决定了流入地可能是多个城市，其社会支持系统的衔接，尤其是正式社会支持网的衔接，比如子女转学的支持、社会保障的接续等问题就会凸显，因此，建设跨地区的社会支持网对于西部女性流动人口的发展至关重要。

第二节　西部女性流动人口社会支持存在的基本问题

学历不足被认为是目前西部女性流动人口生活中面临困难的主要原因。流动女性在流入地买房的意愿比在当地落户的意愿高，可见，稳定的居住条件对提升流动人口的安全感和归属感至关重要。流动人口家庭成员在流入地的比例较高，家庭团聚、人际关系网络集中、空间距离相近等是流动女性选择流动的主要原因。社会支持来源于个体工作和生活的方方面面。家庭作为生活的主要场所，尤其在以家庭为本位的中国传统社会，亲属关系无疑是家庭支持系统内部最重要的社会资源。社区是流动女性进入城市之后最主要的生活区域和活动空间，流动女性期盼社区能够关爱其身心健康、提供生活帮扶、培训各种技能。流动女性的正式社会支持网主体，如政府、社区、妇联等处于缺失状态，其社会支持主要依赖非正式社会支持，而这与其社会支持网浓厚的血缘、亲缘、地缘和业缘特性相关。非正式社会支持网主体如家人、朋友、邻里等处于相对弱小的状态，尽管提供强情感与实际经济支持，但其网络功能的发挥仍然十分有限。

一　社会支持网不平衡

从前述分析可知，西部女性流动人口的社会支持主要来自非正式支持系统构成的社会支持网。社会支持主要体现在物质、情感和实际支持的支持水平程度。问卷统计调查显示其支持结果处于中低水平。超过八成的调查对象拥有1—5个非正式社会支持来源，这主要由于受访女性过去一年中基于血缘、亲缘和地缘关系而构建的原生社会网络和以业缘关系为基础的次生社会网络之间的社会交往而形成的。同时，家庭成员在流动女性情感支持网络中处于绝对的主体地位，亲密的家庭关系也就意味着流动女性能够获得更多的情感支持。父母和配偶是提供全力支持的主要来源，其次是朋友关系。实际上，西部流动女性面临的最大困难是经济收入。尽管现有的社会支持网由强关系构成，但是该网络主体的实际收入水平往往与女性流动人口自身的职业层次相近，因此难以提供更加丰富多元的经济支持。尽管强关系社会支持网为女性在情感支持上带来了一定的益处，但在物质支持和实际支持上水平相对有限，导致整体支持处于中下水平。此外，由于西部女性流动人口的社会支持网以强关系为主，网络节点多为血缘和亲缘关系，所以她们在领悟社会支持量表方面所体现的社会支持感受力相较于实际支持水平要高一些，调查结果处于中等水平。但支持水平的高低并不能改变西部流动女性社会支持网的单一性以及主要依赖上述关系的现状。社会支持网的形状、范畴以及种类都有可能影响个人社会资本的获得和社会适应性问题。

二　正式支持严重缺位

在量化研究和个案访谈中，流动女性表示能为女性提供正式支持的组织，包括社区、妇联、工会等社会组织和其他相关政府组织，基本处于缺位状态。这并不是政府及相关组织完全忽视了流动女性这类特殊群体，而是在相关政策和法律制度方面，对于流动人口的权益和利益要求都是有所规范的，而政策规定的可及性和全面性有待提升。此外，流动女性对正式社会支持的感受水平也较低，这也导致了正式社会支持的缺位。也就是说，基于个人及家庭意愿的自主流动中，女性流动者在享受相关社会政策方面存在两大问题，一是女性自身能力不足，二是相关政策的可及性和具体落实情况并不理想。原有户籍制度的限制，尤其是在户籍制度改革较为缓慢的西部地区，仍然对流动女性突破户籍和身份限制获得流入地的相关福利政策和社会保障政策有所影响。所以，在调查中可以看出妇女在面临实际困难时并没有意识到"有困难找政府，有困难找妇联"，这在很多妇女访谈中都有所体现。比如访谈对象 A1 说道："你说的社区、妇联、工会这些组织离我看起来好像很遥远。"访谈对象 B4 也表示说道："跟城市居住地的社区、妇联、工会等组织从来没有联系，希望城市居住地的社区、妇联、工会等组织多关心我们吧。"而年龄较大的访谈对象 C2 也表示说道："到目前为止没有联系过城市居住地的社区、妇联、工会等组织，等到孙子能上幼儿园了我就去社区看看有啥活动，我也参加一下。"所以政府、社区、妇联、工会及其他社会组织对妇女的关注确实不足。作为正式支持的构成部分，流动女性并未感受到具体支持，这也反映出正式支持的可及性和全面性问题。

三 社会支持网的脆弱性

由前述可知，西部流动女性社会支持网单一性、不平衡性和差异性的特点，导致其社会支持网的脆弱性。因为大多数西部流动女性的社会支持网是以血缘关系为主要网络节点的亲密关系网，基于家人、亲戚以及少数关系较为紧密的朋友，仅能提供为数不多的情感支持和物质支持，很难提供更为丰富全面的社会支持，比如访谈对象 A1（19 岁，未婚）谈道："在西安学完理发后，就跟着一起学理发的姐姐来到吴忠阳光小区这里的理发店干活到现在。刚到吴忠的时候啥也不会，啥也不懂，那时候也没啥钱，手机还是以前的那种不能上网的诺基亚手机。幸好我舅舅、堂叔、我姑家都在吴忠，出门在外的嘛，只能靠亲戚和朋友了。"这种基于亲密关系的社会关系网规模非常有限，其所提供的人际关系资本和社会资本也非常有限。流动人口的亲密关系群体往往与自身社会层级、家庭及个人收入比较接近，可以通过该社会支持网获得基本支持。但是在城市发展过程中，次级关系和非亲密的正式交往圈往往因为其差异性和多样性，能为流动女性提供更多就业与发展机遇。但由于流动女性的学历普遍较低，实际技能不足，尽管有些人与同事也建立了亲密关系，但也仅限于普通支持层面，比如互相顶班，给予少量的经济支持，互相诉苦等简单的情感支持。她们基本是与自己同一社会阶层的群体交往，非常有限，缺乏来自跨阶层、年龄和学历等方面丰富立体的交往。这种社会支持网的熟人化、亲友化状态不利于流动女性的社会融入和自身发展，本身也具有一定的脆弱性。一旦自身家庭遭遇变故、失去现有工作岗位，或者面临巨大经济困难，该社会支持网可能会崩溃或者支持能力迅速变弱。尤其是壮年离异、丧偶等有特殊遭遇的妇女情况往往更加困难，一方面没有家庭的支持，另一方面自身原生家庭父母年迈或者去世，很难再提供相应帮助。这些女性往往孤身在外，还要养育子女，生活较为艰辛，社会支持严重不足，比如访谈对象 C13 谈道："我今年 59 岁了，就念到了小学，早早就嫁人了。我老汉（丈夫）年轻时外出打工跟个女人跑了，再没回来，儿子女儿我自己打工拉扯大。我儿子都 33 岁了还没结婚，没钱给他买房，他也是在外面打工，今天干这个明天干那个，也不知一天干啥呢。女儿查出来红斑狼疮，大夫说不能生娃，大医院都看了，别人给介绍个中医也看了，都说看不好。我在一个家政公司给公安局干保洁，干了好几年，这马上 60 岁了，也不知能不能继续干。"对于这样年龄大、学历低、家庭经济困难且家庭成员患有严重疾病的流动女性来说，其非正式社会支持极其脆弱，正式支持也严重不足。这严重影响了她们的生活质量，致使其在贫困线边缘苦苦挣扎。

第三节　影响社会支持网的社会环境因素分析

一　新型城镇化的拉力

人口迁移中的推拉理论是由美国社会学家 E. W. Burgess 于 1928 年提出的。Burgess 教授是芝加哥大学城市社会学领域的知名学者，他的推拉理论对人类地理学、经济学、社会学等多个领域产生了影响。Burgess 认为，人口流动是由当地居民面临的困境和不利条件（推力）与外部城市或地区的优势和吸引力（拉力）共同作用的结果。在此基础上，他提出了内城、中心商业区和郊区三重环状结构的城市模型，这一模型成为现代城市规划和设计的重要参考。西部地区新型城镇化发展对流动人口产生的拉力主要体现在以下几个方面。第一，就业机会。随着西部地区城市化进程加速，大量的基础设施建设和产业发展带来了更多就业机会，为流动人口提供了更多就业选择。第二，生活条件改善。西部地区的城镇化进程也带来了基础设施和公共服务水平的提升，如医疗、教育、交通等，使得流动人口的生活条件得到改善。第三，社交网络扩大。随着城市化进程的推进，流动人口能够与当地居民建立更广泛的社交网络，促进文化融合和社会互动。第四，教育和培训机会。西部地区的城市化发展为流动人口提供了更多教育和培训机会，有助于提高他们的技能和素质，增强自身竞争力。第五，政策支持。政府为促进西部地区的城市化进程，出台了一系列扶持政策，如户籍制度改革和社保政策等，为流动人口提供了更多政策支持。以上几个方面都为流动人口融入城市社会提供了更多机会和选择。

二 国家相关政策的影响

国家和地区出台的有关流动人口的法律法规和相关政策如下：首先，《中华人民共和国居民身份证法》规定了居民身份证的发放和使用程序，明确了公民的权利和义务。其次，《中华人民共和国劳动合同法》规定了劳动合同的订立、变更、解除及补偿等事项，保障流动人口在用工方面的权益。此外，《中华人民共和国城市房地产管理法》规定了城市房地产的开发、销售、租赁等行为，保障流动人口的住房权益。《中华人民共和国农村土地承包法》规定了农村土地承包的权利和义务，保障农民的土地权益。《中华人民共和国社会保险法》规定了社会保险制度的基本框架和运行机制，保障流动人口的社会保障权益。《中华人民共和国教育法》规定了义务教育的普及和实施，保障流动人口子女的受教育权益。除以上法律规定之外，有关流动人口的相关政策包括以下几个方面：第一，城市落户政策。放宽城市落户条件，使流动人口能够在城市中获得更多的权益和福利。第二，就业创业政策。通过提供各种就业培训、职业介绍、创业指导和政策扶持等服务，帮助流动人口稳定就业和增加收入。第三，社会保障政策。建立城乡统一的社会保险体系、最低生活保障制度、医疗保障等，保障流动人口的基本权益和生活质量。第四，教育政策。提供义务教育并逐步实现同城同质同待遇，鼓励地方政府为流动人口子女提供更好的教育资源。第五，健康医疗政策。加强健康医疗服务，为流动人口提供更加安全和便捷的医疗服务。"我国人口流动管理制度一直处于政府管理体系中的薄弱环节，人口流动管理制度再供给也远远不能满足人们对该制度的需求，而且全球化加剧了人们对人口流动管理制度多元化的需求，为我国人口流动管理制度的改革和发展提高难度。从人口流动管理制度是否均衡的角度来看：一方面，我国人口流动管理制度建设并没有伴随社会主义市场经济建设发展起来，因此无法满足人们对人口流动管理制度的多元化需求；另一方面，社会大众对人口流动管理制度供给的质量、数量、着力点等等都感到不满足。"①

第四节　影响社会支持网的人口学因素分析

前述调查结果显示，西部流动女性汇报"1—2 个"和"3—5 个"亲密朋友的比例最多，分别占 49.64% 和 37.23%，表示"一个也没有"和"六个及以上"的比例分别是 7.01% 和 6.12%。女性流动人口的年龄、民族、受教育程度、婚姻等个人因素也属于人口学特征因素，会显著影响其社会支持水平，而访谈资料也进一步印证了这一调查结论。年龄因素的影响在前面第六部分已经有详细的论述，受教育程度、民族、婚姻、流动性因素的影响具体分析如下。

一　受教育程度对社会支持网的影响

随着受教育水平的提高，女性流动人口的社会支持状况能够得以改善，这说明教育可以为流动人口的社会支持状况提供正向作用。这一结果与一般

---

① 韩瑛：《构建我国人口流动管理制度的探索》，博士学位论文，中共中央党校，2018 年，第 1 页。

结论相同，即群体受教育水平越高，其社会支持的水平越高。① 受教育程度对流动人口支持网的作用体现在以下几个方面。第一，能更好地适应城市生活。受过良好教育的流动人口通常更加适应城市生活，能够快速融入城市社会，建立社交网络和支持网。第二，更容易获得就业机会。受过良好教育的流动人口往往拥有更高的技能水平和更广泛的职业选择，因此更容易找到满意的工作并获得稳定收入。访谈对象 A1（19 岁）未婚，在外地打工谈对象时受到了歧视，她说：“毕竟你说我一个初中生，理发的手艺也就一般吧，给点礼品我就满足了。也不想再谈城里的对象了，尤其是上过大学的，人家是一点也看不起我们这些人嘛，在人家眼里上个中学也就是个文盲（苦笑），弄得我现在挺自卑，挺伤心的（眼含泪水）。”第三，受教育程度高，具备文化素质可以更好地维护自身权益。受过良好教育的流动人口在法律、政策和社会问题方面具有更高的认知和理解能力，能够更好地维护自己的权益，为子女提供更好的教育。她们更加重视子女教育，能够为其提供更好的教育资源和环境，帮助子女更好地成长和发展。第四，更容易建立社会关系。受过良好教育的流动人口具有更强的社交能力和沟通能力，更易于与其他人建立联系，扩大自己的社交网络和支持网。不同年龄阶段的访谈对象都谈到受教育程度和专业技能对她们个人发展的重要影响。访谈对象 B3（45 岁）说：“我没上过学，我想念书，但是家里女孩多，要干活，父母生了四个女儿，一个儿子，我只能放羊。我 20 岁嫁人前，本来说好让我去学裁缝，可是父母也不让我去，我绝食也没起作用。结婚后什么都不会，不认识字。我婆婆让我男人（丈夫）教我，他也教可是也骂得厉害，也骂我父母，很瞧不起我。但是我学会了看电视、认字、算账、发短信这些。”这些经历对她在城里务工影响很大，她只能从事保洁等工作，很羡慕有文化的人。访谈对象 C2（55 岁）同样谈道：“我也没有什么文化，只能认得自己的名字和简单的数字，也不会想到求助什么组织。出现经济困难我一般会想到求助我在老家的姐姐。”实际上年龄越大，西部流动女性的文化程度越低，在城市求职难度越大，其社会支持

---

① 参见 Huang G., Tausig M., "Network Ragne in Personal Networks", *Social Networks*, Vol. 12, No. 3, 1990, p. 265。

网越小，越倾向于依赖家庭网络和血缘网络，导致社会支持网更加单一。专业技能培养也是教育的重要组成部分，许多年龄较大的女性文化程度较低且缺乏一技之长，这些因素严重限制了她们的发展，比如访谈对象 B1（44 岁）谈道："自己出来打工这么多年，其实最希望的还是能有个学手艺的地方，政府或者妇联也没有组织过，学一门手艺就是走到哪里都不怕呀。不像我现在，啥手艺都没有只能干个保洁。"这再次证明，教育可以为流动人口的社会支持状况提供正向作用。

二　民族对社会支持网的影响

少数民族流动人口通过异地谋生带来的生活上的变化表现在两方面。一方面，在获取经济效益的同时不断提高生活水平；另一方面，"生活空间的转换还会打破他们以往形成的地缘关系，扩大其自身的社会关系网络"[①]。布迪厄（PierreBourdieu）认为："社会资本是实际或潜在资源的集合体，这些资源是与某种持久的网络占有密不可分的。这一网络是大家共同熟悉的、得到公认的，而且是一种体制化关系的网络。"[②] 本次调查计量结果显示，在人口学特征上，西部少数民族的女性流动人口比汉族女性流动人口获得更高的社会支持，这可能与少数民族的文化认同和族群凝聚力有关。更重要的内在原因是，少数民族流动女性对流入地有较为明确的选择性，其流动存在家族流动、亲属共同流动和基于地缘关系流动的特点，在一定程度上能提升西部少数民族流动女性的社会资本。而西北少数民族流动女性普遍文化程度低，劳动技术和技能有限，在流动过程中主要依赖血缘关系获得就业途径。同时，她们在城市也更容易聚在一起，相互支持和帮助，形成一个相对较小的生活和人际交往圈。因此，她们获取来自家庭、亲友及老乡的社会支持更多，对这些社会支持的依赖性和感悟力也更强，比如访谈对象 B21："我今年 34 岁了，小学文化，回民女子书念得不行，老早家里就不让念书了，自己也不爱念书学习。

---

① 马伟华：《社会支持网构建：少数民族流动人口城市融入的实现路径分析》，《西南民族大学学报》（人文社会科学版）2018 年第 2 期。

② ［法］皮埃尔·布迪厄：《文化资本与社会炼金术——布尔迪厄访谈录》，包亚明译，上海人民出版社 1997 年版，第 203 页。

从甘肃定西来银川打工，就是因为我的姨娘和姐姐都在银川市。她们都是念过书的，很早就在银川工作了，都是吃公家饭的人，见识也多，一直都叫我们来银川发展。我们没来之前就已经给我和我家掌柜的（丈夫）瞅（找）好了工作，也给我们问了租房子的事情。现在住的这个小区回民老乡多，生活还是方便些，多亏她们了。我们现在住的地方和姨娘、姐姐家都离得挺近的，转门子（串门）方便得很。我刚来的时候老是想回老家，心里急得很，晚上就去姐姐家聊天，这才慢慢地不急了，适应了这里。我姐是中学老师，这几天说让我明年把在老家念初中的二儿子也转到银川来读书，她给办呢（高兴地笑了）。"

三　婚姻状况对社会支持网的影响

学者研究一般认为："已婚人群比未婚人群在社会支持水平上更具有优势，夫妇间彼此可以提供较高水平的社会支持。"[①] 本书也印证了这一研究结果。前述计量结果显示在婚姻方面，已婚女性流动人口的社会支持状况要优于未婚者或离婚丧偶者，婚姻在一定程度上可以为这些女性提供物质和精神支持，且访谈资料也印证了这一点。婚姻状况对于家庭支持网的形成和发展至关重要，结婚后通常能够获得生活上的帮助和精神上的支持。在实际访谈中，很多妇女都表示自己最大的支持来源于丈夫和其他家人。壮年妇女访谈对象B2（39岁）谈道："当前的生活工作中对自己帮助很多的第一个是老公，为这个家庭付出了很多，承担了大部分压力。第二个是妹妹，从小一起长大，感情特别要好，也经常帮我去照顾父母。在生活中，有什么好的，也会与我分享。"可见，已婚者可以从配偶、父母、亲戚等更广泛的家庭支持网中获取支持和帮助，而未婚者可能仅依靠朋友或同事等更为有限的非家庭支持网。对于女性流动人口来说，婚姻状态也会影响其在城市中的法律地位和社会地位，已婚女性比未婚女性更容易获得相应权益。然而，不良婚姻关系或离婚状态也会使原本稳定的支持网遭到破坏，导致流动人口在城市中的生活变得更加困难。离异或丧偶会导致妇女家庭支持网破裂，失去原本可以从

[①] 严征、彭安辉、张丽荣：《农村流动人口社会支持状况的人口社会学因素分析》，《现代预防医学》2008年第18期。

配偶和父母等亲属获得的支持和帮助。离异或丧偶后，妇女可能需要自行承担更多的家务和育儿责任，面临着更大的生活压力和经济负担。妇女在离异或丧偶后，也可能面临社会歧视和不公平待遇，需要更加努力争取自己的权益。比如前文提到的 C1（59 岁）离异后马上迈入晚年，就遇到了很多困难。总之，离异或丧偶等情况对流动女性支持网的影响很大，需要妇女及时面对并积极寻求解决办法，同时也需要社会给予更多关注和支持。

四　流动性对社会支持网的影响

问卷调查的计量结果显示累计流动时间越久的女性，其社会支持得分反而越低。长期流动的生活状态对女性而言极具损耗性，不稳定的生活状态让她们在客观支持和心理支持上产生不足。有关机构应该对这一方面给予足够重视。由于流动每到一地，妇女往往面临适应环境、就业和重建社会关系网的压力，尤其是已婚女性还面临拖家带口的育儿压力，所以频繁流动和反复适应不同环境会对女性流动人口带来一定的精神损耗，这是毋庸置疑的。同时，年龄偏大的女性频繁流动，环境适应性会更差，比如访谈对象 C3（57岁）谈道："我生活上最主要的困难就是对高楼大厦的城市感到不适应，我到现在还会经常性地迷路呢，大城市里的快节奏我也不适应。还有就是我们每天的生活比较单调。"但是对于未婚女性来说，其面临的家庭压力相对较小，流动可以带来新的机遇和新的社会关系网络，可以扩大个人交际关系网。而且女性流动的频次与受教育程度也有较为密切的关系。有文化和技能的女性往往流动更加容易。因为就业更容易，在新的环境中容易立足和发展，业缘社会关系网同样容易建立。同时，妇女流动性也受到年龄限制。年龄偏大的流动女性比较看重在城市就业发展的稳定性。有一部分人依旧计划回流到老家，很少考虑频繁流动。而年轻女性的流动性明显更强，转换流动地点和工作单位的频率更大。所以，流动是一把"双刃剑"。一方面，高频次流动能够拓展新的社会关系网，进而提供新的社会支持和不同的发展机遇；另一方面，流动带来的不稳定性使得流动女性离开了原有地缘和业缘社会关系网，要重新适应环境，造成了一定的精力和时间损耗。

第八章

构建新型社会支持网的对策建议

前述量化和质性研究的相关结论表明在新型城镇化背景下构建一个更加全面的、范围更广泛的、有韧性的西部女性流动人口社会支持网是西部流动女性发展的现实需求。而新型城镇化对西部女性流动人口支持网构建会产生较大的影响，基于这些影响，建构更加多元、丰富的社会支持网需要从宏观的国家政府层面，中观的社会组织、社区层面，微观的流动女性自身层面全面展开。

第一节　新型城镇化社会支持网构建的影响

基于调查问卷和访谈资料的分析，新型城镇化对西部女性流动人口支持网构建的影响涉及以下几个方面。

一　家庭结构的变化影响社会支持功能

家庭是西部流动女性最重要的社会支持来源，也是社会支持网中最重要的构成部分，对于绝大多数西部流动女性来说，家庭及其家庭成员是最重要的支持力量，提供的物质支持、情感支持都是最多的，也是不可或缺的，而流动女性的支持力量主要是由家庭血缘关系和亲缘关系构成的家庭网络和地缘网络。这种紧密的亲密关系、强关系网络所构成的支撑在初期女性流动人口立足流入地的过程中发挥了非常重要的作用，尤其在情感支持、物质支持和实质支持方面发挥了不可替代的作用，而且流动女性对这种强关系的支持的感悟力也较高，但是同时这种网络也存在着单一性和脆弱性的问题。新型城镇化的持续发展可能导致西部地区女性流动人口家庭结构的变化，从而影响她们在城市中形成支持网络的方式和需求。西部流动女性有些离开家庭孤身外出务工，有些和家庭成员一起流动，无论哪种情况，家庭结构较原来的结构都会有所变化，其提供的支持也会相应发生变化，导致其家庭结构的变化，比如原来农村的联合家庭因为流动变成了核心家庭，老人孩子可能留守，致使家庭结构巨变，进而带来了社会支持功能的变化。

二 社会资本的变化影响社会支持水平

新型城镇化加速发展的过程中，西部女性流动人口可能因为社会资本的转移、积累和流失，导致她们在城市中的支持网构建受到挑战或者获得新的机会。女性流动人口可能因为城镇化的发展，被迫放弃原有农村的人际关系进而在流入地建立新的人际关系资本，生成新的社会资本，这个过程并不是一帆风顺的，是一个社会资本缓慢积累的结果。西部流动女性的文化水平、技能等方面决定了其开拓新的社会资本的可能性，而丰富的社会资本会直接影响到整体社会支持网的支持水平，尤其是正式社会支持会在一定程度上加强。

三 地域关系变化影响社会支持网的维系

随着新型城镇化的推进，西部女性流动人口在原居地与流动目的地之间的联系和关系发生变化，这将直接影响到西部女性流动人口在城市中支持网络的构建和维系。城乡二元对立日益打破，人们从原有的熟人社会、半熟人社会进入流动性务工的陌生人社会，原有的血缘、地缘资源链接方式转变为业缘的资源链接方式，实质上是社会支持网的节点特征发生了变化。这种转变影响了社会支持网的变化与调整，也影响了社会关系网连续性的维系。地缘到业缘的关系转变带来了社会支持网维系的挑战。于是以原有的地缘链接和血缘链接的强关系构成的亲密网络所提供的支持的层次局限性很大。如果女性流动人口要在流入地进一步地深入发展和实现较好的社会融合和社区融入则需要更广泛的社会网络支持，需要发展出与自己在当地所从事的职业、自己的人际关系、社会交往构成的一个由次级社会关系和强关系交织的复杂的社会关系网络，这才是一个合理的丰富社会关系网。

四　社会服务与福利的变化影响正式支持网络

城镇化发展会引起社会服务和福利资源的重新配置，这将直接影响到西部女性流动人口在城市中获得支持的途径和方式。相较于原有的流出地的社会服务和福利水平，一般情况下流入地在整体社会服务与福利方面更加有利于流动人口的发展，这也是流动人口选择流入地的原因之一。而城市与城镇相较于原来的农村地区则有社会服务和福利的优势，无论是教育、医疗还是基础设施及生活的便利性方面，城市都优于城镇，两者又都优于农村，这是现代化、城市化带来的必然结果。这一结果必然需要增加女性流动人口的正式社会支持力度，流动女性会更多地与政府、社会组织、社区发生关系、产生有机联系，融入城市生活，以便更好地利用城市资源。

第二节　构建多元立体复合型社会支持网

一　微观层面：扩展人际交往、增强就业技能

从个人的角度而言，目前西部女性流动人口问卷调查和访谈中所显示女性面临的最重要的一个问题就是经济问题。这个问题不分年龄段，从青年女性到中年女性都存在。对于大多数流动女性来说流动后获得经济收益，或者增加经济收益是流动的主因，所以女性流动的主要目的是就业，获得经济收益。而研究中很多流动女性也提到制约其更好就业，获得更大经济收益的并不是宏观制度或者政策本身，包括西部的中年流动女性都提到，当前的社会政策很好、很宽松，但自己很难适应当前的就业环境和岗位要求。所以深层次制约流动女性就业和发展的原因是女性的文化程度和就业技能。

（一）流动女性需要增强对个人及社会的主动认知能力

在前述调查研究分析中反复谈到了西部流动女性社会支持中正式支持不足的问题，但正式支持并不是完全没有，其实质是正式支持的可及性问题值得深思。

对于流动女性个人而言，对于个人的能力和社会的发展需求要有比较明确的认知。调查研究显示，制约女性最大的因素是较低的受教育程度，尤其是西部本省区流动的女性。因为叠加年龄的因素，随着年龄的增加受教育程度逐渐降低，所以只能从事一些社会层次较低的体力劳动。有一些女性流动到城市后非常明确地意识到了这一点，并且积极主动地通过一切有利的条件去提升个人的能力和对社会的认知，以此弥补自身的不足。所以对于流动女性个人来说要强调社会性学习和主动性学习相结合。理解当前社会是学习型社会，这种认知不仅是社会的中产阶级及中上阶层所必须具有的一种认知，对于全社会的群体来说，尤其面对较严峻的就业和发展挑战的女性流动人口，也必须有这样的认知，即随着时代的发展进步不断学习掌握新的知识。只有不断提升自我才可以更好地匹配合适的就业岗位和不断提升就业的层次。社会性的学习是终身的且是需求导向的学习，实际是解决来自经济和就业上的困境。在这个意义上很多流动女性的职业生涯规划在自知自觉的层面有一些浅显的认知基础，更多依赖的是个人的主观认知和个人的努力。所以流动性人口自身在发展中的各种可能性，包括能否积极获取新的知识。而在调查和个案访谈的研究中，很多女性已经有了这些自觉的意识，这为构建合理的社会支持网提供了基础。

（二）流动女性要增强就业技能

从微观的个人层面来说，除了前述我们谈到的女性流动人口对当前个人及社会本身需求的认知和积极主动性的构建以外，最重要的方面就是要有适合职业要求和社会发展的相应技能。而在这个方面，西部流动女性也存在着严重的不足。当然很多流动女性，尤其是文化程度较低、年龄偏大的中年流动女性也非常清楚地认识到了这一点，并且在访谈中反复谈到这个方面。认识到了技能的缺乏对自身的制约，当然深层次的仍然是一个受教育程度的问题。但是受教育程度本身已经很难改变，而技能实际上在现实中是可以习得的。所以从这个角度来讲，很多女性愿意通过技能的培训和技能的提升来改善目前的就业状况和个人发展。女性的这种现实需求一定程度上决定了女性积极参与社区及政府等更高层面组织的相关技能培训、技能学习的积极性。从女性自身来讲，要不断提升对职业技能的认识和看法，并且通过职业技能来挖掘个人的更多潜力和更大的就业可能性。而通过技能的培训，可以更加广阔地开拓女性的就业空间和社会发展空间。这样就构建了一个更广阔的次级社会关系的网络，对西部流动女性的未来发展会产生非常积极的支持作用。

二 中观层面：加强社区与组织参与，链接有效资源

从中观层面的角度来看，这一层级包含了社区，流动女性所就业的公司、单位及组织，还包括社会中能为女性提供相应服务的社会组织。这一层面是实质性为女性提供正式社会支持和部分非正式社会支持非常重要的环节，也是构建新型社会支持网中的关键一环。因为流动女性在流入地不仅是参与了当地的社会生活和社会发展，而且要实现一定程度上的社会融入。如果流动女性没有来自流入地社区的接纳和相应的支持，没有来自组织、企业、单位的相应保障，那么其社会支持网是非常不健全的。同时有些妇女因为其自身的身体、经济、个人发展等弱势的原因，还需要除社区和单位以外其他有能力、有资源的、关爱女性发展的社会组织提供特殊的支持和服务。所以从实际上来说，中观层面的社会支持构建决定了流动女性社会支持网构建的丰富性和全面性。对于这个方面有三个主要的主体要发挥积极作用，构建一个三方联动的中观社会支持网。

（一）社区层面积极构建有利于社区融入的社会支持网

社区目前是基层社会管理的最重要组织和载体，且要明确的是，社区不仅仅是指为户籍人口或当地居民提供社区相应保障社区发展的基层组织，更是为所有社区内公民提供相应的社会保障和社会服务的机构。这个服务对象就包含了流动群体。在流动群体中，实际上流动性女性群体较之于流动的男性群体是属于较弱势群体之一，在就业、社会参与方面存在一定困难。所以

从社区的角度来讲，无论是有当地辖区户籍的居民，还是外来流动人口，只要居住在本社区，就是社区服务的主要对象。尽管流动女性可能具有一定的流动性，但大多数无工作，在相应的社区会生活一段时间，一些群体甚至会更长的时间生活在一个固定的社区，所以社区有责任有义务为社区内的流动女性人口开展多样的支持服务。

摸清底数，建立档案，实施动态管理。有必要对接当地妇联对辖区内的流动人口进行相应的摸底登记和信息共享交流，当然也不能仅限于对流动女性的摸底登记，要强化与流出地政府与流入地社区的联系和信息共享，强化社区与妇联组织、与女性流动人口就业单位的联动机制。将流动人口服务纳入社会服务和基层治理的体系中。更重要的是为这一群体能更好地融入社区环境和社区生活设计，增强流动人口社区融合的相应活动，在社区发展规划、社区服务和社区活动中，将流动女性群体的发展和融入需求设计到社区发展的各个环节中去。链接各级各类资源提升对流动女性的实际支持：社区作为上连街道办事处和下接普通居民的最重要自治组织，也有职责和义务为流动女性链接其所需的相应资源。比如说女性的社会学习、就业培训，流动女性与社区居民的积极互动，设计由流动女性参与的各类社会活动，组织流动女性群体的互动支持组织。包括流动女性与居民之间的互助支持组织，流动女性群体中的积极分子为女性积极参与到帮助社区服务流动女性人口的活动中。优化社区的公共资源，解决流动女性的后顾之忧，同时积极促进社区的公共设施和基础建设，兼顾流动女性的基本需求。如设立流动女性活动之家，定期组织流动女性与辖区居民之间的互动活动。女性问题往往与孩子紧密连接在一起。解决流动女性的后顾之忧，社区将流动女性的子女和社区居民子女同等对待，提供子女的托管教育、四点半课堂等特色服务，解决部分流动女性家庭的后顾之忧。

（二）加强流动女性就业单位社会支持网建构

1. 强化流动女性的劳动就业中的法律支持。就业单位需要严格遵守以下国家法律政策规定的女性从业者的共同权益。在平等就业机会的获得上：《中华人民共和国劳动法》《女职工保护暂行条例》等相关法律法规，雇主不得因性别歧视女性员工，应当提供平等的就业机会和晋升空间。禁止性骚扰：《中华人民共和国妇女权益保障法》等相关法律法规规定，就业单位应当严格禁止对女性员工实施任何形式的性骚扰，同时建立投诉渠道并及时处理。保护孕期和产假权益：《中华人民共和国劳动法》《女职工保护暂行条例》等相关法律法规规定，就业单位应当保护女性员工在孕期和产假期间的权益，提供相应的休假和补贴待遇。禁止裁员歧视：《中华人民共和国劳动合同法》等相关法律法规规定，就业单位不得因女性员工怀孕、生育、哺乳等原因裁员，应当尊重女性员工的合法权益。保障女性安全权益：《中华人民共和国妇女权益保障法》等相关法律法规规定，就业单位应当加强安全管理，确保女性员工在工作场所的人身和财产安全，并依法处理涉及家庭暴力、性侵犯等问题。只有充分保障女性的权益，才能实现流动女性的平等发展和社会进步。

2. 发展性的西部流动女性就业支持网络构建。西部流动女性就业的单位除了遵守相应的劳动保障和就业合同法等基本法律法规、合法用工以外，还需要全面考虑符合其权益和发展。首先提供灵活的工作安排。对于流动女性而言，由于家庭原因或其他个人原因，存在一定不稳定性和随时需要外出的可能性。因此，公司或单位需要提供灵活的工作安排，例如允许远程办公、弹性工作制度和自主管理等，确保她们能够平衡工作和生活。其次，建立职业培训和晋升机制。流动女性在就业过程中，往往受到教育水平和职业技能等方面的限制，因此建立职业培训和晋升机制非常重要。公司或单位可以根据员工的实际需求，提供针对性的培训课程和学习机会，增强她们的职业竞争力和发展潜力。再次，提供适当的福利待遇。流动女性在就业过程中，可能存在较大的经济压力和身体负担，因此需要公司或单位提供适当的福利待遇，例如带薪休假、医疗保险、住房补贴等，确保她们能够顺利完成工作任务，同时也兼顾生活需求。最后，加强性别平等和人权保障。流动女性在就业过程中，往往容易遭遇性别歧视和人权侵害等问题。因此，公司或单位需要积极推进性别平等和人权保障，例如制定禁止性骚扰的制度、设立投诉渠道等，确保其获得公正的待遇和尊重。丰富企业文化，完善企业保障制度。流动人口的社交通常是面向自己的群体内，如亲人、朋友、老乡，这种交往模式限制了他们的社会支持网规模，不利于他们增强自己的社会支持。通过实证研究表明，流动人口待在工作单位的时间比较多，因而企业是流动人口扩展人际交往范围的首选。因此，企业首先对待员工要一视同仁，推行同工同酬制度，消除城乡歧视。其次要加强人文关怀，建立企业工会组织，发挥集体的力量，建立和完善外来流动人口在企业的沟通组织，切实给予流动人口足够的关心和帮助，消除他们的集体焦虑感。企业要加强文化建设，丰富业余生活，通过举办文化活动加强员工间的沟通交流，增进彼此感情，有助于扩大流动人口的社会支持网规模。在制度上，要落实签订劳动合同制度，给流动人口更大的安全归属保障。[①]

（三）社会组织创新服务扩大流动女性社会支持网建构

除了社区和工作单位以外，一些社会组织也能为西部女性流动人口扩大社会支持提供必不可少的支持。比如妇女发展基金会：这是一个致力于促进妇女发展的非营利性组织，通过资助项目、提供培训和技能转换等方式为妇女提供经济支持和职业发展机会。该组织还会在教育、卫生、法律援助等方面给予妇女支持。职业技能培训机构：这些机构为妇女提供有针对性的职业技能培训，例如电脑操作、厨师培训等，以提高她们的就业竞争力。同时这些机构也会提供相关证书和推荐信等帮助妇女获得更好的工作机会。儿童托管机构：这些机构可以为流动女性群体提供子女照顾服务，减轻她们在家庭育儿方面的负担，同时也能够让她们更加专注于工作和职业发展。心理咨询机构：这些机构可以为流动女性群体提供心理辅导和咨询服务，帮助她们缓解压力、管理情绪，并促进身心健康发展。还有专业社会工作服务机构能通过整合以上社会组织资源为一般西部流动女性在职业发展、个人能力提升、社会融入等方面发挥重要作用。更重要的是还能为处于困境中的西部流动女性提供丰富的社会支持资源，通过不同方式提供经济、教育、健康、法律等多方面的支持，帮助流动女性群体获得更好的生活和工作条件，创新性地拓展其社会支持网。具体来讲可以提供以下几个方面的相关服务。

1. 提供就业培训和职业机会。由于西部流动女性的文化程度较低，因此

---

① 参见刘涛、韦长传、仝德《人力资本、社会支持与流动人口社会融入——以北京市为例》，《人口与发展》2020 年第 2 期。

需要提供有目的、实用的就业培训，例如技能提升、职业规划等方面的课程，提高她们的职业素养和竞争力。本书调查数据和访谈个案都显示很多妇女在现实中非常清楚地认识到自身在劳动就业技能方面的不足，但仅有妇女的自我反省和认知是不够的，还需要社会各个层面的支持、社会组织的专业就业培训支持和职业生涯规划能提供给妇女专业的就业技能的支持，同时有些公益组织和机构还能积极为其寻找稳定的就业机会、增加其收入来源、为其提供能力支持的同时，增加物质支持。

2. 提供子女照护服务。现实中西部流动女性由于受教育程度相对有限、就业技能较低等因素的限制，本身就业的难度较大，很多年轻的流动女性很难兼顾家庭和孩子，存在较小孩子放学以后学业辅导、托管难等问题；也存在二胎家庭日常育儿和托育的困境，好的托育机构价格昂贵负担不起，有些人为此要放弃就业机会，做家庭妇女；还有一些为兼顾事业与孩子，不得已带着孩子工作，不仅不利于妇女的发展，也不利于孩子的教育发展，有时还存在很大的儿童安全隐患，尤其是单亲、离异和单身母亲等流动女性在家庭育儿方面可能存在较大困难。亟须获得子女照护服务，例如获得托儿所、校外托管等形式的服务，减轻她们照顾子女的负担，确保其能够平衡工作和家庭。

3. 提供心理辅导和健康服务。西部流动女性往往面临着经济压力、家庭困扰等多重压力，因此需要提供心理辅导和健康服务，例如心理疏导、咨询服务、常规体检等，帮助她们缓解压力，提高身体素质。在情感支持方面一般的流动女性群体都是通过个人血缘及亲密关系网络解决情感需求，一旦遇到重大问题，比如亲人重病、死亡、长期失业、遭遇性骚扰、歧视等产生的严重心理问题，就需要专业的机构和人员帮助其解决心理和情绪问题，这就扩展了妇女心理支持的网络。

4. 链接法律援助机构。考虑到西部流动女性可能面临着权益保护的问题，而西部流动女性自身大多数对比较重要的就业劳动等法律法规知之甚少，很容易导致权益受损的问题，所以需要链接专门的法律援助机构，为其提供法律咨询和维权服务，例如涉及房屋买卖、离婚赡养、家庭暴力、骚扰歧视等方面的问题，确保其合法权益不受侵害。

5. 增加社交支持和自我发展机会。现实中西部流动女性家庭经济负担较重，城乡二元社会导致的城乡差异、人际隔离等隐形歧视问题，除原有基于血缘关系和部分业缘关系的网络以外，她们很难有新的人际交往圈子，即便她们认识到社会交往、人际资本的重要性，但仅靠个人的努力很难开拓出丰富的社会交往机会。为了促进西部流动女性的全面发展，需要增加社交支持和自我发展机会，例如开展文艺活动、组织职业技能培训等，提高她们的归属感和自我实现价值。

综上所述，为了扩展和增强西部流动女性社会支持网，可以设计就业培训和职业机会，子女照护服务、心理辅导和健康服务，法律援助机构、社交支持和自我发展机会等方面的服务计划。同时针对单亲、离异和单身母亲等困难群体，要更加关注其特殊需求，提供有针对性的帮助和支持，重新构建其社会支持网链接，形成一张支持西部流动女性的特殊网络，并与西部流动女性的原有网络进行对接。

三　宏观层面：强化顶层设计，促进社会融入

（一）健全和完善有关女性流动人口社会支持的顶层设计

基于当前我国西部女性流动人口社会支持的问题和现状，设计丰富立体化的顶层设计建议，以增强当前我国女性流动人口的支持。具体的措施包括以下几个方面。

第一，在政策保障方面。政府应加强对女性流动人口的政策保障，制定适合女性的流动人口管理政策，确保其权益得到保障。政府还应该注重提高女性流动人口的社会地位和公共机会平等。加大流出地与流入地政府的合作力度、明确分工，为流动人口提供更多的政策支持；加大两地对流动人口的培训力度、培训规模、增设培训项目，建立长期培训机制，切实增强流动人口的就业竞争力。[1]

---

[1]　参见刘涛、韦长传、仝德《人力资本、社会支持与流动人口社会融入——以北京市为例》，《人口与发展》2020 年第 2 期。

第二，教育培训方面。政府应当加强女性流动人口的教育培训工作，以弥补大多数流动女性因文化程度低、缺乏就业技能而导致的就业难、事业难等问题，提高她们的综合素质和职业技能水平，以帮助女性在流动中更好地适应和融入新环境，实现自我发展和独立自主。国家层面各级政府、妇联、工会等组织机构要设计好合理的培训项目和培训内容。其中各级妇联要积极发挥相应的作用，统筹兼顾地发展流动女性的教育培训体系，形成固定的制度。同时政府部门应当加强对政府工作人员、志愿者、社会工作者等的培训教育，提高他们为流动人口的服务意识和服务质量。此外，政府还应当在培训中注重性别问题和文化差异，增强对女性流动人口服务的针对性和可及性。

第三，社会服务方面。政府应当加强女性流动人口的社会服务，特别是对妇女和儿童的保护和关爱，包括提供便利的医疗保健、生育保险、儿童托管等服务，使女性流动人口及其家庭得到全面保障。这部分内容基层妇联已经在尝试通过政府购买社会服务，妇联直接提供相应服务等多种形式展开。目的就是形成多元主体、多种方式的妇女儿童一体化服务模式。这个体系把流动人口中的妇女儿童纳入其中是当务之急，让流动人口享受流入地相应的社会服务是社会主义优越性和共同富裕的社会思想的体现。

第四，就业创业方面。无论是前述提到的流动女性个人的技能培训需求，还是来自社区、单位和社会组织的就业创业培训，都要依托政府支持流动人口就业创业培训的政策和法规来实现。政府应当加强女性流动人口的就业创业支持，通过优惠政策、财税支持等措施激励女性流动人口创业，并提供就业培训等服务，帮助她们尽快适应新环境。相关社会劳动保障部门、民政部门要积极加强对外来流动人口的人力资源投资、制订职业规划，提高她们的就业技能和竞争力。通过人力资源的改善，促使她们处于一个更开放、更多元的人际关系网中。

第五，信息共享方面。政府尤其是各级妇联应当建立女性流动人口信息共享平台，集中整合相关资源和资讯，为女性流动人口提供便捷的信息查询、交流和互动服务。当前社会是信息社会，大数据云平台能为流动女性在就业、个人发展、流动等决策方面提供信息支持。同时构建全国或者较大范围的女性流动人口信息平台也为实现女性社会保障权益的不同地区和不同组织衔接提供了基础。

第六，文化关怀方面。政府应该加强对女性流动人口的文化关怀，重视文化传承和多元发展，通过推广文化交流活动等方式，提高女性流动人口的文化素养和身份认同感。从国家到地方层面构建流动女性特色文化，有利于流动女性群体实现自我价值和社会归属感，也有利于实现社会性别意识主流化的推进。

第七，参与治理方面。政府应该鼓励女性流动人口积极参与社会治理和公共事务，加强与其沟通和协商，推动女性流动人口更好地融入当地社会和生活。流动人口尤其是流动女性人口的社会支持网比较单一，拓展其社会支持网很有效的举措就是促进流动女性的融入与积极参与社会生活，参与当地的社区治理活动，为当地发展建言献策，出自己的一份力，不仅有利于其社会支持网的扩展和完善，而且有利于女性自身和地方发展的双重发展。

（二）健全和完善流动人口的相关法规政策

目前涉及我国流动人口和女性流动人口相关的政策法规主要有《中华人民共和国人口与计划生育法》（2021年修正），该法规规定了计划生育政策，对流动人口的生育管理和服务进行了规定。《中华人民共和国劳动合同法》（2007年通过，2012年修正）：该法规规定了劳动者与用人单位之间的权利和义务，对流动人口就业、劳动合同签订等方面进行了规定。《关于加强农村留守儿童关爱保护工作的意见》（2016年颁布）：该文件提出了加强对农村留守儿童关爱保护的具体措施，涉及流动人口子女教育和福利保障问题。《中共中央 国务院关于加强和完善城乡社区治理的意见》（2017年发布）：该文件提出要丰富流动人口社区生活，促进流动人口社区融入。这些法规政策在不同时间出台，旨在保障流动人口和女性流动人口的权益，改善其生活和工作条件。

然而，这些法规政策仍然存在一些问题和不足之处，例如：流动人口的社会保障问题衔接难、落实难。由于户籍制度和居住证制度的限制，流动人口在就业、医疗、教育等方面面临着不平等的待遇。女性流动人口的权益保护问题没有专门的法律规范，女性流动人口在就业、婚姻家庭、暴力侵害等方面更容易受到歧视和侵害。为了改进这些法规政策，可以考虑通过改革户籍制度和居住证制度，实现流动人口的平等待遇和社会保障。加强对女性流动人口的权益保护，加大对性别歧视和暴力侵害的打击力度，提供更多的就业机会和职业培训，促进流动人口的就业和职业发展。加强对农村留守儿童的关爱和保护，提供优质的教育和福利服务。这些改进措施可以更好地保障流动人口和女性流动人口的权益，促进社会的公平与稳定发展。

（三）提升当前流动人口相关政策法规的可及性

前述调查研究表明西部流动女性人口的正式社会支持缺乏，尤其是西部流动女性对来自政府或者组织的社会支持感悟力低，主要的原因在于政府制定的相关法律政策的可及性不高。有学者指出，"流动人口不愿意或不知道该如何向政府、社会相关机构寻求支持和帮助，或者不敢向这些机构求助，其本质在于流动人口的弱势群体地位以及城市对流动人口的包容度不够"[①]。要使外来流动人口尽可能融入社会，增强当前我国女性流动人口的支持政策的可及性，这需要政府部门采取一系列具体可行的措施，从政策保障和教育培训到社会服务和就业创业等多个方面入手，注重与女性流动人口的沟通和交流，不断完善政策宣传和服务机制，提升政策的可及性。

1. 提高政策透明度，加强媒体宣传。政府部门在制定涉及流动女性人口的政策时，应当尽可能公开透明，并通过多种渠道向社会传递政策信息。政府还可以建立政策解读平台，通过发布政策解读、答疑等方式，让流动女性人口更好地了解政策。政府部门可以利用新闻媒体进行政策宣传，特别是要关注流动女性人口的需求和问题，通过微信公众号、短视频等多种形式发布政策信息，丰富流动女性人口获取政策信息的渠道。政府部门可以通过发放奖励等方式，鼓励各级政策宣传和服务机构推广政策。例如，对政策宣传和服务工作成效突出的政府工作人员、志愿者、社会组织等，给予一定的表扬和激励。

2. 建立专门的流动人口服务平台和服务站点。政府在当前大数据时代，

---

① 姜海燕：《温州外来流动人口社会支持状况和提升对策研究》，《温州大学学报》（自然科学版）2012年第4期。

利用可以使用的大数据平台，在信息资源有机整合的基础上，加快社会事务管理平台的多样化，建立流动人口社会支持网构建中的综合中枢。发挥社会服务平台的积极作用，通过多个平台共享，促进信息流通、资源互通，不断提高流动人口的社会参与度和政府政策法规的实施效益。例如，天津市针对城市少数民族工作的复杂情况，创造性地提出"三三五"原则，寓意坚持三个原则、打造三个平台、完善五项机制。三个平台分别为社区基础平台、信息共享平台、社团组织平台。在社区基础平台上，少数民族能够利用联络点学习诸如暂住证办理、子女就学、特困救助等相关政策；在信息共享平台上，能够借助覆盖广泛的少数民族流动人口服务管理信息网络，获得就业信息与创业指导；在社团组织平台上，少数民族可以通过社团建设发挥自身积极作用，加快城市融入进度。① 政府部门可以在流动女性人口聚集的区域建立社区服务站点，提供政策宣传、资讯查询、法律援助等服务。这些站点可以放置政策手册、宣传册、小广告等，方便流动女性人口随时了解相关政策。

3. 实施长期流动人口监测机制。政府部门可以开展流动女性人口政策知晓度调查，了解其对政策的反馈和需求，以便更好地制定和完善政策。同时，还可以利用这些调查数据为政策制定提供参考。这样便于把符合女性流动人口当前需求的政策第一时间通过有效的途径定点输送到流动女性本身，促进其就业和发展。

4. 建立长期的服务热线。政府部门可以通过建立流动女性人口服务热线或网上咨询平台等渠道，提供政策咨询和服务支持。这些服务热线需要具备24小时不间断服务的能力，方便流动女性人口随时获取政策信息，成为政府拓展流动女性社会联系网的桥梁，也为流动妇女的正式社会支持网不断扩容。

总的来说，增强相关政策的可及性需要政府部门采取一系列具体可行的措施，不断完善政策宣传和服务机制。同时，政府还应当注重与流动女性人口的沟通和交流，关注其实际需求和问题，加大政策支持力度。

---

① 参见天津市民委《天津少数民族流动人口服务管理现状、问题及对策》，2014 年 6 月 6 日，http://tjtzb. org. cn/llyd/201406/t20140606_1337. html，2017 年 9 月 15 日。

（四） 强化西部女性流动人口的社会融入

社会融入起源于欧美国家关于国际移民的社会融合研究，是社会学和人口学长期关注的话题；鉴于社区环境和空间差异等因素的影响越来越凸显，"社会融入也逐渐成为地理学和城市研究领域的热点话题"[1]。根据外来移民在主流社会中融合的程度、途径与方向，现有研究逐渐分化为"融合论"、"区隔融合论"和"多元文化论"三大流派。[2] 有学者认为社区是流动人口在城市生活的起点和落脚点，社区环境是影响流动人口社会融入的重要因素。[3]所以促进社区融入就是实现社会融入的关键。关于西部女性流动人口社区融入的具体方案有以下几个方面。

1. 增强社区参与感。首先举办多种形式的社区活动，政府和社区组织应该定期举办文化交流、体育比赛、志愿服务等各种形式的社区活动，提供平台让女性流动人口参与其中，以加强她们对社区的认知和归属感。其次建立社区妇女代表会议。政府可以建立社区妇女代表会议，让女性流动人口能够通过代表参与社区决策和管理，为她们发声、争取权益，同时也提高了她们在社区中的存在感和融入感。

2. 增强社区归属感。其一，政府社会保障部门提供更多的住房保障。政府可以优先为女性流动人口提供住房保障，例如建设安置房、推广租赁补贴等措施，让女性流动人口在社区中有稳定的居所，增强她们的归属感。其二，加强社区教育和文化建设。政府可以投入更多的资源加强社区教育和文化建设，例如开设义务教育学校、图书馆、文化中心等公共设施，让女性流动人口能够更好地融入社区生活并增强对社区的归属感。

3. 分享社区决策。首先加强信息公开和公众参与。政府应该加强社区信息公开和公众参与，让女性流动人口能够更好地了解社区事务，并且提高她

---

① 参见刘涛、韦长传、仝德《人力资本、社会支持与流动人口社会融入——以北京市为例》，《人口与发展》2020年第2期。

② 参见杨菊华《从隔离、选择融入到融合：流动人口社会融入问题的理论思考》，《人口研究》2009年第1期。

③ 参见汪明峰、程红、宁越敏《上海城中村外来人口的社会融合及其影响因素》，《地理学报》2015年第8期。

们对社区决策的参与度和意识，例如通过建立网站、微信公众号、宣传栏等多种渠道，让社区决策不再局限于少数人之间。其次建立社区反馈机制。政府可以建立社区反馈机制，接受女性流动人口的反馈和投诉，并及时处理问题，例如通过电话热线、网络留言等方式，为女性流动人口提供便捷的反馈途径，让她们在社区中有更多的话语权和发言权。

4. 利用公共设施。一方面提高公共设施的使用率。政府应该加大对社区公共设施的投入和管理，提高其质量和数量，同时鼓励女性流动人口积极利用公共设施，例如图书馆、健身房、公园等，增强她们与社区的互动和融合。另一方面提供更多便利服务。政府应该加强对社区便利服务的提供，例如提供社区送餐服务、快递代领等，方便女性流动人口处理生活中的琐事，同时也能够更好地融入社区生活。

总的来说，要增强西部女性流动人口的社区融入需要从多个方面入手，包括增强社区参与感、增强社区归属感、分享社区决策、利用公共设施等。政府应该建立相应机制、平台和设施，为女性流动人口提供各种便利和保障才能提高流动女性人口的社会融入度，实际上是一个不断扩大西部流动女性自身社会支持网的过程，不断形成不同的网络节点，不断强化网络中的各类次级关系，打破以往只有基于血缘、业缘、地缘的亲密关系的单一网络，构建符合时代发展特点的现代社会支持网。

综上所述，基于微观层面西部流动女性个人的自我学习，积极参与社会实践和自我技能的不断提升，努力平衡正式与非正式社会支持网的均衡发展；中观层面不断强化社区参与感、社会归属感和社区融入感，增强就业组织单位对西部流动女性的社会保障力度，发挥各类非政府社会组织链接资源，辅助弱势女性流动人口提升资源利用度作用，促进其社会融合；宏观层面国家各级政府层面、包括专门为女性提供支持服务的各级妇联组织要适时完善与流动女性人口相关的政策法规，加强顶层设计，不断提升已有政策法规的群众可及性，最大限度地增强西部女性流动人口的正式支持系统的可利用性，综合构建符合当前西部地区新型城镇化发展背景，多元立体复合型的西部女性流动人口社会支持网系统。

西部女性流动人口社会支持网建构

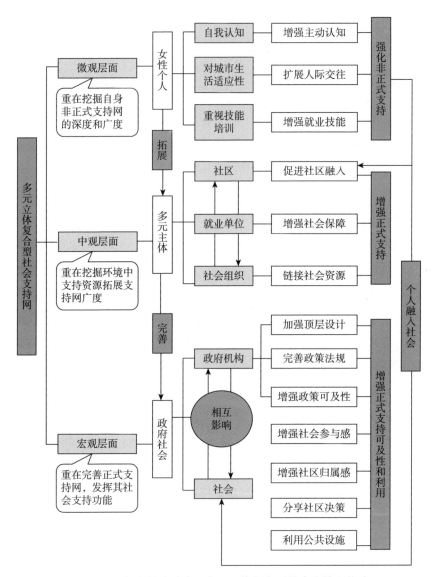

图8-1　西部女性流动人口多元立体复合型社会支持网构建

218

第三节　研究的不足及讨论

一　研究中的不足

（一）因疫情实地调查研究受到较大影响

本次调查研究过程体现了社会环境本身对调查研究的重要影响。本次调查开展的关键时间节点原本设计在 2020—2021 年。主要进行西部所有省份的问卷调查和个案研究。但由于 2020 年疫情，笔者没能有效地开展研究。直到 2021 年情况稍有松动，才开始做问卷调查，在这个过程中仍因局部地区的疫情，导致数据缺失，后期做补充调查时，疫情又出现了反弹。在这期间穿插做了一定数量的个案访谈。所以问卷调查的 10 个省份是在同一时间节点收集资料，但调查的范围却受到了很大的影响，只能选择中心省会城市来做调查，而西部一些较小地区和城镇因为疫情防控期间跨地区流动困难，各地防疫政策有所不同，难以开展调查。因为本书的量化调查是研究核心，连续三年的疫情对本次调查的样本量和样本分布有一定的影响，原计划问卷量由 2000 份最后缩减为 1100 多份，这也直接导致了项目未能及时结项，最后只能延期结项。

（二）社会组织访问调查的资料不足

本书另外一个收集资料的重要形式就是个案访谈和组织访谈。因为个案访谈进行得较早，与问卷调查进行穿插调查，比较顺利地完成。但涉及流动女性用工单位、所在社区、企业和妇联等组织机构的调查进行得不太顺利，调查过程中没有取得非常有效的一些资料。尤其是在省一级妇联组织的访谈中并没有获得很有效的调查资料和调查支持。这对于构建合理的社会支持系统有一定的影响，可以利用的资源不足。当然这也说明实际上西部地区女性流动人口的正式支持资源的确非常有限。

（三）社会网络量化分析的能力有限

本次调查研究的主体对象是西部女性流动人口的社会支持网，国内外有关社会支持网的大量研究实际上是复杂网络的深度量化研究。涉及社会网络的强度、密度、强关系、弱关系，网络节点等众多方面。鉴于本人及研究团队的网络研究量化能力的局限性，再加上近年来学术交流因新冠疫情受限，没有合适的交流和学习相关社会网络研究的知识和最新发展，所以本次研究实际上比较偏向于西部女性流动人口社会支持网的描述性研究和解释性研究，对于网络的结构研究其实做得不够充分和全面，在未来的研究中要进一步强化和深化。

二　进一步讨论

（一）重视西部女性流动人口流动的自我价值实现

新时代女性群体，包括地处西部的流动女性群体，能否实现充分就业，关系着流动人口能否在城市立足、在流入地实现再社会化与社会融入、享受到同等的社会资源与保障。全面认识女性流动人口就业存在的现实问题，持续减轻女性流动群体的就业压力，有利于改善女性流动人口就业状况，维护流动人口基本就业权益，因为流动女性是流动家庭的半边天，改善了女性的就业问题，就会不断提高整个家庭的社会融入度，更好地提升流动人口在流入地的生活质量与幸福感，进而通过社会参与和职业发展，实现妇女群体包括西部女性流动群体的自我人生价值，对其生存和发展具有重要意义，对整体社会的进步与发展也具有重要意义。

（二）关注流动女性较强的融入意愿与较弱的社会归属感并生共存现象

新型城镇化在西部仍然在持续发展，西部节点城市、中心城市巨大的虹吸效应仍然对流动人口有很强的拉力，再加上基础设施、教育资源、医疗资源的城镇集中，西部女性流动群体的流动意愿仍然较强，所以在了解西部女性流动人口融入流入地的较强意愿的基础上，进一步破除户籍等相关体制机制的阻碍、提高流动人口的受教育水平、对住房市场进行适度调控，都有助于促进流动人口的自由发展和社会融入。就目前调查来看，户籍制度、高房价、社会保障不衔接是流动人口在城市定居难的主因。其次，要聚焦提升流动女性社区参与能力和意愿，社区是流动女性进入城市之后最主要的生活区域和活动空间，居住社区作为个体生活的窗口，要打破城市社区陌生人社会的属性，打造强社区连接性。流动人口的生活社区在实现情感融入、归属认同方面有着独特的作用。为女性流动群体提供更多的社区参与机会，社会参与是促进社会融入的内在动力，社会参与是城市社会融入的核心，融入和排斥取决于参与的程度。破除社区服务的户籍壁垒，打通流动人口和本地居民的交流壁垒是当务之急，应该放到当前基层社会治理的重要位置，真正实现社区治理中的人人有责、人人尽责、人人享有。

（三）强化正式社会支持促进流动人口社会融入的重要作用

本书表明，西部女性流动人口实质上未能平等和全面享受西部大开发以来、新型城镇化背景推动下西部地区经济社会发展的最新成果。普惠性制度的缺位和对外来流动群体存在排斥性的体制机制仍然存在，这在疫情防控期间表现得尤为明显，流动群体因户籍原因被排斥在公共卫生医疗体系之外，被排斥在享受社区免费医疗范围之外。正式支持的不完善、不健全，已有法规政策的不可及性、利用度低是显而易见的。事实上个体正式社会支持网越强大，就越有助于她们应对新环境的各种挑战，但若社会支持网仅停留在非正式支持层面，她们难以获得更丰富、更优质的社会资源，自我应对能力难以得到充分发挥，安全感、归属感就会较弱，甚至缺失。西部流动女性的正式社会支持网的构建，在一定程度上能够缓解流动女性城市生活当中的多重压力，获得来自社会各界力量的支持，使其感受到来自城市的温暖与接纳，对于促进流动女性融入城市社会也具有十分重要的意义，在一定程度上有利于社会主义和谐社会的建设。

总而言之，本次研究获得了一定的预期效果，本书在研究对象、研究方法和研究视角上都有一定的创新突破，取得了有关西部女性流动人口社会支持及其支持网的第一手资料，增加了人们对这一特殊群体的社会支持及其支持网的深度认知。结合西部流动女性自身需求与自主性，发挥中观社区、就业单位、社会组织的链接资源和社会黏合功能，结合宏观国家相关流动人口发展不断优化的顶层设计和不断完善的政策法规，构建了在西部新型城镇化

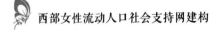

持续发展背景下符合西部地区女性流动人口发展需要的多元立体复合型社会支持网。当然，本书也存在着各种不足和遗憾，计划在后续的研究中能够进一步深入挖掘西部女性流动人口社会支持网资源，进一步推进西部女性流动人口的社会融入和自身发展，推动西部地区社会经济和谐发展。

参考文献

一 中文文献

（一）著作类

［英］安东尼·吉登斯：《社会学》，赵旭东等译，北京大学出版社 2003 年版。

［美］林南：《社会资本：关于社会结构与行动的理论》，张磊译，上海人民出版社 2005 年版。

［法］皮埃尔·布迪厄：《文化资本与社会炼金术——布尔迪厄访谈录》，包亚明译，上海人民出版社 1997 年版。

边燕杰：《社会网络与地位获得》，社会科学文献出版社 2012 年版。

陈强：《高级计量经济学及 Stata 应用（第 2 版）》，高等教育出版社 2014 年版。

杜丽红：《中国城市流动人口管理问题研究》，四川大学出版社 2011 年版。

刁鹏飞：《中产阶级的社会支持网：北京和香港的比较》，社会科学文献出版社 2010 年版。

付少平：《移民生计与社区重建研究》，陕西人民出版社 2018 年版。

桂莉：《中国流动人口就业与社会保障问题研究》，河北人民出版社 2018 年版。

郭星华等：《漂泊与寻根——流动人口的社会认同研究》，中国人民大学出版社 2011 年版。

黄爱玲等：《新型城镇化：流动人员子女适应性研究》，东南大学出版社 2014 年版。

胡新新、廖传景：《农民工在城市社会的心理融合研究》，云南人民出版社

2021 年版。

林聚任:《社会网络分析:理论、方法与应用》,北京师范大学出版社 2009
　　年版。

梁晓燕:《网络社会支持与心理健康》,世界图书出版广东有限公司 2014 年版。

刘军:《法村社会支持网络——一个整体研究的视角》,社会科学文献出版社
　　2006 年版。

刘玉新:《工作压力与生活:个体应对与组织管理》,中国社会科学出版社
　　2011 年版。

刘寒雁、吴剑明、冯婕等:《"一带一路"建设中的中缅跨境流动人口治理研
　　究》,云南大学出版社 2021 年版。

卢时秀:《社会工作嵌入城市少数民族流动人口服务管理研究》,中央编译出
　　版社 2021 年版。

潘可礼:《以人为核心的新型城镇化研究》,中央编译出版社 2020 年版。

申仁洪:《西南少数民族特殊儿童社会适应性研究》,重庆大学出版社 2014
　　年版。

孙文凯:《中国劳动力流动问题研究》,中国人民大学出版社 2016 年版。

童馨乐等:《阶层流动视角下流动人口经济行为研究》,南京大学出版社 2023
　　年版。

吴殿廷、杨春志、钱宏胜:《中国新型城镇化战略及其推进策略》,东南大学
　　出版社 2014 年版。

王存同:《进阶回归分析》,高等教育出版社 2017 年版。

王玉栋:《融入城市的心路历程 关于新生代农民工城市归属感变化轨迹的访
　　谈研究》,宁夏人民出版社 2018 年版。

王玉君:《中国流动人口的社会融合》,光明日报出版社 2017 年版。

许光:《新生代农民工市民化成本测算与分担机制构建研究:以浙江省为样
　　本》,浙江大学出版社 2018 年版。

肖子华主编,徐水源副主编:《人口流动与社会融合:理论、指标与方法》,
　　社会科学文献出版社 2018 年版。

杨娜：《流动儿童社会融合问题与社会支持体系构建研究》，南开大学出版社
2018年版。

张翼：《流动人口社会适应与社会工作干预研究》，华中科技大学出版社2018
年版。

宗占红：《社会支持视角下农村老年人健康研究》，南京大学出版社2020
年版。

张晶晶：《流动时代的老年生活质量》，东南大学出版社2022年版。

（二）期刊类

常岚：《武汉市穆斯林流动人口的社会融合研究——基于社会支持网络视角》，
《贵州大学学报》（社会科学版）2014年第3期。

陈莉莉、李朋、李世宏等：《2015年上海市浦东新区流动人口肺结核患者社会
支持情况及其影响因素》，《职业与健康》2018年第6期。

陈珉惺、金春林：《城市流动孕产妇社会支持网络的构建思考》，《中国卫生资
源》2016年第5期。

陈云松、张翼：《城镇化的不平等效应与社会融合》，《中国社会科学》2015
年第6期。

程铭莉：《农村进城务工女性社会融入问题思考——基于辽宁省四城市实地调
查》，《中华女子学院学报》2018年第6期。

程晗蓓、田明、李志刚：《转型期中国城市多维度社会融入对流动人口健康的
影响研究》，《现代城市研究》2021年第12期。

丛晓峰、吴限红：《流动就业者社会支持的结构、断裂与重塑》，《理论学刊》
2017年第1期。

董运来、王艳华：《易地扶贫搬迁后续社区治理与社区融入：成效、困境与路
径选择》，《中国西部》2021年第5期。

高春凤：《社会工作介入流动人口城市社区融入的思考》，《社会工作》（下半
月）2010年第5期。

顾惠娟、刘荷妹、丁秋华等：《流动人口肺结核病人抑郁症状对其社会支持状
况的影响》，《护理研究》2010年第36期。

何海梅、简敏婷、李晓宁等:《流动已婚育龄妇女社会支持状况及影响因素调查》,《中国妇幼保健》2015 年第 14 期。

和红、智欣:《新生代流动人口社会支持状况的社会人口学特征分析》,《人口研究》2012 年第 5 期。

胡雅萍、刘越、王承宽:《流动老人社会融合影响因素研究》,《人口与经济》2018 年第 6 期。

郝婉婷:《浅谈城市化背景下流动人口的社区融入与参与》,《南方农机》2018 年第 7 期。

侯建明、关乔、杨小艺:《我国女性流动人口职业选择的影响因素分析》,《人口学刊》2019 年第 1 期。

贺寨平:《国外社会支持网研究综述》,《国外社会科学》2001 年第 1 期。

贺寨平:《社会经济地位、社会支持网与农村老年人身心状况》,《中国社会科学》2002 年第 3 期。

洪小良、尹志刚:《北京城市贫困家庭的社会支持网》,《北京社会科学》2006 年第 2 期。

黄淑瑶:《从社会支持网角度看流动人口犯罪》,《北京社会科学》2007 年第 2 期。

姜海燕:《温州外来流动人口社会支持状况和提升对策研究》,《温州大学学报》(自然科学版)2012 年第 4 期。

吕芳:《农村留守妇女的社会支持网构成研究——基于 16 省 66 县 2414 名留守妇女的调查》,《妇女研究论丛》2012 年第 5 期。

刘巍:《西北农村留守妇女社会支持网对其心理健康的影响:来自甘肃省的调查发现》,《妇女研究论丛》2012 年第 5 期。

刘晓雪:《"老漂族"的养老问题初探》,《西安财经学院学报》2012 年第 6 期。

刘玉侠、陈翠萍:《农村流动人口再城镇化的社会支持探析》,《江淮论坛》2014 年第 6 期。

刘越、尹勤、黄惠娟等:《流动妇女与流动男性的心理健康与社会支持》,《中国心理卫生杂志》2010 年第 8 期。

刘央、张婷婷：《当代中国女性人口迁移变迁——基于女性主义迁移理论的分析》，《学理论》2020 年第 6 期。

刘涛、韦长传、仝德：《人力资本、社会支持与流动人口社会融入——以北京市为例》，《人口与发展》2020 年第 2 期。

李培林：《流动民工的社会网络和社会地位》，《社会学研究》1996 年第 4 期。

李树苗、杨绪松、靳小怡等：《中国乡城流动人口社会网络复杂性特征分析》，《市场与人口分析》2006 年第 5 期。

李峻、李卫彬、刘小秋等：《433 例流动人口肺结核患者心理和社会支持需求的调查分析》，《中国防痨杂志》2010 年第 11 期。

李升、赵静雅：《特大城市聚居区青年女性流动人口的社会情绪研究——基于对北京的考察》，《青年研究》2018 年第 6 期。

卢梦凡：《潮汕地区农村留守妇女社会支持网络的社会工作介入——以广东省潮汕地区双百社工站点妇女服务项目为例》，《社会福利》（理论版）2019 年第 7 期。

马伟华：《社会支持网构建：少数民族流动人口城市融入的实现路径分析》，《西南民族大学学报》（人文社科版）2018 年第 2 期。

马胜春、赵思悦、胡娟：《西部地区新型城镇化发展质量评价及其空间溢出效应分析》，《统计与决策》2023 年第 5 期。

倪鹏飞：《新型城镇化的基本模式、具体路径与推进对策》，《江海学刊》2013 年第 1 期。

牛芳：《西北地区农村留守妇女的社会支持网络特征及其影响因素研究——基于甘肃省农村的调查》，《科学·经济·社会》2011 年第 3 期。

阮丹青、周路、布劳等：《天津城市居民社会网初析——兼与美国社会网比较》，《中国社会科学》1990 年第 2 期。

宋全成、封莹：《青年女性流动人口收入状况及影响因素分析》，《东岳论丛》2019 第 1 期。

孙健、刘帅顺、李豪生：《以流动人口融入为重心创新社区治理——基于深圳市清湖社区的调查》，《社会治理》2020 年第 6 期。

孙杰、于明辰、甄峰等：《新型城镇化与乡村振兴协调发展评估——浙江省案例》，《经济地理》2023 年第 2 期。

时立荣：《透过社区看农民工的城市融入问题》，《新视野》2005 年第 4 期。

王毅杰、童星：《流动农民社会支持网探析》，《社会学研究》2004 年第 2 期。

王宇、赵菲菲：《城乡女性流动人口收入差异分析——基于分位数回归与反事实分解方法》，《调研世界》2018 年第 11 期。

王卓、曹丽：《四川农村低保居民社会支持网研究——以 L 县团仓村为例》，《社会科学研究》2013 年第 1 期。

王世斌、申群喜、王明忠：《比较视角下流动老年人社会参与的实证研究》，《南方人口》2015 年第 5 期。

王江涛：《预防子女被拐：城市流动人口中父母的社会支持与防范意识——基于广东省广州市的调查》，《青少年研究与实践》2017 年第 3 期。

王睿思、王珠凡、李茂华：《国内流动人口研究回顾与进路探寻》，《社会科学动态》2023 年第 3 期。

王猛：《基于安德森模型的女性流动人口参与职工医保因素分析》，《中共青岛市委党校·青岛行政学院学报》2023 年第 1 期。

韦璞：《贫困地区农村老年人社会支持网初探》，《人口与发展》2010 年第 2 期。

汪明峰、程红、宁越敏：《上海城中村外来人口的社会融合及其影响因素》，《地理学报》2015 年第 8 期。

魏满霞、林进成：《乡村工业化地区外来务工人员的社会融入——以广东省阳江市平冈镇为例》，《探求》2021 年第 6 期。

许传新、陈国华：《流动人口子女教育的社会支持因素分析》，《中国青年研究》2004 年第 9 期。

解瑞谦、程锦泉、杨应周等：《流动人口结核病患者的社会支持状况》，《中国行为医学科学》2006 年第 5 期。

谢鹏鑫、岑炫霏：《子女随迁对女性流动人口就业的影响研究》，《中国人力资源开发》2019 年第 7 期。

邢怡青：《社会支持对流动老人健康状况的影响研究——基于 2015 年流动人口动态监测数据》，《荆楚学刊》2019 年第 1 期。

徐疆：《城市外来散工社会融入的社会支持研究》，《新疆社科论坛》2021 年第 2 期。

严征、彭安辉、张丽荣：《农村流动人口社会支持状况的人口社会学因素分析》，《现代预防医学》2008 年第 18 期。

严朝芳、田丽春、方恒亮等：《社会支持对流动人口生殖健康知识水平影响的调查研究》，《中国计划生育学杂志》2009 年第 11 期。

鄢伟波、安磊：《中国女性劳动供给为何降低：来自流动人口的证据》，《世界经济》2021 年第 12 期。

杨菊华：《从隔离、选择融入到融合：流动人口社会融入问题的理论思考》，《人口研究》2009 年第 1 期。

杨佩卿、姚慧琴：《西部城镇化的历史演变、特征及未来路径》，《西北大学学报》（哲学社会科学版）2016 年第 2 期。

杨金龙、王振欣、陈新仁：《城市新移民的方言能力、方言态度与社会融入——以重庆为例》，《中国语言战略》2021 年第 2 期。

于阳：《社会支持视域下城市流动人口犯罪预防研究》，《河北法学》2014 年第 5 期。

于洋：《城市化引发的流动人口子女义务教育问题及对策研究——以成都市为例》，《长春教育学院学报》2014 年第 9 期。

叶裕民、胡士佳：《家庭式流动对流动人口社会融入的影响研究》，《贵州省党校学报》2021 年第 6 期。

张文宏、阮丹青：《城乡居民的社会支持网》，《社会学研究》1999 年第 3 期。

张文宏、阮丹青、潘允康：《天津农村居民的社会网》，《社会学研究》1999 年第 2 期。

张文宏、阮丹青、潘允康：《中国农村的微观社会网与宏观社会结构》，《浙江学刊》1999 年第 5 期。

张秋、何雅靖、吴楚芸等：《珠三角青年女性流动人口基本公共卫生服务利用及影响因素分析》,《现代预防医学》2024年第4期。

张友琴:《社会支持与社会支持网——弱势群体社会支持的工作模式初探》,《厦门大学学报》(哲学社会科学版)2002年第3期。

张彦珍:《兰州市流动人口社会网研究》,《甘肃社会科学》2005年第6期。

张连德:《社会支持网缺失与青年农民工生存困境》,《城市观察》2012年第1期。

赵丽丽:《城市女性婚姻移民的社会支持研究——以上海市"外来媳妇"为例》,《同济大学学报》(社会科学版)2008年第2期。

曾珈智、宋晓琴、潘腾等:《流动特征、工作特征对流动育龄妇女社会支持网络规模的影响分析》,《现代预防医学》2015年第6期。

周骥腾、付堉琪:《互联网使用如何影响居民社区融入?》,《社会科学文摘》2021年第11期。

左海霞:《农村留守妇女社会支持网关系构成研究》,《山西农业大学学报》(社会科学版)2010年第6期。

朱考金、刘瑞清:《青年农民工的社会支持网与城市融入研究——以南京市为例》,《青年研究》2007年第8期。

朱宇、林李月、李亭亭等:《中国流动人口概念和数据的有效性与国际可比性》,《地理学报》2022年第12期。

(三)学位论文类

陈菊红:《"国家—社会"视域下的流动人口自我管理研究——基于北京市案例的实证调查》,博士学位论文,中共中央党校,2014年。

韩瑛:《构建我国人口流动管理制度的探索》,博士学位论文,中共中央党校,2018年。

李孜:《贫困地区外出打工群体(女性流动人口)生殖健康需求与服务研究》,博士学位论文,华中科技大学,2006年。

苏春艳:《社会网络与职业获得》,博士学位论文,上海大学,2005年。

易龙飞:《乡城移民社会网络关系演变的阶段性与社会支持分析》,博士学位论文,浙江大学,2016年。

赵丽丽:《城市女性婚姻移民的社会适应和社会支持研究——以上海市"外来媳妇"为例》,博士学位论文,上海大学,2008 年。

周唯一:《女性农民工的社会支持研究 以上海市闵行区为例》,硕士学位论文,华东师范大学,2016 年。

(四) 其他

国家统计局:《第七次全国人口普查主要数据结果新闻发布会答记者问》,2021 年 5 月 11 日,https:∥www. stats. gov. cn/zt_ 18555/zdtjgz/zgrkpc/dqcrkpc/ggl/202302/t20230215_ 1904005. html,2023 年 12 月 17 日。

国务院第七次全国人口普查领导小组办公室:《第七次全国人口普查公报(第七号)——城乡人口和流动人口情况》,2021 年 5 月 11 日,国家统计局,https:∥www. gov. cn/guoqing/2021 - 05/13/content_ 5606149. htm? eqid = ee37f5030031ff4a00000002647324c9,2023 年 12 月 17 日。

《中华人民共和国国民经济和社会发展第十四个五年规划和 2035 年远景目标纲要》,《人民日报》2021 年 3 月 13 日第 1 版。

二 外文文献

(一) 著作类

Burt, Ronald S. , *Structural Holes*: *The Social Structure of Competition*, Massachu-setts: Harvard University Press, 1992.

Fischer, C. S. , *To Dwell among Friends*: *Personal Networks in Town and City*, Chicago: University of Chicago Press, 1982.

Jed Boardman, Alan Currie, Helen Killaspy, Gillian Mezey, *Social Inclusion and Mental Health*, London: Royal College of Psychiatrists, 2010.

Pearlin, L. I. , *Social Structure and Processes of Social Support*, Florida: Ac - Ademic Press, 1985.

Weiss R. , *The Provisions Of Social Relationships*, Englewood Cliffs, NJ: Prentice-Hall, 1974.

（二）期刊类

Barrera Jr., M., and Ainlay, S. L., "The Structure of Social Support: A Conceptual and Empirical Analysis", *Journal of Community Psychology*, Vol. 11, No. 2, 1983.

Beggs, J. J., Haines, V. A., and Hurlbert, J. S., "Situational Contingencies Surrounding the Receipt of Informal Support", *Social Forces*, Vol. 75, No. 1, 1996.

Benavides Q., Doshi M., Valentín-Cortés M., et al., "Immigration Law Enforcement, Social Support and Health for Latino Immigrant Families in Southeastern Michigan", *Social Science & Medicine*, Vol. 280, 2021.

Cassel J., "The Contribution of The Social Environment to Host Resistance: The Fourth Wade Hampton Frost Lecture", *American Journal of Epidemiology*, Vol. 104, No. 2, 1976.

Cobb, S., "Social Support as A Moderator of Life Stress", *Psychosomatic Medicine*, Vol. 38, No. 5, 1976.

Campbell, K. E., Marsden, P. V., & Hurlbert, J. S., "Social resources and socioeconomic status", *Social Networks*, Vol. 8, No. 1, 1986.

Cutrona, C. E., and Russell, D. W., "Type of Social Support and Specific Stress: Toward A Theory of Optimal Matching", *Social Support: An Interactional View*, 1990.

Fan C. C., "Migration in A Socialist Transitional Economy: Heterogeneity, Socioeconomic and Spatial Characteristics of Migrants in China and Guangdong Province", *The International Migration Review*, Vol. 15, No. 2, 1999.

Francine D. Blau, Lawrence M. Kahn, "The Gender Wage Gap: Extent, Trends, and Explanations", *Journal of Economic Literature*, Vol. 55, No. 3, 2017.

Faber A. D., Wasserman S., "Social Support and Social Networks: Synthesis and Review", *Social Networks and Health*, Vol. 55, 2002.

Folkman, S., and Lazarus, R. S., "If It Changes It Must Be A Process: Study of Emotion and Coping During Three Stages of A College Examination", *Journal of Personality and Social Psychology*, Vol. 48, No. 1, 1985.

Granovetterm, "The Strength of Weak Ties", *American Journal of Sociology*, Vol. 78, No. 5, 1973.

Hausman, J., and McFadden, D., "Specification Tests for the Multinomial Logit Model", *Econometric: Journal of the Econometric Society*, Vol. 52, No. 5, 1984.

Hughes, E. C., "Dilemmas and Contradictions of Status", *American Journal of Sociology*, Vol. 50, No. 5, 1945.

Huang G., Tausig M., "Network Ragne in Personal Networks", *Social Networks*, Vol. 12, No. 3, 1990.

Lamanna Fabio, Lenormand Maxime, Salas – Olmedo María Henar, Romanillos Gustavo, Gonçalves Bruno, Ramasco JoséJ., "Immigrant Community Integration in World Cities", *Plos One*, Vol. 13, No. 3, 2018.

Mark S. Granovetter, "The Strength of Weak Ties", *American Journal of Sociology*, Vol. 78, No. 6, 1973.

Michael E. Walker, "Stanley Wasserman and Barry Wellman, Statistical Models for Social Support Networks", *Sociological Methods and Reasearch*, Vol. 22, No. 1, 1993.

Rebecca L. Thomas, Christina M. Chiarelli – Helminiak, Brunilda Ferraj, Kyle Barrette, "Building Relationships and Facilitating Immigrant Community Integration: An Evaluation of A Cultural Navigator Program", *Evaluation and Program Planning*, No. 55, 2016.

Vander Poel, "Delineating Personal Support Networks", *Sociel Networks*, Vol. 15, No. 1, 1993.

Wellman, B., and Wortley, S., "Brothers' Keepers: Situating = Kinship Relations in Broader Networks of Social Support", *Sociological Perspectives*, Vol. 32, No. 3, 1989.

Williams, Richard, "Generalized Ordered Logit /Partial Proportional Odds Models for Ordinal Dependent Variables," *Stata Journal*, Vol. 6, No. 1, 2006.

Wong, Michele J., Santos Carlos, Thomas Tobin Courtney S., "Racial/Ethnic Differences in Social Support and Health among Asian American and Non-Hispanic White Midlife Women: Results from The Study of Women's Health Across The Nation (Swan)", *Ethnicity & Health*, 2022.

附录一

西部女性流动人口社会支持状况调查问卷

　　调查地点省（自治区、直辖市）_____市（区、县）_____

调查员_____问卷编号_____

亲爱的朋友：

　　您好！我们是"西部女性流动人口社会支持状况"调研组的调查人员，目前正在调查西部流动女性的生活工作情况，以便为国家制定相关政策提供参考意见。您是我们通过科学的方法抽选出的被访者，您的参与配合对我们的调查工作非常重要。对调查结果我们将严格按照《中华人民共和国统计法》进行分析处理，本次调查是匿名的，请您不要有顾虑，放心回答。

　　感谢您的合作！

西部女性流动人口社会支持状况调研组

联系电话：18161518772（王老师）

第一部分　基本信息

A1. 请问您是哪一年出生的？（__｜__｜__｜__）年。

A2. 您的文化程度是（　　）。

（1）小学及以下　　　　（2）初中　　　　　　（3）高中或中专

（4）大专或高职　　　　（5）本科及以上

A3. 您的婚姻状况是（　　）。

（1）已婚　（2）未婚　（3）离异　（4）再婚　　（5）丧偶

A4. 您的民族是（　　）。

（1）汉　　（2）回　　（3）维吾尔　（4）蒙古　　（5）壮

（6）苗　　（7）彝　　（8）藏　　　（9）瑶　　　（10）土

（11）其他（请注明）＿＿＿＿＿＿

A5. 您的户籍是（　　）。

（1）本省城市户籍　　　　（2）本省农村户籍

（3）外省城市户籍　　　　（4）外省农村户籍

A6. 您的月收入是（　　）。

（1）2000 元以下　　（2）2001—4000 元　　（3）4001—6000 元

（4）6001—8000 元　（5）8001—10000 元　（6）10000 元以上

A7. 您从第一次离开家乡到现在有多长时间？（　　）

（1）1 年以内　　　（2）1 到 2 年　　　（3）3 到 5 年

（4）6 到 9 年　　　（5）10 年及以上

A8. 您干过的工作有（　　）。

（1）一种　　　　（2）两种　　　　（3）三种

（4）四种　　　　（5）五种　　　　（6）六种及以上

（7）没有

第二部分　就业与经济

B1. 您目前有无工作？（　　）

（1）有工作（有收入的活动，务农、兼职、家庭生意也算，不含家务劳动、志愿活动）

（2）无工作——（请跳至 B6）

B2. 您目前主要工作的单位类型是（　　）。

（1）民营、私营企业　（2）港/澳/台投资、外资、合资企业

（3）个体工商户　　　（4）民办非企业组织/社会组织

（5）务农（农林牧副渔业生产）

（6）无单位、自由工作者（如零散工、摊贩、无派遣单位保姆、自营运司机、工匠等）

B3. 您目前的工作是否签订了劳动合同（　　　）。

（1）是　　　（2）否

B4. 您现在是否享受下列福利待遇？（在合适的框内数字上画"√"）

	是	否	不清楚
a. 带薪年假	1	2	0
b. 住房公积金	1	2	0
c. 福利房/经济适用房等住房福利	1	2	0
d. 工作餐/餐补（含包吃）	1	2	0
e. 班车/交通补贴	1	2	0
f. 高温补贴	1	2	0
g. 子女医药费报销/补贴	1	2	0
h. 子女入托入园补贴或支持	1	2	0

B5. 您个人 2021 年全年的总收入是多少？（　　　）（包括工资、奖金、补贴、分红、股息、保险、退休金、经营性纯收入、银行利息、馈赠等所有收入在内）

（1）10000 元及以下　　　　　　（2）10001—30000 元

（3）30001—50000 元　　　　　　（4）50001—80000 元

（5）80001—100000 元　　　　　　（6）100001—150000 元

（7）150001—200000 元　　　　　　（8）200000 元以上

B6. 您家 2021 年全年的总收入是多少？（　　　）（包括工资、奖金、补贴、分红、股息、保险、退休金、经营性纯收入、银行利息、馈赠等所有收入在内）

（1）10000 元及以下　　　　　　（2）10001—50000 元

（3）50001—100000 元　　　　　　（4）100001—150000 元

（5）150001—200000 元　　　　　　（6）200001—300000 元

（7）300001—500000 元 　　　　（8）500000 元以上

B7. 您认为您家的家庭经济状况在当地属于哪一档？（　　　）

（1）远低于平均水平 　　　　（2）低于平均水平

（3）处于平均水平 　　　　（4）高于平均水平

（5）远高于平均水平

B8. 以下家庭支出项目中，您觉得压力最大的前三项依次是（　　　　）
（　　　　）（　　　　）。

（1）基本日常开销 　　　　（2）子女花费

（3）赡养父母方面的费用 　　　　（4）住房费用

（5）医疗费用 　　　　（6）旅游/健身/娱乐费用

（7）奢侈品消费 　　　　（8）人情费用

（9）其他（请注明）＿＿＿＿＿＿＿＿

第三部分　社会支持评定量表（SSRS）

C1. 您有多少关系密切，可以得到支持和帮助的朋友？（　　　）

（1）一个也没有 　　　　（2）1—2 个

（3）3—5 个 　　　　（4）6 个或 6 个以上

C2. 近一年来您（　　　）。

（1）远离家人，且独居一室

（2）住处经常变动，多数时间和陌生人住在一起

（3）和同学、同事或朋友住在一起

（4）和家人住在一起

C3. 您和邻居（　　　）。

（1）相互之间从不关心，只是点头之交

（2）遇到困难可能稍微关心

（3）有些邻居很关心您

（4）大多数邻居都很关心您

C4. 您和同事（　　）。

（1）相互之间从不关心，只是点头之交

（2）遇到困难可能稍微关心

（3）有些同事很关心您

（4）大多数同事都很关心您

（5）我没有同事

C5. 从家庭成员得到的支持和照顾（在合适的框内数字上画"√"）

人物	无	极少	一般	全力支持
a. 夫妻（恋人）	1	2	3	4
b. 父母	1	2	3	4
c. 儿女	1	2	3	4
d. 兄弟姐妹	1	2	3	4
e. 其他成员（如嫂子）	1	2	3	4

C6. 过去，在您遇到急难情况时，曾经得到的经济支持和解决实际问题的帮助的来源有（　　）。

（1）无任何来源

（2）下列来源（可选多项，在合适的选项上画"√"）

a. 配偶；　　　b. 其他家人；　　　c. 亲戚；　　　d. 同事；

e. 工作单位；　　f. 党团工会、妇联、社区等官方或半官方组织；

g. 宗教、社会团体等非官方组织；　　　h. 未婚夫；　　　i. 男朋友；

j. 其他（请注明）＿＿＿＿＿＿＿

C7. 过去，在您遇到急难情况时，曾经得到的安慰和关心的来源有（　　）。

（1）无任何来源

（2）下列来源（可选多项，在合适的选项上画"√"）

a. 配偶；　　　b. 其他家人；　　　c. 亲戚；　　　d. 同事；

e. 工作单位；　　f. 党团工会、妇联、社区等官方或半官方组织；

g. 宗教、社会团体等非官方组织；　　　h. 未婚夫；　　　i. 男朋友；

j. 其他（请注明）＿＿＿＿＿＿＿

C8. 您遇到烦恼时的倾诉方式是什么？（只选一项）（　　）

（1）从不向任何人倾诉

（2）只向关系极为密切的1—2人倾诉

（3）如果朋友主动询问您会说出来

（4）主动倾诉自己的烦恼，以获得支持和理解

C9. 您遇到烦恼时的求助方式是什么？（只选一项）（　　）

（1）只靠自己，不接受别人帮助

（2）很少请求别人帮助

（3）有时请求别人帮助

（4）有困难时经常向家人、亲友、组织求援

C10. 对于团体（如党组织、宗教组织、工会、妇联、社区等）组织活动，您（　　）。

（1）从不参加　　　（2）偶尔参加　　　（3）经常参加

（4）主动参加并积极活动

第四部分　领悟社会支持量表（PSSS）

说法	极不同意	很不同意	稍不同意	中立	稍同意	很同意	极同意
D1. 在遇到问题时，有些人（领导、亲戚、同学）会出现在您身旁。	1	2	3	4	5	6	7
D2. 您能够与有些人（领导、亲戚、同学）共享快乐与忧伤。	1	2	3	4	5	6	7
D3. 您的家庭能够切实具体地给您帮助。	1	2	3	4	5	6	7
D4. 在需要时，您能够从家庭获得感情上的帮助和支持。	1	2	3	4	5	6	7

续表

说法	极不同意	很不同意	稍不同意	中立	稍同意	很同意	极同意
D5. 当您有困难时，有些人（领导、亲戚、同学）是安慰您的真正源泉。	1	2	3	4	5	6	7
D6. 您的朋友能真正地帮助您。	1	2	3	4	5	6	7
D7. 在发生困难时，您可以依靠您的朋友们。	1	2	3	4	5	6	7
D8. 您能与自己的家庭谈论您的难题。	1	2	3	4	5	6	7
D9. 您的朋友们能与您分享快乐和忧伤。	1	2	3	4	5	6	7
D10. 在您的生活中，有些人（领导、亲戚、同学）关心着您的感情。	1	2	3	4	5	6	7
D11. 您的家庭能心甘情愿协助您做出各种决定。	1	2	3	4	5	6	7
D12. 您能与朋友们讨论自己的难题。	1	2	3	4	5	6	7

第五部分　社会需求与支持

E1. 目前您遇到的困难有哪些？（可以多选）（　　　）

（1）手头紧张，经济困难　　　　（2）找对象困难

（3）就业找工作困难　　　　　　（4）就医看病困难

（5）孩子上学困难　　　　　　　（6）买房子困难

（7）在当地落户困难　　　　　　（8）人际关系搞不好

（9）日常办理各种手续及证件困难　（10）返乡困难

（11）没有困难　　　　　　　　　（12）其他（请注明）＿＿＿＿＿

E2. 作为女性，您目前面临哪些特殊困难？（可以多选）（　　　）

（1）找工作比男性更难　　　　　　（2）经常被各种歧视

（3）在岗位上待遇比男性低　　　　（4）生养孩子中遇到很多困难

（5）遇到女性疾病的困扰（妇科疾病）

（6）遇到过性骚扰　　　　　　　　（7）找对象很困难

（8）没有困难　　　　　　　　　　（9）其他（请注明）＿＿＿＿＿＿

E3. 造成您目前生活中困难的原因可能有哪些？（可以多选）（　　　）

（1）因为是女性　　　　　　　　　（2）因为文化程度不高

（3）因为个人性格

（4）因为当地的政策不健全，社会保障不好

（5）因为对象没找好，老公不行

（6）因为经济不景气，工作难找

（7）因为当地人排外，融入社区很困难

（8）其他（请注明）＿＿＿＿＿＿

E4. 您有在当地落户的意愿吗？（　　　）

（1）有　　　　　　　　　　　　　（2）没有

E5. 您有在当地买房的打算吗？（　　　）

（1）有　　　　　　　　　　　　　（2）没有

E6. 您选择在本地发展的原因主要有哪些？（可以多选）（　　　）

（1）当地经济发达，工资高

（2）当地离老家近，便于回老家

（3）当地生活方便，语言熟悉

（4）当地工作好找些

（5）当地环境好，人好打交道

（6）当地政策好，生活、打工有一定保障

（7）对象或者老公在当地

（8）亲戚朋友在当地有个照应

（9）当地发展快，未来有前景

（10）当地房价便宜

（11）当地学生就学方便，考学容易

（12）其他（请注明）_____

E7. 作为女性，您对目前居住的社区有哪些期望？（可以多选）（   ）

（1）关爱女性，能在特定节日（比如妇女节）开展慰问

（2）能帮助我们解决一些生活上的困难，比如照顾孩子、联系工作

（3）能关爱女性身体健康

（4）能关爱流动女性心理健康

（5）能帮助培训各种技能，经常举办各种妇女技能培训班

（6）能帮助困难家庭解决子女就学、入学的问题

（7）其他（请注明）_____

E8. 与您打交道较多的组织或者机构有哪些？（可以多选）（   ）

（1）本地妇女联合会　　　　　　（2）老家村委会

（3）现在居住的社区　　　　　　（4）一些政府部门

（5）本地的中小学校　　　　　　（6）现在单位的工会

（7）老乡会　　　　　　　　　　（8）有些宗教组织

（9）社会上的爱心组织　　　　　（10）其他（请注明）_____

E9. 您近三年享受过哪些来自户籍所在地的福利政策？（可以多选）（   ）

（1）粮食补贴　　　　　　　　　（2）耕地补贴

（3）免费妇女健康检查　　　　　（4）妇女小额贷款

（5）退耕还林还草补贴　　　　　（6）妇女两癌筛查

（7）低保　　　　　　　　　　　（8）助学贷款

（9）大病医疗补贴　　　　　　　（10）都没有

（11）其他（请注明）_____

E10. 您在本地关系好的人有哪些？（可以多选）（   ）

（1）没有　　　　　（2）朋友　　　　　（3）邻居

（4）同事　　　　　（5）生意伙伴　　　（6）社区干部

（7）老乡　　　　　（8）网友　　　　　（9）同学

（10）其他（请注明）＿＿＿＿＿＿＿

E11. 您对未来的生活（　　　）。

（1）充满期望

（2）比较迷茫

（3）比较悲观

（4）没有想过

第六部分　社会融入情况

F1. 社会公平性（在合适的框内数字上画"√"）

问题	是	否	不清楚
a. 您是否认为户籍制度对您融入社区生活有影响?	1	2	0
b. 您是否有机会和途径表达您对社区事务的看法?	1	2	0
c. 您是否觉得女性不好在本市找工作?	1	2	0

F2. 社区参与度（在合适的框内数字上画"√"）

说法	是	否	不清楚
a. 您是否参加过社区选举（包括作为选举人和被选举人）?	1	2	0
b. 您是否有途径获取该社区组织活动的相关信息（文化、体育、公益等）?	1	2	0
C. 您是否有意愿参与社区、街道、妇联组织的活动（文化、体育、公益等）?	1	2	0
d. 您对社区居委会是否信任?	1	2	0
e. 您是否愿意花费较多的时间和精力参与社区、街道、妇联等组织的活动?	1	2	0

F3. 您在周末或节假日通常进行下列哪些休闲活动?（　　　）

（1）外出观看电影、戏剧、表演，听音乐会

（2）外出看体育比赛

（3）运动健身

（4）打麻将、打牌

（5）读书、看报

（6）郊游、钓鱼、户外活动　　　（7）外地旅游

（8）电脑游戏、上网　　　（9）去蹦迪、卡拉 OK、酒吧

（10）串门聊天　　　（11）其他（请注明）＿＿＿＿

（12）没有这些休闲活动

F4. 社会联系度（在合适的框内数字上画"√"）

问题	是	否	不清楚
a. 您是否和社区内的邻居交往并互相帮助过？	1	2	0
b. 您与本市的居民交往是否存在语言上的障碍？	1	2	0
c. 您是否了解本地的特色活动或文化？	1	2	0
d. 您是否在本地有亲戚或者朋友（包括父母等）？	1	2	0
e. 您是否考虑未来子女在本地嫁娶？	1	2	0

F5. 您是否对现在自己居住的社区有归属感？

（1）是　　　（2）否　　　（3）不确定

谢谢配合！

附录二

西部女性流动人口社会支持状况访谈提纲

1. 基本信息（工作地点、文化程度、婚姻状况、居住状况、工作情况等）

2. 如果出现经济困难您一般想到要求助哪些人（或者组织）？为什么会求助这些个人或者组织？（列三个并排序）

3. 当自己心情不好时，您一般是求助谁？哪些人（或者组织）对您在心理上帮助最大？（列三个并排序）

4. 您在打工地方有没有好朋友，有几个，怎么认识的，他们都给您提供了什么样的帮助？

5. 如果在城里生活上有一定困难，您一般求助谁？为什么？

6. 您跟过去农村的朋友或者邻居联系紧密吗？为什么？

7. 您跟城里的邻居关系怎么样？

8. 您跟工作单位的同事关系怎么样？

9. 您跟城市居住地的社区、妇联、工会等组织有过联系吗？有的话因为什么事情？解决得怎样？

10. 您对城市居住地的社区、妇联、工会等组织有什么希望和要求？

11. 您还与哪些政府部门打过交道，对这些政府部门有什么样的期望和要求？

12. 您现在单位给您什么样的保障？

13. 您对现在单位的保障情况满意吗？如果没有保障有没有什么顾虑？

14. 目前您觉得在城里生活主要的困难有哪些？（至少三个方面，且排序）

15. 作为女性您觉得在外务工遇到的特殊困难有哪些?

16. 作为女性当地的妇联对您有没有什么关爱和帮助措施?

17. 作为女性您所在的工作单位对您有没有什么关爱和帮助措施? (给予妇女节、母亲节礼物, 工作照顾等)

18. 您觉得在您当前的生活工作中对您帮助很多的是哪些人或者组织? (至少三个方面, 且排序)

19. 作为女性在外工作您最想得到哪些方面的帮助和支持?

附录三

典型个案访谈资料

（一）青年（18—30岁）流动女性个案访谈资料

访谈对象 A1：19岁，初中文化，家中排行老三，有两个哥哥一个妹妹，在吴忠市阳光小区门口理发店打工，收入不固定，年收入三四万，没有积蓄。老家在宁夏固原山区，初中毕业就出来打工了，在这边跟闺蜜一起租了一间房子居住，主要经济来源是自己打工所得。

我是家中老三，父母都是种田的，也没啥文化，我爸还上过一年学，我妈一天学都没上过，我们就是山里人，我们那里山大沟深。上边两个哥哥，一个大学毕业后结婚，在银川工作；一个高中毕业上高职去了，还在上学。妹妹今年17，上中职呢。小时候家里穷，家中的经济来源主要靠父母种玉米。我上初中的时候，我大哥上了个好大学，我二哥又考上了高中，导致家里负担沉重。我爸就说女孩子嘛，嫁出去的女儿就跟泼出去的水一样，学习没啥用，再说我学习也不太好，于是我辍学了。起初几年是跟着家里干农活的，后来我堂姐出去打工，我就跟着出来了，学习了一段时间理发，然后就一直在理发店干着呢。

在西安学完理发后，就跟着一起学理发的姐姐来到阳光小区这里的理发店干活到现在。刚到吴忠的时候啥也不会，啥也不懂，那时候也没啥钱，手机还是以前那种不能上网的诺基亚手机。幸好我舅舅、堂叔、姑姑家都在吴忠，出门在外嘛，只能靠亲戚和朋友了。起初我在姑姑家住着呢，在理发店干完活就住在姑姑家，时间久了也很不方便，我呢，脾气又倔得很，经常因为染黄色头发跟姑姑吵架。去年我搬出来了，在这里认识了几个朋友，理发店老板对我也不错，是他们教会了我说普通话，也帮着我找房子，我现在跟闺蜜合租。现在理发店的人对我挺好的，偶尔家里问我要钱的话我也会打回去一部分钱，如果手头不宽裕，我会找老板预支工资，或者是找姐妹和朋友周转，一般情况下会先找姐妹，毕竟姐妹比较熟悉（微笑）。现在很少向亲戚借钱了，因为我也不想他们把我借钱的事跟我爸妈说。

心情不好的时候也是找理发店的姐姐说说，或者是找闺蜜出来坐坐，聊聊天。谈了个男朋友，人家是上过大学的，后来嫌弃我文化低，工作又不好就分手了。以前心情不好的时候还跟他说说，现在单身也比较自卑，不愿意跟男孩子吐露心声（语气低沉）。

出来几年了，理发店很少放假，一年偶尔有几次假，一般都跟姐妹去银川玩，很少回家。一是自己没啥本事也没挣到钱，二是回去后我爸老批评我的穿着打扮，就烦得很。

现在跟农村的朋友断了好几个，毕竟都离得远，也就和一些在吴忠打工的朋友偶尔在一起坐坐吃个饭。回了邻居都会问，这丫头这么大了，谈恋爱了吗，如果说没有就会有媒人上门来说媒，搞得我现在都不愿意回家了。在城里生活得挺好的，我在这边有工作，也有住的地方，工作几年也就回家嫁人了。在这边找对象挺难的，也就见见世面，然后回家嫁人生娃娃，这就是我的命（无奈地叹息）。

你说的社区、妇联、工会这些组织离我好像很遥远。新冠疫情期间我们理发店关门了，我也回家了，我租住的那个小区的社区工作人员给我打过电话，问我出租房屋的情况，我不在也就说了几句，其他的基本没有联系。妇联的我没见过，也没有人找过我们，在理发店我们的证件什么，都是老板出去给办的，没啥我们需要办的。所以政府部门我接触得不多，无非办个暂住证，补办个身份证。因为理发店没有保险之类的，我给自己买了个保险，医保是村里给上的新农合，我现在年轻，身体还好，没有得过啥病，基本也没用过医保。平时工作过程中，遇到三八妇女节这种节日，老板也会给我们发点儿礼品，安排我们去看个电影啥的，这我也就满足了，毕竟你说我一个初中生，理发的手艺也就一般吧，给点礼品我就满足了。也不想再谈城里的对象了，尤其是上过大学的，人家是一点也看不起我们这些人嘛，在人家眼里上个中学也就是个文盲（苦笑），弄得我现在挺自卑、挺伤心的（眼含泪水）。

我们理发店也是有制度的，你有啥事或者有啥病了请假还要扣钱。我又是个没文化的女孩，工资开得也低，在理发店也没有说话的权利，人让你干啥你就得干啥，就是个干活的人手嘛（唉，一声叹气）。

但是理发店对我来说挺好的，刚来实习的时候一千多，现在一个月工资到手三千多呢，扣掉房租五百，剩下的都买化妆品和衣服了，我也是年轻人，喜欢打扮自己，哈哈哈（又高兴了）。

我呢，还是想在理发店多学点东西，争取将来回去了也能自己开个理发店，要是能碰到一生的依靠最好了。我们镇上、县上也还是有好小伙子的，但愿将来我也能碰上一个好些的，一切顺其自然吧（微笑着结束了访谈）。

访谈对象 A2：自由创业者，26 岁，中专学历，丈夫今年 26 岁，初中学历，育有一儿一女，家庭主要收入来源为经营装潢、洗车门市收入。

我娘家和婆家都是安徽繁昌的，我和我老公是我中专毕业后相亲认识的，2014 年我们结婚。但是人多地少，一家五六口人才十来亩地，没啥经济收入。2015 年来陕西定边，在北二环环卫所路口开装潢门市，在这里时间长了，熟人多了。我们外地人特别能吃苦，一个月收入一万五左右，在经济上也不是很缺钱，缺了肯定会找家乡的父母，还是觉得问老家父母、亲戚借比在这里问朋友借好些。

（微笑的表情）现在都有微信，和父母、朋友视频聊天，每年腊月二十几就关门回老家过年，所以跟家里的父母、哥哥、嫂子都还是联系挺紧密的，也能得到他们的安慰和支持，说说心里话，也给父母寄钱，让他们吃好点、穿好点。我每天就在店里，在社区住的地方就没啥朋友。和旁边开门市的这几家人熟，有一个比较好的朋友，门市不忙就在门口聊聊天，平时出去办事就把我女儿送她家，帮忙照顾孩子，也就算是在这里新认识的最好的朋友。

我听说我们老家那里都有妇女和老人免费健康体检项目，但是我们现在在这里生活，很少回去，是享受不上的。在定边我从来没有享受过妇女免费健康体检、两癌筛查、孕检，我都不知道还有这样的待遇，我觉得我们来这儿十来年了，也作了贡献，应该也让我们享受这样的优惠政策，这只是我想的（羞报地笑了）。真心希望本地的政府和妇联能多关心关心外地妇女的健康，让我们也享受到这些好处。我自己是自由创业者，没有买保险，也没有其他的社会保障，也享受不了老家的社会保障政策。

今年疫情防控期间，我们回来之后，北园子村委会人员每天都会来家里量体温，告诉我们要居家隔离。他们服务态度很好，这也算是社区为我们提供的一些服务吧。我们现在在这里社区也管得很严格，疫情的时候每天要上报体温和核酸检测结果，也算是和政府打交道吧。还有就是开店缴税和消防等要和政府打交道，这些都是我老公处理，我也没管过。我是觉得现在在家庭经济上还行，就是孩子上学的问题让人头疼，回老家不可能。在这里上的话，私立幼儿园水平也不行，吃得一点也不好，收费还贵得很，上公立幼儿园必须买学区房，可是现在我们并没有买房打算，看看有没有人帮我们外地人解决一下这个问题。

访谈对象 A3：目前辞职待业，之前在银川市新华保险上班，25 岁，中专学历，已婚未育，丈夫今年 27 岁，本科学历。居住于康湖水岸小区。

我是宁夏海原农村的，2018 年中专毕业后由对象介绍到新华保险工作，我们俩都是保险业务员。干了一段时间，觉得这份工作不适合我，也不喜欢销售的这种工作性质。到 3 月的时候，赶上新冠疫情，在家待着也没开单，就辞职了，暂时也没想着找工作，想继续复习考个夜大或者函授的大专之后再上班。

在家复习的这段时间就出现了经济困难问题，没有生活来源，我老公公糖尿病一直吃药，高额的药价、日常开销再加上考试报班费，让我一下子陷入了困境。我首先想到的是跟我比较亲的表哥表姐求助，没敢告诉我爸妈，怕他们跟着担心。再就是跟闺蜜借了点钱，她上班时间不长，工资不高，也没多少存款，能借给我的也不多。一段时间之后借来的钱都花得差不多了，就让老公办了几张信用卡，来回倒着还。

在我心情不好的时候，我肯定是先找闺蜜倾诉，一起吃饭聊天，再逛逛街，她再安慰安慰我，陪我散散心。再就是找我妹妹，我妹妹跟我差不多大，比我小两岁，跟她也能聊得来，她性格比较开朗，每次都能把我逗乐。有时候也会自己出去走走，看看电影什么的，或者上网买点自己喜欢的东西来排解这种不开心的情绪。

我在现居住地有两个好朋友，她们是我老公朋友的媳妇，通过聚餐还有一起玩的时候认识的。因为年龄相近，共同话语比较多，聊了几次挺投缘，就熟悉了。认识她们，让我觉得不再那么孤单，能给我生活或者就业方面提一些比较中肯的建议。我在城里生活上有困难的时候，尽量自己想办法解决，要是自己不能解决的话，会寻求我老公的几个朋友的帮助，他们从小玩到大，感情比较好。再就是我婆家姑子姐，她家收入稳定，姑子姐是在编教师，姐夫也有稳定的工作，也能尽他们所能帮助我们。

我和过去农村的朋友联系不算紧密，只是有事的时候会打电话，因为大家都在上班，也都各自成了家，挺忙的，尤其是结婚了以后，跟之前的异性朋友联系就更少了。

我跟城里的邻居关系还可以，不算特别好，但是见了面也能聊几句，有时候还互相送点蔬菜水果什么的。邻居家的男人是搞电力维修的，家里电路这方面有什么问题的话都会找他过来，人家也挺热心的。跟之前单位同事的关系也还行，大家都各跑各的业务，公司搞团建的时候在一起玩得挺开心的，私下里联络比较少，现在辞职了更是疏远了。

我跟社区、妇联、工会这些组织没什么联系，就是之前去社区做过登记，再就是疫情防控期间联系比较多，他们经常搞宣传，登记出入什么的，其他时间基本没有交集。妇联和工会也是，感觉跟我们的生活离得很远。希望社区、妇联、工会能多组织一些下基层的活动，多跟居民搞些互动，给生活上有困难的外来户提供一定的帮助。

我和就业局打过交道，主要是找工作，希望能有合适的岗位推荐给我，也希望政府部门能够多做一些鼓励大中专学生就业方面的工作，多提供一些合适的岗位，保障就业者的合法权益。我现在没有工作，也谈不上社会保障，之前的单位给缴着五险一金，希望下一份工作也能按时缴纳社保。

如果没有保障，我会担心自己生活工作方面出现问题，比如生病、丈夫也失业等，自己抵抗风险的成本又很高，以后老了养老也是个大问题，还是觉得生活上缺少保障，不能安心。

我觉得在城里生活的主要困难第一就是经济压力，我们年青一代收入不高，还有负债（房贷），要养老人，自己也需要花钱，城里的生活成本比较高，吃喝拉撒全部都需要钱。第二就是子女养育这方面，我们目前还没有生孩子，但是这个困难是潜在的，等有了孩子之后，要平衡工作和家庭，一方面要挣钱贴补家用，另一方面还要照顾孩子，把孩子交给老人来带我是很放心的。小的时候可能还好，尤其是上学之后，两代人的教育观念不同，在养育孩子上就会出现分歧，但现实也不允许我做全职妈妈，这让我很苦恼。第三就是离老家远，时常会想念家人，一年也见不了几次，父母年龄大了，弟弟妹妹也都还没成家，我心里也挺放不下的。

我觉得女性在外务工生活遇到的困难主要是就业方面，不好找工作，尤其是还没生过孩子的，用人单位都觉得以后休产假带孩子什么的影响工作，都不喜欢招聘我这种状况的，还有就是以后孩子上学，接送孩子、教育孩子、指导孩子课业等方面精力和时间是明显不够的。婆家老公公一直病着，离不开人，娘家人又离得远，这些都让我没有勇气生孩子。我们这边的妇联对我来说是很陌生的，基本上没有什么联系，更谈不上关爱和帮助。之前的工作单位在女性关爱这方面是有一些福利的，在妇女节有准备礼物，在一些工作的分工上也会考虑到性别的关系，不会给我安排高强度的工作，公司也执行休产假的相关规定。

我觉得对我帮助很多的，首先是我的老公。他能理解包容我的任性，舍得给我花钱，还会给我做饭。他也比较能忍让，还特别注重生活中的仪式感，总会在特殊的日子为我准备一些小惊喜和小礼物，这让我觉得很幸福。其次是我的朋友，在我心情不好的时候能及时开导我，安慰我，也能力所能及给我提供经济上的帮助，在我迷茫的时候，能给我一些好的建议。最后就是娘家人，我现在成家了，生活上遇到问题尽量不会说给父母听，因为离得远，父母没法帮忙解决，只能是跟着操心。但是他们常常会鼓励我，也经常打电话嘘寒问暖，让我心里很温暖。

（二）壮年（31—45岁）流动女性个案访谈资料

访谈对象 B1：山东农村户口，44岁，小学文化，已婚，有一个儿子，本人在银川市某医院做保洁，居住在附近老旧小区，工资收入每月2300元。

我出现经济困难首先求助的肯定就是我二姐啦，我二姐嫁得好，二姐夫家本来就有钱，再加上这些年奋斗得也不错，自己开个小厂子呢，对我们姊妹几个都挺照顾的，所以我们全家有啥事都会先想到二姐一家。再来嘛，就是会求助父母和我的一个多年的朋友。不过父母嘛，都已经老了，也没有多少钱，一般也不会向他们张口，我的朋友呢倒是能张口，条件也不是特别好，不过她肯定是能尽力帮助我呢。向组织求助倒是从来没有想过，我也不知道咋求助。

心情不好的时候，好像也没有特意向谁求助。怎么说呢，心情不好一般也都是为了家里、为了娃娃，家丑不可外扬，一般也就自己忍气吞声，慢慢也就好了。最多事后向家里人说说，偶尔和我的几个朋友见面唠一唠，或者是电话聊聊，好像也就这样了，我的朋友不像别人的那么多，今天喝酒明天逛街的。

在打工地方好朋友也有几个呢，第一个是我刚来银川的时候没有工作，也是经过别人介绍，给我这个朋友带过一段时间的娃娃。有大半年吧，当时那个娃娃还不到3岁，就是天天给做饭吃，陪着出去耍耍，别出啥事。我这个人呢，也老实没有心眼，她觉得我人好所以慢慢地也就熟了。不用带娃娃后我那个朋友还给我介绍过工作，还给我买过一条裙子呢，到现在还有联系。再就是现在的几个同事，主要两个吧。因为在一起工作时间也算长的了，都是急性子的人，干活也能干到一起，平时有个会议啊活动啥的，能帮着干点也就干了，闲了坐到一起聊聊八卦。反正就是上班挺舒心的，没有别人那样的糟心事。

在城里生活上现在也就愁儿子的房子了，我自己呢，前几年在银川机床厂那个老小区买了个二手房，小了点也旧了点，不过我们两口子住也够了。儿子工作也忙，也就放假回来住上一两天。儿子马上到本命年了，当年学也没上出来，上了个中专，学的厨师，不过他自己好像还挺喜欢干的。现在在机场那边给一个餐厅干着呢，他还跟我说，再干个一两年自己也开个店。我以前也开过小餐馆，也算有经验，如果儿子开的话我还能给帮个忙。不过我跟儿子说一开店他的房子就得等几年了。人家倒是无所谓，说人家挣上钱了自己买呢。唉，这几年房价涨着就没停过，就怕越到最后越是买不起了。我和他爸爸还打算今年给在西夏区看看，合适了先给买个房子，也好成家立业。钱不够了问问家里人看能不能借一点，给付个首付，先把房子定下。

跟过去农村的朋友或者邻居基本不怎么联系了，你想，都忙嘛，谁能顾得上谁呢，回去也没几次。和这边的邻居处得都还不错，也没有啥纠纷，平时见了面也打个招呼。就是这边房子大部分出租呢，租房的人多，经常换人，所以生面孔也多。跟工作单位的同事关系挺好的，我们三个，有啥都在一起，谁忙了搭把手也就干完了，闲了还能一起聊聊，挺好的。跟城市居住地的社区、妇联、工会等组织没有联系过，有啥事也不会想着找他们啊，找他们的工夫找朋友邻居都解决了（爽朗地笑）。对城市居住地的社区、妇联、工会等组织没有啥希望和要求。平时家里的事老公也就办了，所以政府部门我自己还真没有去过，就是去了也是跟着过去看看，跟着去过派出所，再还真没去过。现在单位有五险，平时过节还能有个过节的礼物，中秋了、端午了发个月饼粽子啥的，挺好的。现在单位的保障情况挺好的，还算满意。

在城里生活主要的困难排序的话，首先肯定就是儿子的房子嘛，再就是儿子的工作，给别人干不是长久之计，还是想着有机会了他自己开个小店。再就是看病吧，但是目前我们身体还算可以，平时也没有个头疼脑热的，但是也担心呢，一旦有个大病一家也就算完了。作为女性在外务工遇到的特殊困难，其他的也没有觉得，平时会觉得工资太低了，吃饭生活尤其还要给儿子买房子，太难了。但是今年因为这个疫情，啥都不好干，能有份工作就不错了，也就不觉得困难了。所在的工作单位倒是有关爱，妇女节的时候领导也慰问，发个小东西啥的，母亲节就没有了，跟妇联没打过交道。自己出来打工这么多年，其实最希望的还是能有个学手艺的地方，政府或者妇联也没有组织过，学一门手艺就是走到哪里都不怕呀。不像我现在，啥手艺都没有只能干个保洁。

访谈对象 B2：38 岁，初中文化，目前在兰州市某小区超市工作，主要负责打包、称菜、搬运货物等杂务，一个月挣 3500 元，没有三险一金。已婚，有一个儿子，现在读初中，由爷爷奶奶在平凉老家负责照看。

通过近十年的打工，在兰州买了一套房子。老公在一个工厂里工作，一年能挣八九万。如果出现经济困难，首先通过贷款解决，比如买房子；其次是家人，主要是找自己的兄弟姐妹借钱；最后是朋友，有时候急需钱，会向他们借。当自己心情不好时，第一个求助的是父母，会打电话给父母，和他们聊聊生活的难处。第二个是妹妹，也已经结婚了，有时会跟她聊挺长时间的，问问彼此的情况，诉诉苦。第三个是老公，在需要他帮助解决问题时，会跟他说明一下情况。因为他比较忙，所以有些事也不跟他说。在打工地方（现在居住地）有好朋友，大概五个。主要是工作中认识的，我们会经常出去一起聚餐、逛街，有什么事也可以跟他们聊聊。如果在城里生活上有一定困难，都是自己解决，也不认识人，没有办法。跟过去农村的朋友或者邻居联系比较少，因为都搬到这边了，所以回家的次数少了很多，偶尔回老家看看父母。因为刚买房不久，所以跟城里邻居都不认识。跟工作单位的同事关系还不错，大家都相互帮助，也聊得来，生活和工作中有什么困难也会帮忙。跟城市居住地的社区、妇联、工会等组织也没有联系过。对城市居住地的社区、妇联、工会等组织没有希望和要求，对这个不了解。与政府部门没打过交道，平时接触不到。现在单位对于我们这些临时工什么保障也没有提供。也没有办法，目前也找不到好点的工作，虽然这个工作时间比较长，但店长人还不错，没有考虑过更换工作。

在城里生活首要困难是房贷的压力，因为儿子在上学，开销比较大。每个月要还房贷，生活比较紧张，现在刚买房子装修还得一大笔钱。其次是照顾老人的压力，现在公公婆婆和父母都健在，公公婆婆还要帮我们照顾孩子。他们都在农村种地只能是吃饱，每个月我们还要给生活费作为日常开销和孩子的费用。最后是儿子上学压力，当时就是图着兰州的学区房才买房的，但现在孩子成绩不是很好，转学很困难，也正在想办法。作为女性，当地的妇联也没有什么关爱举措，所在的工作单位也没有关怀过。

访谈对象 B3：45岁，老家在甘肃庆阳。目前在银川贺兰天鹅湖小镇物业做保洁，一个月1800元。离婚后从老家出来投奔亲戚，和亲戚的亲戚还有一个老乡一起租房子住，每月房租400元。基本不在外面吃饭，三人谁有空谁做，吃住条件比农村好很多。

我没上过学，我想念书，但是家里女孩多，要干活，父母生了四个女儿，一个儿子，我只能放羊。我20岁嫁人前，本来说好让我去学裁缝，可是父母也不让我去，我绝食也没起作用。结婚后什么都不会，不认识字。我婆婆让我男人（丈夫）教我，他也教可是也骂得厉害，也骂我父母，很瞧不起我。但是我学会了看电视、认字、算账、发短信这些。他脾气很暴躁，还有家庭暴力，打我，打孩子，日子磕磕绊绊过了十几年。我生了一儿一女，家里其他人都很喜欢两个孩子。后来丈夫去矿上打工，我在县城租房子带孩子念书。后来丈夫长时间不回家，出轨了一个比我年轻的女的，回家后天天打我，逼着离婚。孩子们也都大了，我也想过几年自己的生活，这样就离婚了，儿子跟他，女儿跟我。

我心情不好就跟着同事去吃烧烤唱歌，有两个人爱唱歌，我也爱唱，很多歌听一听就会唱了。也没其他事情可以做，要不就请假在家里睡一觉，看看"快手"。我有困难就去找我在银川的这个亲戚，她对我帮助最大。和同事相处得很好，聊天、讲笑话安慰一下，生病也会替班，但是很少借钱或者借东西。大概在县城也受很多人影响，我离婚后喜欢上了一个男人。后来我嫁给了他，没想到他打我打得更厉害。我手腕被打骨折过，肋骨被踢断过，日子过不下去，我只能又另寻活路了。亲戚叫我，我就来银川打工养活自己，也供女儿念书。

我总能养活我自己，现在也没生病，偶尔感冒、胃疼啥的自己买点药吃，钱基本够花。儿子我没有管过，唯一难的就是女儿在上大专，花费大。每个月生活费基本可以够她花，可每年到她要交学费的时候我就愁，只能跟我弟弟、我舅舅这些亲戚借，孩子的姑姑也帮一些，到女儿毕业我就轻松了。我们出门在外，也没什么社会背景和关系，不知道再找谁去。不过我知道挨打要打110，如果不是110出警，我可能活不到现在。我跟过去农村的邻居亲戚联系得很少，离了两回婚，感觉没脸见人了，也就不联系了。妇联、工会什么的我听过，但也没见过什么人，也不知道上哪里去找。在老家男人打我都住院了也没有妇联帮我，现在在外地打工，还能指望上吗？我不指望政府帮我，我第二次离婚的时候，政府都不给判离，后来判离了也不给我分东西。我没有什么期待，我就希望每月工资能按时发，我的手里能稍微存点钱可以应应急。

我没有五险一金这些，过节有时候发两三百或者发点月饼什么的。对现状也算满意吧，不种地不挨打，自己养活自己，穿衣打扮也比在农村要干净洋气。看我手机里的照片，是不是很洋气？农村要是这样还不被人笑话死呀。

在城里生活最发愁的就是年龄大了，病多了，不能干活的时候可能就没地方去了。女儿要是嫁得好，可能我还能跟着，不然我也不知道要去哪里。农村没地了，连户口都不知道往哪里迁，40多岁也不想嫁人了，碰不上好人了。

在生活中要说帮助最大，那肯定是我现在的单位了，每月发工资，还安排休息和假期，过节发补贴。真美慕那些有社保的人，老了有养老金，我不知道我老了会怎么样，想也没用。儿子从14岁我就没管过，跟我也很生分，肯定也不会管我。女儿呢，毕业也不知道工作咋找，更不知道嫁到哪里。希望她能找个好人，对她好，家境好，不要吃苦吧，管不管我，就看造化了。

我以前特别想学裁缝，父母没让我学。现在年龄大了，学什么呢？亲戚说过让我学家政、月嫂什么的，吃苦我不怕，就是很多东西我不懂，很难学会。也不知道像我这样的还能学啥，亲戚也没有其他办法了。也给我介绍对象，都是一个个六七十岁了，摆明让我去伺候的，我也不想去。我在外面想多几个朋友，多长长见识，伺候人的事再过十年也可以吧，只要我不生病。唉，现在都四十好几岁了，一辈子活着也就这样了吧！（苦笑）

访谈对象 B4：40岁，月嫂，高中文化，已婚已育，丈夫45岁，有两子（19岁、14岁）。甘肃武威人，住在公司或雇主家中，单位是呼和浩特市某月子中心，平均一年十万元的收入。

　　如果出现经济困难先求助公司，我干这个活儿一直都是走公司这个平台，所以有啥事肯定先想到公司。然后可能会求助我们的陈经理，她人特别好，每次我们有啥困难她都会帮我们。最后可能会问问和我一起干月嫂的张姐。她也挺热心的，是灵武人，工作也干得好，家就在本地，经济负担小一些。

　　我的工作就不允许我心情不好啊。每个月都住在不同的产妇家里，刚开始入户那几天在医院可忙可累了，连手机都没时间看，根本没时间想别的。遇见的各种各样的产妇都有，嫌我干得不好，我也不高兴，但有啥办法呢，也不敢回嘴，就继续干呗。我喜欢小孩，才能这些年一直干这个，他们（雇主们）说我，我就嘴上应声着，说下次注意。不入户了我就在公司宿舍里，跟着学学做饭，帮公司打扫打扫卫生。我这个人特别勤快，之前公司有对月嫂不满意的，产妇挑剔的，经理就让我去应付。我之前还去外地帮着带过宝宝，都是宝妈们介绍的，说我人老实，干活仔细。所以你说呢，干我们这个的，哪有资格心情不好，有时候还得学会开导产后抑郁的产妇。你要是非让我说，我就给我老公打个电话，给家里的娃娃们打个电话，说道说道，也就好了。公司的经理也会开导我，她人挺好的。

　　打工地方（现在居住地）有几个关系比较好的月嫂，你说几个，那就三个吧，关系最好的三个。一个是刚才说的张姐，还有两个也是从甘肃过来的，我老乡，我们不入户的话都住在公司的宿舍里，大家互相照顾。我们都是家里需要挣钱，觉得干月嫂工资高，而且月嫂也需要不断学习，所以不入户的时候我们也一起说说宝宝护理方面的事，唠唠家长里短。

　　在城里生活上有一定困难，生活方面有住房问题（租或者买）、孩子上学（入学或者转学）、看病等，会求助经理吧。我们一般也不和之前的宝妈宝爸们有过多的联系，如果真的有困难，也不会找他们，虽然都知道他们是干啥的，但也不好意思张口。就是每次看见宝妈们发朋友圈，知道宝宝们都挺好的，偶尔聊一两句。

　　跟过去农村的朋友或者邻居联系着呢，有时候视频或者语音。我一年回两次家，夏天麦收的时候回家帮帮忙，还有就是过年不用下户了也会回去。现在手机都方便。城里我一直都住在公司的宿舍里，没有邻居，和公司的月嫂关系都挺好。

跟城市居住地的社区、妇联、工会等组织从来没有联系，希望城市居住地的社区、妇联、工会等组织多关心我们吧。入户了我基本上一个月都不出门，哪儿都不去。之前有个电视台的雇了我三个月，唯一的出门是帮她带着宝宝去社区打过针。现在单位给我们缴有三险，我现在的价位是11800，公司每次给我10800。对现在单位的保障情况挺满意，我喜欢从公司手里接活儿。目前在城里生活主要的困难应该是想家、想孩子，一年就见一两次，男娃娃长得快，每次回去都觉得长大了。有时候觉得挺孤单的，不过忙起来也就忘了。还有就是入户以后遇到不讲理的人，说实话挺委屈的。因为干月嫂呢，我对自己的妇科健康还是挺重视的。干我们这个的都是没钱的，能吃苦的，要不是为了多挣钱我也不想干这个，又累又受气。歧视也有一点吧，都觉得月嫂低人一等。我就希望我二儿子能考个好大学，老二比老大学习好。当地的妇联关爱和帮助没有吧。所在的公司组织过妇女节和母亲节的活动，有时候还搞个厨艺比拼什么的。当前的生活工作中对我帮助很多的是公司和经理，还有和我一起干月嫂的。作为女性在外工作最想得到的帮助和支持是希望能对我们多一些理解吧，各行各业都很不容易，我们也不是低人一等。

（三）中年（46—60岁）流动女性个案访谈资料

访谈对象 C1：59岁，小学学历，在成都市某政府机构干保洁，一儿一女，丈夫年轻时出去打工再没回来，她的工资是家庭主要经济来源，籍贯延安。

我今年59岁了，就念了小学，早早就嫁人了。我老汉（丈夫）年轻时外出打工跟个女人跑了，再没回来，儿子、女儿我自己打工拉扯大。我儿子都33了还没结婚，没钱给他买房。他也是在外面打工，今天干这个明天干那个，也不知道一天干啥呢。女儿查出来红斑狼疮，大夫说不能生娃，大医院都看了，别人给介绍个中医也看了，都说看不好。

心情不好时我就找我们保洁部的领导，有时跟他们唠叨唠叨。再就是跟我一起干活的同事，她人还可以。她在这边食堂做面点，馒头花卷那些，我俩能说到一起去。每天我六点半就来上班，晚上六点半下班，每个月能休息4

天，平时没时间跟其他人说。

我没有什么朋友，我带着儿子、女儿孤儿寡母的，原来在村里老被人欺负，我也不爱跟人说话，就这里一起干活的能算上朋友。我女儿这病厉害得很，看了好多地方，都治不好，有时候想想我咋这么命苦。这些事也没人说，跟一起干活的说说，心里还痛快些。

我遇到困难只能找单位和单位的领导，想不出其他人了。我在这儿干了几年了，有困难跟他们说，他们都尽力给我帮忙。我在这儿也不认识其他人，跟其他人说，人家也不理我啊。我跟过去村里的人不咋联系，当年看我们孤儿寡母的，欺负我们，出来后就没联系了。跟城里邻居也联系得少，我早出晚归的，基本见不着。

社区、妇联、工会这些组织没联系过。这边偏得很，很少有人来，再说我们这种打零工的谁给我们服务呢。对他们的希望嘛，多照顾照顾我们这种人。听人说养老保险好，我这一辈子这儿打工那儿打工，就想有个养老保险，以后干不动了能给点钱。我女儿挣不来钱，我还得挣钱给她看病。我现在身体好，要是哪天打不了工、挣不来钱，她咋办呢。

现在单位每月给我工资三千多，五险一金这些单位让自己缴，我没缴。我对现在工作满意，在这儿干活不受气，过年过节都给些吃的喝的，家里有事就让回了，遇到困难能帮也就帮了。我在外面打工打了好多年，就这里干得最顺心。现在就担心上了年纪不让继续干了。

访谈对象 C2：55 岁，来自甘肃平凉农村，在银川经济开发区某保洁公司工作，负责某企业办公楼的卫生清扫工作，每日清扫两次。小学文化，已婚并育有两子，月收入 2500 元，租房居住。丈夫在某化工企业打工。大儿子在经济开发区某化工企业工作，离异，孩子两岁，由爷爷奶奶照看，自己在单位宿舍居住。二儿子在平凉老家务农，单身。该妇女与丈夫和孙子一同租住在开发区某小区。

我也没有什么文化，只能认得自己的名字和简单的数字，也不会想到求助什么组织。出现经济困难我一般会想到求助我在老家的姐姐，姐姐比我大三岁，在平凉老家种有五亩苹果树，条件比我好很多。我和姐姐从小相依为命，一直是姐姐照顾我。自从去年儿子离婚后，我和丈夫就从老家去到现在打工的地方照看孙子。

现在孙子就是我的开心果，心情不好的时候我就愿意和孙子说说话，之后我的心情会好很多。我的性格比较内向，不喜欢说话，所以我在这里只有一个好朋友。她是和我倒班的同事，比我大五岁，家是周边农村的，她丈夫在开发区企业打工，她是过来陪丈夫的。如果我和丈夫同时上班孙子就没人照看了，遇到这种情况我就会跟和我倒班的大姐说，她会替我，已经替了我好几次了。我每次说要还她班，她都说不用还，你们外地人来到这里打工不容易，能帮忙的地方尽管开口。

在城里生活上有一定困难，生活方面的困难主要是住房问题，租或者买都很贵。孩子上学、入学或者转学也很难，看病等也很难很贵。大儿子来到这里已经五年了，对这里也比较熟悉，他们工厂人也多，好多问题儿子的同事也会帮忙解决。

现在条件虽说不是很好，但我也满足了。儿子给我买了新手机，还是能视频的手机，我也偶尔会和老家农村的亲戚邻居视频聊天，他们也经常发微信问我这边的情况，毕竟大家都是一个村的，这么多年一直都在一起，他们也很关心我。

我们租住的小区全都是在企业打工的人，年轻人多。我们对门就是两个年轻小伙子，平时也不来往，上下楼的时候碰着了会打个招呼。我和单位的其他人不经常来往，只和与我倒班的大姐关系好。

到目前为止没有联系过城市居住地的社区、妇联、工会等组织，等到孙子能上幼儿园了我就去社区看看有啥活动，我也参加一下。谢谢政府能够提供这么好的住房（她的意思是这里的居住条件好，并不是政府无偿提供的），这样就够了，我没有什么要求。

我每个月就2500块钱的工资，听她们说干够一年好像有什么险，我也搞不清楚。现在身体还挺好，也不需要啥险啥金。挺满意的，我老汉（丈夫）每个月也能挣2000多块钱，我们俩加起来也不少了，孙子花得多一点，儿子每个月还给我们钱呢。我们也不动，都给存着呢。好多事情我也不懂，我就觉得在外打工干好自己的工作，不要给单位添麻烦就行了。前几天社区的工作人员来了，记录了一下我的信息，也不知道是干啥用的。对我帮助大的就是和我倒班的大姐，作为女性在外工作我没啥要求，我的大儿子还小呢，今年才 26 岁，我就希望儿子离婚了能再找个媳妇就好了。

访谈对象 C3：农民，57 岁，文盲，家庭妇女，有一个儿子（38 岁）、一个女儿（35 岁）。丈夫今年 63 岁，文盲，家庭主要经济来源是夫妻俩打工所得。

我目前在银川市和我丈夫一起打工呢。我们夫妻俩结婚 39 年了。儿子在银川市买了房子，但是我们在其他小区租房子住着。每个月我们老两口一共能挣个八九千元。我们没有文化不识字，我的丈夫在干装修，我从事家政服务行业。我主要就是在丈夫他们给客户装修完后，负责将房子打扫干净。

要是经济困难的话，我一般会联系我的姊妹、兄弟、儿女和老乡借钱。在我的老家同心县下马关镇三山井村那边，大家基本上都是跟着孩子们去外面打工，到了过年的时候才会回来。我的儿子大学毕业后就在银川的一家公司里上班。

我心情不好的时候都会给我的姊妹说一下，因为从小我们姊妹几个就互相帮助，有什么话我们都会说。我和老伴儿这么些年都过来了，平时在一起的时候我们什么都说。我们一起做家政的几个同事平时关系都比较好，我如果有什么事情的话也会向她们求助。

我来银川五年多了，在这期间我通过做家政业务认识了很多朋友。我刚开始做家政的时候，在业务方面不是很熟，她们这方面都给我提供了很多帮助。现在我们住的地方也有几位邻居，我们也熟了，有的时候会一起聊天，还互相请对方来家里做客，我如果有什么不明白的地方也会问问她们。在日常的生活上，我也没有太大的困难。我的儿女都已经成家了，子女上学的问题不存在，再过几年我们老两口就买房子了。租房子太麻烦也不是长久之计，买了房子以后留给儿子也算是一种财产。孩子们给我们老两口在这边的社区都缴纳了社保了，如果有什么大病小灾的话，也能够在这里享受到政策。

之前农村的邻居们自从我们搬到这里之后也就不怎么联系了，而且现在大家都出去和儿女们在大城市生活呢。我和城里邻居们关系很好，大家基本上都是从外面到这里来，和子女一起来的。我和几个一起搞家政的女同事关系也很好，在一起工作久了，已经有了很好的默契，不管多大的房子、多复杂的情况，我们都能够做得又快又干净。

我到现在为止只跟社区联系过。有几次是我过去咨询我医保的事情，还有几次是新冠疫情期间，社区工作人员到我家里对我们出行和健康方面的情况做了登记。我感觉城市里社区的工作人员的服务态度以及办事效率比我们老家村上的要好很多。我现在和老伴儿的户口还在老家呢，如果这边的社区也能够像我老家那边给我们提供一些生活上面的补贴之类的就好了。我就不出去干家政，在家里看孙子了。我们在干家政的时候经常会有工商和环保部门的工作人员过来对我们进行核查，他们对我们装修方面管理得比较严。有时候因为环保不达标或者没有带健康证之类的就会叫停我们的工作，然后我们的工期就会延长，客户对我们的意见比较大。希望以后这些部门能够对我们的工作多支持一点。

我现在干的工作本来就是干得多拿得多，不干就没有钱拿。都是按照工作量来算工资的，没有什么几险几金。对公司的期望就是能够补贴点公交费用，中午会给我们管一顿工作餐。我们家本来就是老伴儿在操心着，他是我们生活的最大保障。目前的话，我生活上最主要的困难就是对高楼大厦的城市感到不适应，我到现在还会经常性地迷路呢，大城市里的快节奏我也不适应。还有就是我们每天的生活比较单调。另外，这边的物价普遍较高，在农村的时候很多菜我家里的院子里就能种，到了这里什么都要自己花钱买。

我的普通话不好，跟客户沟通起来有时候不是很顺利。而且现在城市里的人对生活的要求比较高，有时候他们会对我们的工作各种挑剔和嫌弃，所以他们也会变相地克扣我的工资。还有就是，我孙子的上学问题。我孙子住的地方离学校比较远，我每次接送他时都要走很远的一段路。当地妇联从来没有找过我们，我们公司里面也没有对我慰问过。这几年来，对我帮助最多的人就是我的姊妹、现在的同事和我的邻居。现在的话，我最想得到的帮助和支持就是帮我把普通话练好一点，再涨点工资多挣点钱，买了房子后我就能够专心在家带孙子了。

后　记

在本书田野调查的五年多时间里，我们走遍了西部的大多数城市，深入西部城市的很多地区去了解、感受和体会女性流动人口的生活以及在生活中铺开的那一张张无形的社会支持网。她们是西部城市里重要的细胞，是新型城镇化发展的重要推动者。在实际调查研究中，她们的面貌变得立体而清晰。她们是街头摆摊卖水果、卖菜的大姐、大妈，是富丽堂皇、灯火璀璨商场里的销售员、经理、老板，是高档写字楼的职场精英、白领，是温馨家庭里的月嫂、保姆，更是在大街小巷忙碌的环卫工人……她们的形象是模糊而不确定的。对于农村人来说她们是"城里人"，对于城里人来说她们是"农村人"，对于家乡来说她们已成为"异乡客"，对于流入地来说她们是"打工者"，她们是管理者眼里的"流动者"，在开放包容的环境里，她们是新时代的"新市民"。她们的故事千差万别，又透着这个时代的共性，她们应时代而生，被时代所裹挟，又是时代的创造者。

走近她们并不难，她们遍布城市的各个角落。有时向外乡的大姐买一把菜、称一些水果，也能拉拉家常、聊聊生活，知道一些她们愿意让外人知道的自己的故事。而真正走入她们的生活并不容易，她们有一层坚硬的外壳，时时包裹着勤劳和坚强的内心。但在无人的夜晚，在与家人分离的节日里，她们也会潸然泪下，想到在城里"讨生活"的种种辛酸和不易，买不起的房子、没时间管的孩子、城里人瞧不起的眼神、一次次的失业经历，等等，都可能是压弯她们脊梁的稻草。在过去的五年里，我们听到她们说得最多的就是找工作难、买房子难、做生意难和找对象难，尤其是三年新冠疫情使得这些难变得"更难"了。

现实中她们是一群脆弱又坚强的人，给予她们最多心理支持的是家人、朋友、同事，她们最缺乏的是来自社区、组织的支持、关怀和重视，最想学习到的是新的技能和知识。城市的万家灯火里有她们点亮的那盏，城里的众多公共福利中却没有更多考虑她们的利益。

事实上，西部女性流动人口也不完全是同一类人。如果给她们画像，可以依据生计方式、年龄和受文化程度的不同而分成三类。第一类，新生代流动女性。这些年轻、有文化又有能力的流动女性就是真正的城市新市民，升职位、涨工资、买房子、生孩子，甚至不断流动到更大的城市、找更好的工作是她们的核心追求。支持她们的是家里的亲人、城市的朋友、个人的理想抱负和能力。她们的身后没有农村乡土的羁绊，只有些许对亲人的牵挂；没有乡愁，只有对现代生活、个人发展的理想抱负，城市也敞开心扉拥抱她们。第二类，壮年流动女性。对于有一定经济基础、人到壮年的流动女性，她们心里满是自己的生意如何做好、自己的孩子能不能升到好学校、老家的父母是否身体健康、城里买的房子保不保值，要不要在老家再盖一座房子将来养老？她们很多时候过着双重生活，城市乡村都能应付自如。到乡里能挽起裤脚下地干活，盘腿上炕嗑瓜子唠嗑儿；在城里能用带点方言口音的普通话做生意、谋营生，和亲密的姐妹们高兴的时候一起涮火锅聚个餐。第三类，步入中老年的流动女性。对于那些孩子已经成家、自己已经步入中老年的底层打工妇女来说，还能不能找上工作，能不能帮孩子在城市立足成家，能不能带带孙子，啥时候彻底回家养老，这些是她们的生活重点。对于她们来说，一边是暂时回不去的日思夜想的故乡，一边是融入困难的城市，支持她们的力量完全是亲情的羁绊、经济的需要，家乡才是最后的归宿和向往。了解了西部流动女性不同群体的分层形象，再看看她们的群像。她们的背后有一定亲情、友情的支持，她们在城里的去留又受政策、经济的影响。城市每年出台的政策很少提及她们，在基层社区的自组织中没有她们的一席之地。她们大多数在流入城市中是"隐形人"，公共福利和政策很难落实到没有当地户籍的她们身上。而家乡的一些优惠和福利又因为流动而难以惠及她们，她们有一个统一的称谓——"流动人口"。

　　对于西部女性流动人口的研究就是对于西部城镇化进程的记录和研究，女性的社会支持网是她们生活中的原始资本网和社会建构网交织的人际关系。这张网实质上并不是足够大、足够密的一张网。每个人因为资源和能力不同而有不同的支持形态和结构，我们在研究中能够真实看到这张附着在西部女性流动人口身上的网，也发现了其中很多不足和漏洞。进一步去改造和构建更为合理的、支持力度更大的，尤其是能促进女性流动人口获得更多社会资源、更好融入现有社区的新型网是我们的目的。

　　希望有一天通过我们的研究，西部女性流动人口无论是留在城市还是回归家乡，或者做城乡两地生活的"候鸟族"，她们都有更坚实的来自家庭、社会、政府、组织等方方面面更完备的支持，作为社会劳动者能真正共享西部建设的美好成果。